司書と先生がつくる学校図書館

福岡淳子

玉川大学出版部

はじめに

二〇一四年に改正された「学校図書館法」に、学校司書が学校図書館の仕事をする〝専任職員〟だということが、ようやく明記されました。それぞれの学校に学校司書を配置することが国や地方自治体の努力義務となり、「学校司書の資質向上のための研修の実施など」も求められることになりました。学校司書は、学校図書館の運営に欠かせない〝専門職〟として認められたのです。そして現在、公立小学校の司書配置は約五四%にまで広がっています（二〇一四年五月現在）。

わたしはこれまで、公立小学校司書として一五年間、子どもたちにさまざまな読書の動機づけをおこないながら、その影響を記録してきました。そして、記録を分析してみるなかで、学年に適した読書動機づけの方法や、一人ひとりに合わせた読書支援の方法が、すこしずつわかってきたように思います。いちばんたいせつなことは、司書が一人ひとりの子どもの読書力に合わせて本をさし出すということでした。

学校図書館を活用したさまざまな学習は、教室での学習と響き合い、「聞く」「話す」「読む」「書く」力を育てます。この学びの基礎力は、すべての子に必要なものです。だからこそ、本好きの子だけでなく、どんな子にたいしても、学校図書館を計画的に活用できる体制を整える必要があると思っています。

これまでの子どもたちとの関わりのなかでわたしは、「その子に適した上質な本が、子どもの内にある力を引き出す」のだということを、何度も体験してきました。そして、司書の支援を系統的な読書指導に発展させたのは、「図書の時間」からはじめた教師との〝協働〟だったことを、強く感じています。「司書と教師の協働があれば、どの子にも本のよろこびを感じてもらうことで、子どもたち一人ひとりの読書力を伸ばす道を開くことができる」と、わたしがいま自信をもっていえるのは、子どもの成長を長い目で見守り、日々、教師との協働を積みあげてこられたからこそだと思います。

創成期にある小学校司書の仕事は、豊かな発想をもつことによって多様な活動を創ることができます。一方で、図書館にはたいせつにしたい〝基本〟というものがあります。その基本の考えかたと、わたしが子どもたちと先生がたから学んだことを、この本のなかで具体的にお伝えしていきたいと思います。

第1章の「基本の考えかた　わたしが学校司書になるまで」では、わたし自身の体験から生まれた子どもの本や図書館にたいする考えかたを述べました。第2章は、司書になったわたしが何をしたかということと、教師と協働する「図書の時間」のつくりかたについての紹介です。第3章は、実践を改善し、子どもを知るための手法について書きました。第4章は、子どもの読書力を育てるために、司書がどのような動機づけをすればいいのかについて紹介しました。とくに「読み聞かせ」「本紹介（ブックトーク）」については、子どもの反応をおりまぜて紹介しています。第5章は、「司書力の育てかた」です。「蔵書づくり」の方法を述べました。第6章は、学年別のとりくみです。入門期の実践については、なるべく詳細に報告するように心がけました。

わたしが進むべき道は、いつも子どもたちが示してくれました。それをお伝えすることで、この本を手にとっていただいた皆さまと、学校図書館を生かす支援をともに模索できればと願っています。

司書と先生がつくる学校図書館

目次

第1章

基本の考えかた
わたしが学校司書になるまで

わたしが学校司書になったのは二〇〇一年。四十代になってからのことです。

このとき、すでにわたしの頭のなかには、ある程度図書館や学校図書館、子どもの読書についての基本となる考えがあったように思います。それは、おもに子どもの読書に関わってきたわたしの、それまでに積みあげてきた経験がかたちづくってきたものでしょう。そのうえに立って、わたしは子どもと先生から学び、学校図書館の実践を積みあげていきました。

第1章では、現在のわたしの考えの基本となっている部分を、それがどのようにかたちづくられたのかをたどりながら述べていきたいと思います。

本物を読むよろこびこそ、読書のよろこび——教員養成系大学での講義

子どもの読書について学ぶきっかけとなったのは、大学で受けた児童文学の講義——児童文学研究者で財団法人大阪国際児童文学館（現・一般財団法人大阪国際児童文学振興財団）に尽力された鳥越信先生とのであい——でした。先生は、名作の翻案、再話、抄訳の問題点と完訳本の価値を、豊富な実例をあげて説かれました。

当時の講義ノートを読み返してみると、「よい本は、無条件に魅力があり、感動があり、おもしろい」とあります。評価方法についてふれたところでは、「本のおもしろさは、一時期の熱中では測れない。その本のおもしろさが、五年、一〇年と続くか……」と書かれています。

「読書環境の重要性」の講義では、児童館、図書館、母親たちが担う日本の読書運動のことまで話がおよびました。それは、いまふり返っても「もう一度、聞きたい」と思うほど、レベルの高い講義でした。そして、このとき心に刻まれたのが、「本物を読むよろこびこそ、読書のよろこび」というこ

とばでした。

子どもたちから学ぶ新米教員の日々

わたしは、東京の杉並区荻窪生まれです。子どものころから本が好きでした。母に「(本を)読んでるときには、いくら呼んでも聞こえないのねぇ」といわれるほどすっぽり物語のなかに入りこみ、主人公といっしょになって泣いたり笑ったりしていたことを思い出します。一方、中学から大学まで運動部に入り、いまも変わらぬ早口で話す活発な子でもありました。

教員を志望して、大学は都内の教員養成系大学を選びました。国語科で学び、高校教員をしながら古典文学を読み続けるか、小学校の教員になるか迷いましたが、「研究よりも、子どもが好き」という思いがまさって、東京都の小学校教員になりました。

教員になったわたしは、希望して図書の担当になりました。中心となって活動している先生はとても熱心なかたでしたが、購入方法をはじめ、大学の講義とは異なる現実に、最初はとまどいました。また、わたし自身、授業のなかで学校図書館の本を紹介したいと思っていたのですが、日々の仕事に追われて、紹介したい本をまえもって読んでみるといった時間はとうていとれないような状態でした。

そこで、新卒の夏休みに、日本子どもの本研究会が主催する大会に参加してみることにしました。

一泊二日の大会ではずっと、先輩の皆さんがたの子どもの読書への熱い思いに押され気味でしたが、わたしは、自分にできる地道なとりくみからはじめればいいのだということを学びました。

二学期がはじまるとさっそく、担任していた三年生のクラスで「読みものの連続読み聞かせ」をはじめました。

朝の学級指導の時間、連絡や指導を短めにすませたあと、一〇分くらいずつ本を読んでいきました。最初に読んだのは、『きかんしゃ１４１４』（フリードリヒ・フェルト　偕成社）でした（以下、本書でとりあげる絵本・児童書は、巻末のリストにまとめてあります）。

この試みを、子どもたちはとても楽しみにしてくれたようです（都合で読み聞かせの時間がとれない日には、抗議の声があがるほどでした）。わたしは、「自分のつたない読み聞かせでも、こんなにもよろこび、夢中になってくれる子どもたちがいるんだ」という事実に驚きました。これが、子どもの読書に関して子どもたちが教えてくれた最初のことでした。

●思い出１

その十数年後、わが家に突然、小さなくまのお人形がとどきました。四年生のときに『くまのパディントン』（マイケル・ボンド　福音館書店）の読み聞かせを聞いてくれた教え子のひとり相部礼子さんが、卒業後何年もたっていたのにその話を覚えてくれていて、「（旅行先の）イギリスのパディントン駅で見つけました！」と贈ってくれたのです。人形を見つめていると、あの子たちがクラス全体で波立つように笑って聞いていた姿があざやかによみがえりました。深いよろこびと感謝が、胸いっぱいに広がりました。

ふり返ってみると、わたしの短い教員時代は、「子どもから教わる」日々でした。子どもがかかえる問題は、その子の家庭と密接にからんでいました。

子どもたちは個性的で、それぞれの環境のなかでたくましく生きていました。勉強が苦手でも、興味をもつ分野の知識は博士級だったり、学力が低迷していた子がちょっとしたきっかけを得ることでグンと伸びていったりしました。きびしい家庭環境で学習面では遅れがちな子が、だれよりも思いやりがある行動をとることも経験しました。

わたしの子どもへの対応の誤りを、その姿で気づかせてくれることもありました。わたしの発言にたいする批判のひとことがじつに的を射ていたことも忘れられません。わたしは子どもたちに、尊敬の念をいだかずにはいられませんでした。

「あらゆる子どもが、かけがえのない宝をもっている。これを探り、掘り起こすのが教育」「教育とは何かを教えることではない。子どもの中の命（成長する力）が働く場所を用意すること」（林竹二『教育の根底にあるもの』径書房より、抜粋・編集して引用）のことばをかみしめます。

どの子も、適切に導き、励ませば、自分の力で伸びていってくれます。だからこそ、わたしたちおとなは、子どもの成長を支援する手立てを模索し続けたいと思うのです。

子育て中の絵本カードづくり

ずっと続けたいと考えていた教員という仕事でしたが、三年めが終わったとき、夫の転勤についていくため、悩んだ末に辞めることにしました。その後、北海道、新潟、千葉と転居しながら、友だちのいない孤独な環境で最初の子を育てることになります。

さて、新潟県の南のはし、西頸城《にしくびき》郡《ぐん》青海《おうみ》町《まち》（現・糸魚川市）に住んでいたときのことです。長男が一〇か月になったのをきっかけに、絵本の読み聞かせをはじめました。町には公共図書館がなかったので、日曜日のたびに、夫に車で隣の糸魚川市につれていってもらい、本を借りました。

もう一度子どもの本を学びたくなって、鳥越先生の講義ノートをまとめ直してみたり、新聞の児童書紹介を切り抜いたりしていました。図書館では、絵本のかたわらに並ぶ児童書も借りるようになりました。

はじめて借りたのは、『ジェインのもうふ』（アーサー・ミラー　偕成社）でした。息子そのままの幼子の心理と成長が見事に描かれていました。当時はわかっていませんでしたが、こうしたことができたのは、すばらしい本を選択して並べてくれていた図書館員の仕事の成果でした。

そして、絵本の魅力と息子の反応のおもしろさに刺激されて、記録をとりはじめました。記録カードの項目は、作者・出版社などの書誌事項のほかに、あらすじ、感想、対象年齢、評価、子どもの反応などでした。これが、現在まで続く「評価記録カード」のはじまりです（「評価記録カード」については、第5章でつくりかたと活用法を紹介しています）。「評価記録カード」は、絵本だけでなく児童書にも範囲を広げてつくり続けました。

オリジナルな働きかた

「ほんとうに役に立つときがくるのかなぁ……」と思いつつも手間のかかる記録カードの作成を続けたのは、「いまは動きがとれないけれど、この興味ある分野を学び続けることが自分への貯蓄になるかもしれない」と考えていたからです。

これは、そのころ出版された『もうひとつの働き方』（藤原房子　海竜社）がくれた視点です。この本は「日本経済新聞」婦人面に連載された「職業と奉仕の間」に加筆してまとめられたもので、柔軟な発想で、奉仕活動とは一線を画す、少額でも報酬ありのオリジナルな働きかたを紹介しています。著者は、その女性たちのなかに「志のある生きかた」を発見して、「社会に〝よきもの〟をひろげ、定着させる未来志向の働きかた」と述べています。

この視点は、いまもわたしの心の底を流れ続けています。収入の多寡とその仕事の価値は直結しません。ですからわたしは、非常勤でも自分ができる最高のサービスを提供すべく努力したいと思うのです。

人形劇とのであい

さて、数年ぶりに東京へもどった年、家のすぐ近くに図書館と公民館が開館しました。歩いて図書館にいけることに小躍りし、公民館の保育つき連続講座にも一歳の娘をつれて参加しました。そこで、「保育と人形の会」を主宰されていた高田千鶴子先生や、わらべうた、そして地域の仲間とであいました。

高田先生からは、軍手の手ぶくろ人形づくりとその人形を子育てに生かす方法を、わらべうたの先生からは、一～三歳の子どもたちがわらべうたで嬉々としてあそぶこと、あそばせる母親も癒やされることを学びました。

講座に参加していた母親たちと人形劇サークルをつくり、ボランティアで地域のおもちゃ図書館や児童館で公演させてもらったこともありました。

高田先生には長くお世話になりました。のちにはわたしも、「保育と人形の会」の講師として、人形公演をしたり、幼児教育専門学校などで保育に生かす人形、絵本、わらべうたを教えたりしてきました。地域でも、ボランティアとして、ときには仕事として、人形に関わる活動を続けてきました。

これらの活動を通して痛感したのは、「目の前に子どもがいてくれることのありがたさ」です。どんなに練習しても、お客さんがいないと〝仕事〟になりません。学校図書館でも、来館してもらえるありがたさが活力になっています。

地域のあずかりあい保育

一方で、公民館講座であった仲間から、東京・世田谷区の羽根木プレーパーク（冒険あそび場）ではじまっていた自主保育サークルを自分たちでもつくろうと呼びかけられました。一歳半から就学までの異年齢で、「外あそび」を中心に活動する会です。母親同士のあずかりあい保育で、その方針は、「子どもたちにゆったりとした時間と場所を確保し、そこで見守る」というものでした。保育当番の日には、さまざまなあそびとともに、絵本やわらべうたを楽しみました。

他人の子をあずかって外あそびをするのですから、当番は真剣勝負でした。どんな保育をするか、当番同士の意思疎通をどうするか、多様でやんちゃな子どもたちへの対応はどうすべきか、さらには産休をどう確保するか……課題は山ほどありました。しかし、自分たちでゼロから活動をつくりだすよろこびとおもしろさ、そして得た仲間とのつながりは、かけがえのないものでした。孤独な子育てのつらさを体験してきたわたしにとって、たとえそこに苦労があっても、仲間といられるありがたさは、ひとしおだったのです。

季節行事も企画しました。よもぎ摘みにお団子づくり、お月見、餅つき、クリスマス、神社での忍者ごっこ、公園での運動会、遠足、キャンプや海合宿……父親たちもまきこんで、あそびにあそびました。どんな活動にも、絵本とわらべうたがとり入れられました。

自主保育では、集団内の子ども同士が強く影響しあうようすを目のあたりにしました。子どもは、仲間との関わりで育つのです。学校司書になっても、個人の動きと集団の動きをともに見るように心がけています。自ら考え、企画し、実行し、改善した経験が、司書の仕事でも、基本的な姿勢になっていくのです。


日々の体験と絵本が〝交流〟していました。たとえば、五歳児とタンポポの根っこ掘りに挑戦したのは、絵本『たんぽぽ』（平山和子　福音館書店）がきっかけです。四～六歳の子どもは、いっしょに活動してみるとじつにおもしろい仲間でした。この体験が、司書として本を「読んであげる」「紹介してあげる」ではなく「いっしょに楽しもう」「ねえ、これおもしろいよ！」となる、わたしの姿勢の源になっています。

わたしは、園に通わせた上の子とくらべて仲間と育てた下の子の幼児期を、「堪能した」という充実感をいだきました。核家族で都会育ちのわたしは、いろいろな地方の個性豊かな仲間に教えられ、子ども時代を二度味わうことができました。

親たちは仕事に追われ、子育ての〝外注〟が進んでいます。せっかく親になれたのですから「親子で楽しい時間をすごしてほしい」と、わたしは司書として、ことばあそびや読み聞かせを保護者にすすめています。〝親が子育てを楽しめる社会〟にできたらいいなと願っています。

わたしは、自主保育を通じて、「わが子を幸せにしたかったら、まわりの子も幸せにならなくてはの要因でした。

ならない」ことを痛感しました。このことが、わたしの目を地域社会へ向かわせてくれた、いちばん

学びを支えた図書館

保育の方針を考え、共通理解をもって活動するために、わたしたちはたびたび学習会をおこないました。テーマは、「テレビ」「食べもの」「児童館」「障害児」「あそび場」など子育てに密着したものです。とくに、自分たちがあそぶ原っぱや公園が次々に閉鎖されてしまうことに憤慨してとりくんだ「あそび場」問題は、「あした、どこの公園に子どもをつれていけるか」という切実な問題に向きあうものでした。手探りで行政への働きかけもおこないながら、使っている公園の草刈りを自分たちでやるなど、いまは珍しくなくなった市民と行政の〝協働〟の先がけでもあったように思います。

これらの学習に役立ったのが、図書館のネットワークです。それまで、わたしはおもに市立図書館を利用していましたが、都立図書館、国立国会図書館のネットワークのおかげで、求める資料をほとんど手にすることができました。そして、そこで見つけた関連書には、求めていた細切れの情報だけではなく、知りたいテーマのたいせつな点や、歴史、展望がきちんと整理されて提示されていました。

これらを読んでみると、さらに調べたいことが生まれました。同じ興味をもつ先達である著者に導かれて、「調べるおもしろさ」は倍加していきました。

調べてわかり、さらに新しく生まれた疑問をまた調べ、そのテーマにわけいっていく、その〝おもしろさ〟を、子どもたちにも味わってほしいと思います。ですから、読書指導や調べかたの指導には

熱が入ります。

また、公共図書館には行政資料や地域活動資料も整備されています。地元の公園の歴史を調べるなかで、わたしたちが日々あそんでいるこの場所に、戦時中には爆撃で亡くなった人びとのご遺体がたくさん並べられたことも知りました。わたしは、爆弾におびえることなく青空の下で子どもとあそべるありがたさを強く感じました。これも、先輩市民が手書き文字の記録文集を作成してくれたこと、それを保管し、提供している図書館のおかげでした。

図書館が、個人の生活だけでなく地域社会全体をよくするための社会教育施設であることが、身にしみた経験でした。

上質な絵本の力を知る

同時期に、「富士町絵本の会」と「子どもの読書勉強会」にも入会しました。後者は、わたしがいまも住んでいる東京都西東京市で活動が続いています。

絵本の会では、乳幼児をもつ母親たちが自費で保育をたのんで、絵本を学び合いました。作家別に読み合ったり、図書館で見つけた中村柾子『子どもの成長と絵本』（大和書房）の巻末の「手にとって欲しい一〇〇冊の本」（二・三歳から就学の頃まで）リストで紹介されている絵本を読み聞かせて、母親の感想や子どもの反応を話し合いました。

地域で富士町文庫（子ども文庫）を主宰し、さらに全国の子ども文庫の調査もされた末廣いく子さんが毎回参加して、若い母親の学び合いを励ましてくださいました。マリー・ホール・エッツ、エズラ・ジャック・キーツなどの作品とであい、わたしはますます上質な絵本の力を知りました。

たとえば、『わたしとあそんで』（マリー・ホール・エッツ　福音館書店）は、素朴な絵と静かな展開が特徴の絵本です。おとなのわたしは、絵本にこめられた深いメッセージに驚きました。やんちゃな二歳の男の子もふくめて、子どもたちは、主人公の女の子がシカのあかちゃんにほっぺたをなめられる場面ではニコッとほほえみ、絵本をくり返し楽しみました。幼児は、「いいものを見分け、くり返し楽しむ力」をもっています。

昔話絵本の読みくらべでは、地方によってストーリーにちがいがあることや、つけられた絵によって話の印象が大きく変わることを知りました。図書館にはまず入れることのない「安かろう悪かろう」の昔話アニメ絵本を見ると、戦いの場面のページ数が無駄に多かったり、文章に騒音めいた擬態語がやたらに多かったりしました。以来、昔話絵本を購入するときには、いろいろと比較したなかで選ぶようになりました。

自主保育では、一歳～六歳の子に読み聞かせをしましたが、上質な絵本の読み聞かせを継続すると、どの子も「集中して聞く力」が育ちました。

たとえば、大風の吹く公園で五歳児の子どもたちを相手に、一三分もかかるインド民話の『ランパンパン』（マギー・ダフ再話　評論社）を読み聞かせたときのことです。いつのまにかはじっこに立った三歳児の倉内怜ちゃんは、最後まで微動だにせずに聞いていました。もうすぐ四歳になる息子の洋平に『ねずみのウーくん』（マリー・ホール・エッツ　冨山房）を四〇分もかけて読みとおすことができたのは、彼がわたしのかたわらで耳をそばだて、一心に絵本を見つめ続けてくれたからでした。

子どもは、じつによく絵を見ています。画家のくふうを見つけて、教えてくれることもありました。

ですからわたしは、絵本評価のとき、子どもの感覚に近づきたくて、はじめは絵だけを見ます。

人生を支える子どもの本やおはなし

上質な絵本が、子どもの心に沈みこみ、生き続けることも、子どもたちから教わりました。

たとえば、前述の三歳児、怜ちゃんが六歳になったとき「好きな絵本は『ランパンパン』なの」といいだしたり、高学年になった娘の佐知子が突然、「この絵本、大好きだった。タケノコ公園で箕浦さん（由美子さん＝保育当番の母親）が読んでくれた」と、わたしの知らない自主保育時代のことを話しだしたりしました。友人の前田麻美さんからは、中学生になった息子さんの不安定な時期に、昔よく語っていた素話《すばなし》（語り手がおはなしを覚えておいて、何ももたずに語ること）をたのまれて、もう一度語ったエピソードを聞きました。


わたしが保育園で保護者に絵本の魅力をお話ししたあとのこと、参加してくださったお母さんから、思いがけず長いお手紙をいただいたことがあります。

わたしが紹介した『だるまちゃんとてんぐちゃん』（加古里子　福音館書店）、『ちいさいおうち』（バージニア・リー・バートン　岩波書店）を、自分が「父親に読んでもらった！」と思い出したこと、にかわいがってもらっていたんだなぁ」といまになって思うことができたこと、そして園の帰り道で「絵本借りたよ」と話したら、寝るまえに読んであげるまで、何度も「ホン、ヨンデクレルンダヨネー！」といわれたことが綴られていました。

手紙は最後に、「四人のわが子にもっと絵本を読んであげたい」と結ばれていました。そこには、幼い日々の父親の愛情が娘さんからお孫さんへと受け継がれるようすと、お父さまの愛情がよみがえったよろこびがあふれていました。

読み聞かせが、「その場」と「読んでくれた人」の思い出とともに長く子どもの心に生き続け、ときに「人生を支える力」になるのだと、確信をいだくようになりました。

上質な絵本は、子育てのヒントもくれます。

学校での低学年のトラブルのとき、わたしが膝をついて子どもの目を見ながら、「どうすればいいのかな?」と静かに問いかけるのは、じつは『どうすればいいのかな?』(わたなべしげお 福音館書店)という絵本がもとになっています。

くまくんが自分で服を着るのを、このことばを使って考えさせながらゆっくり待つ姿勢は、子育ての極意です。渡辺順子さんの絵本講座で教えられてから、何度使ったことでしょう。このひとことで、子どももおとなもひと呼吸おき、落ちついて考えられるから不思議です。

上質な絵本がていねいにさし出すものは、読み聞かせたおとなの心のなかにも長く生き続けます。

わが子や地域の子どもたちへの読み聞かせの日々は、「上質な絵本の底力」を学ぶ時間でした。そして、「本は子どもとともに選ぶもの」だと、そこで教わりました。

上質な本の読み聞かせは、子どもの心をあたため、落ちつかせます。文字を習い、本のおもしろさを知れば、自分で本を読みたくなります。ですから、学校司書になったときに迷いなく、授業時間を使って読み聞かせをはじめたのです。

活動を記録し、伝えるたいせつさ

「子どもの読書勉強会」では、毎月、児童文学の読書会をおこないました。当時の一般的な読書会は、テーマや作家別の課題本を一冊～数冊読んできて、感想を交流するというものでした。わたしたちの会では、当時、作家別に数冊の課題本を読むことが多く、わたしはカニグズバーグやパターソン、ライトソンなどの作家とであって、その豊かさに目を見張りました。

この勉強会は、かつて旧保谷市の図書館づくり運動を担い、自らも子ども文庫を開いた母親たちがつくったそうです。活動と学びの記録である会報「子どもの読書」（隔月発行）は四四年めに入った現在も続いていて、西東京市図書館の地域資料となっています。会報の扉では、「この会は、子どもたちに読書の楽しさを知らせ、読書に親しめる環境をつくる努力をしている人たちの会です」と、その基本精神をかかげています。この会で学んだ「活動を記録し、伝えることのたいせつさ」が、この本のデータとなった実践記録へとつながりました。

人類の知をもち寄り、わかち合う図書館

会では、図書館についても学びました。情報をもらっては、日本親子読書センター、親子読書地域文庫全国連絡会、日本子どもの本研究会、学校図書館問題研究会などの大会に参加しました。

読書会で力のある本を知れば知るほど、そのおもしろさを子どもたちに手わたしたいという願いは強くなりました。そこで、わたしは司書資格をとり、司書教諭講習を受けました。図書館のしくみや役割、歴史を学びました。

図書館は、「人類の知をもち寄り、わかち合うしくみ」です。知らないこと、わからないことを解

決してくれるところです。

公共図書館は、基本的に地方自治体が設置運営し、住民はだれでも無料で情報や知識にアクセスすることができます。自分たちの暮らしを豊かに、そしてよりよくするためです。たとえ、経済的にきびしい状況になったとしても、図書館は人生の次の扉を開く支援をしてくれるのです。

図書館員は、このしくみを維持し、発展させ、すべての住民の学びを応援する人たちです。その目的のために、社会の動きや利用者を見つめ、幅広い視野をもって価値ある資料を幅広く集め、さし出せるように努力を続けます。専門職でなければならないゆえんだと思っています。

当時、学校司書が全校配置されている岡山市のビデオ『本があって、人がいて』（岡山市学校図書館ビデオ制作委員会編）を見る機会がありました。同じ日本の公立でもわが子の通う小学校との差に驚き、この町にも「専門性と熱意のある学校司書がいてくれたら」と思わずにはいられませんでした。その後、竹内哲先生（図書館情報大学名誉教授、日本図書館協会元理事長）や塩見昇先生（大阪教育大学名誉教授、日本図書館協会前理事長）をはじめ多くかたの講座や著作から、学校図書館の役割や理想の学校司書像を学びました。先進的な学校図書館の見学では、たとえば慶應義塾幼稚舎の学校図書館と公立小学校のそれとの格差に唖然としつつも、いつの日か近づきたいという目標をもちました。

税金で運営されることの重み

このころ、会の先輩から強く背中を押され、その後一〇年あまり市の行政委員である社会教育委員や図書館協議会委員をつとめました。社会教育委員は、行政に民意を反映する役割を担います。その存在さえ知らなかった三十代の主婦が、会議で法改正資料をふくめて山と積まれる文書と格闘することになったのは、当時の旧保谷市が、社会教育委員を、市内のさまざまな社会教育団体（サークル）の推薦者のなかから選挙で選ぶという、「準公選」に近い制度をとっていたからです。

行政からの諮問に応じて資料を読み、話し合いました。会議では、黙ってうなずいていることは許されず、大学の専門の先生や地域活動を続けた大先輩に教えられながら市民調査もしました。合議し、分担して、提言や建議を書きました。正直、荷が重い仕事でしたが、研修が充実していて、国の教育政策や社会教育から生涯教育への変化を知りました。また、行政や議会でものごとがどのように決まっていくのかを、住民との関係をふくめて垣間見ることができました。

学校司書になって自主的に実践報告を校長に提出してきたのも、これらの経験から、「組織のなかでは、成果は報告してこそ生きる」「成果は、数字で示すことが必要とされている」と実感していたからです。

そして、いちばんの学びは、「公」であること、つまり「税金で運営される」ことの〝重さ〟です。図書館、学校、学校図書館は、みんなのためにたいせつな税金でつくられ、運営されています。それを肝に銘じたいと思います。

図書館を多くの市民に

行政委員になってから、市の統計資料を注意深く見るようになりました。驚いたのは、図書館登録率（市内在住個人登録者数を市の人口で割った割合）が、なんと二〇％そこその低さ！　つまり、八割は来館さえしていないのです。家族で日々図書館の恩恵に浴していたわたしは、「もったいない！」と残念で、もっとたくさんのかたに利用してもらいたいと強く思いました。学校図書館は、登録率一

○○%です。だからこそ、小学生から図書館のよさを体験してもらい、生涯を通じた図書館利用者を育てたいと思います。

また、当時、市の学校司書全校専任配置を願っていたわたしは、共感し、協力してくれるのは図書館利用者や本好きのかただということに気がつきました。そこで、まず本の楽しさや図書館のよさを知ってもらおうと、小学校ＰＴＡ活動でおはなし会をやったり、広報委員になって連続特集「子どもの本をめぐって」を企画したりしました。企画うち合わせのときに出た「図書館って、タダで借りることができるの?」という反応に驚き、全国の状況を調べてみました。

すると、在住市の図書館は、全国の同規模自治体のなかではかなりいい活動をしていることがわかりました。当時、町村では図書館がない自治体が七割もありました。市レベルでは設置しているところが多いのですが、規模が小さかったり、専門職員である司書がすくなかったりして、じつにきびしい状況でした。

ある地方で図書館づくり運動をされているかたが市長さんに「司書をおいてください」とお願いしたら、「文所はおいているじゃないですか」といわれたという、笑えない話も聞きました。

日本人の多くはいまだ公共図書館を使っていない、または使えないという事実をまえに、わたしは「知をわかち合うしくみ」である図書館をつくった先人や、「町づくりは自分たちで」とがんばった先達の努力のたまものを日々受けとっているのだと思い知りました。

受けた恩は、どこかでだれかに返さなくてはいけません。わたしは、図書館や学校図書館のたいせつさを知ってもらうために地道に努力しようと考えました。子育てのなかで本やわらべうたに大いに助けられたので、「その楽しさとともに、図書館のよさを伝えられたら」と考えました。そこで、地元の児童館で二、三歳児向けのおはなし会「コロリンたまご」を提案し、ボランティアとして職員といっしょに活動をはじめました。今年（二〇一五年）で二〇年になりますが、ここでも、機会をとらえて参加者に図書館の利用をすすめています。

●思い出2

ある寒い夕暮れどきに、図書館から出てきた母子づれに、突然挨拶をされました。おはなし会をはじめて一〇年くらいたったころに、姉妹をつれて通ってくれていた林正恵さんでした。「お世話になりました。もう三年生なんですよ。妹のほうです」といわれます。かたわらの少女が頭を下げて挨拶してくれました。図書館前でおふたりにであえた嬉しさが心にしみました。

わたしにとっては、理想へ続く目標と日々の小さな実践は結びついています。

学校図書館で「読むよろこび」と「知るよろこび」を

地域でさまざまな活動や学習を続けるうちに、わたしの心のなかには「子どもたちへ本を手わたしたい」「暮らしのなかに図書館を」という願いが日々強くなっていきました。これが、学校司書になろうと思ったいちばんの理由です。

学校図書館で、子どもたちが「読むよろこび」と「知るよろこび」をくり返し体験するためには、「上質な本」とのであいが必要です。わたしがこれまで司書として研鑽を積むなかでいちばんたいせつにしてきたことは、「上質な本を選ぶ」ということです。

「上質な本」は子どもを変える

上質な本とは、「豊かな日本語、わかりやすい文章」で「きちんと編集され」、「真摯な生きかた」「さまざまなものへの愛情」「生きる力となるユーモア」「人生への希望や夢」などがきちんと伝わってくる本です。それらは、子どもの秘めた力にはたらきかけて、彼らを飛躍させます。そういった本の力に何度驚かされたことでしょう（そのようすは、第2章以下で書名をあげて詳しくお話ししていきます）。

「本は魂につける薬」といった友がいます。深くうなずきます。「役立つこと」を超えて生涯忘れられない、場面、一文、一冊があります。魂に響く一冊の本が、将来の方向を決めることもあります。子どもたちがそれにであえれば、それからの人生をよりよいものにできると思います。

学校司書は、本と図書館活用の水先案内人

子どもが学校図書館で「上質な本」にであうためには、司書がそうした本を知り、蔵書としてそろえておかなくてはなりません。

学校司書は、「そのとき」「その子に」「何が適しているか」を見極め、直接子どもに、または先生を通じてさし出す人です。さらに、利用者自らが「必要な資料を見つけて、利用し、活用する力」をつけるための支援をする人です。

司書は、「本を通じて子どもの心を育て」「教員の授業を支援する」専門職です。ですから、自己研

鑽が必須です。

利用される司書になる方法として、第3章「子どもから支援方法を学ぶ」では「読書のまとめ」という手法を、第5章「蔵書構成をつくる　司書力の育てかた」では本の選びかた、購入や廃棄のしかた、配架のしかたについて提案しています。

「図書の時間」は可能性を秘めている

小中学校の学校司書は、日本ではまだ新しい職種です。ですから、わたしは「図書の時間」（註1）を中心に、子どもと先生に司書の支援や図書館機能を体験してもらうことからはじめました。

司書も専任司書教諭（註2）も配置されていないと、来館する子がすくなかったり、「図書の時間」が一般的には「国語」の時間として割りあてられているため、ねらいの不明確な「なんとなく読書」になったりしがちです。

ひとつの原因は、教員の学校図書館活用体験が不足しているということです。教員養成課程で図書館活用法を学ぶことがすくないうえ、自身の小学生時代も教員としても、司書の支援を得た授業経験を積むことができませんでした。ですから、具体的な活用イメージがつくりにくく、「国語の時間があるから、図書の時間はいらない」「教えることが多いから、図書の時間はとれない」などの誤った認識が生まれたのです。

司書が配置されれば、「図書の時間」は、図書館施設・資料・司書を優先的に使える「図書館活用の時間」として豊かな学習を展開することができます。その実例を、低中高学年別に第6章「学年別のとりくみ」で紹介しました。

着任後、わたしは数年かけて、教員に相談しながら、読み聞かせや紹介、利用指導などの直接サービスや資料提供を増やしていきました。自然に教師との協働が進み、その結果、学校独自の「学校図書館年間計画」ができてきました。

学校図書館を生かす第一歩を「図書の時間」を変えることからはじめたのは、効果的でした。「図書の時間」の具体的な生かしかた、年間計画のつくりかた、協働のしかたは、次の第2章で詳しく述べます。

仲間と情報、実践交流を

いま、学校は忙しさを増し、子どもたちは、以前より精神的に幼くなり、そして多様化しています。特別支援の児童や、来日したばかりで（たとえば薬のラベルも読めないという）命に関わる識字の問題をかかえた児童もやってきます。

公立学校は、共生社会の最前線です。だれもが通える公立学校と、その学習を支える学校図書館の役割は大きいのです。学校司書も、柔軟で幅広い支援を模索する必要に迫られています。

法の改正と司書配置の広がりで、学校図書館はいま、本来の役割を果たせるように飛躍するチャンスをむかえています。学校司書の研修充実と資格や養成のありかたについても検討がはじまりました。

このチャンスを生かすべく、まずは身近な仲間と情報を交換し、目の前の課題にひとつずつとりくんでみませんか。仲間とともに、学校図書館の基本とは何か、目標をどう定めるか、教師とどのように協働するかを考え合いましょう。この実践報告が、そのきっかけになれば嬉しく思います。

註1　いわゆる「図書」「図書の時間」とは、小学校で各クラスに週一回割りあてられる、優先的に図書館を使える時間の一般的な呼びかた。

註2　学校図書館法では、司書教諭は、「学校図書館の専門的職務を掌る」ため「12学級以上の学校には必ず置かなければならない」と規定されている。しかし、「主幹教諭、指導教諭又は教諭をもって充てる」とされ、ほとんどが学級担任などとの兼務というのが実情だ。文部科学省の調査によると、「学校図書館に係る業務に携わっているのは平均週1時間程度」だという。司書教諭の時数軽減もほとんどないため、教員への支援や司書との連携が進みにくい。専任司書教諭の配置が望ましいが、教職員定数が増えないと、それを実現するのはむずかしい。

第2章

協働して生かす学校図書館

1　高まる学校図書館活用の必要性

第1章で、長いあいだ学校図書館の活用が広まらなかった理由についてすこし述べました。では、なぜいま活用の必要性が高まってきたのでしょうか。

それは、わたしたちの暮らしが加速度的に変化しているからです。そこで学習指導要領基本方針でも、「自ら課題を見つけ、自ら学び、自ら考え、主体的に判断し、行動」するという〝生きる力〟を育てることが求められています。

暮らしの変化に対応するため、子どもたちは、あふれる情報のなかから役立つものを集め、比較し、適切に活用する力――情報活用能力――を身につけることが必要になりました。「基礎・基本を確実に身につける」だけでなく、「知識を得る方法と生かす方法を身につける」わけです。

学校図書館の目的は、学校教育の充実です。そのために、「読書センター」「学習センター」「情報センター」という三つの役割があります。文部科学省のリーフレット（註1）では、それぞれが担うこととして、「読書活動の拠点となること」「授業に役立つ資料を備え学習支援を行うこと」「情報活用能力を育むこと」と説明しています。

この力を育てるのに、学校図書館が役立ちます。なぜなら、図書館は、知識の引き出しかたと活用のしかたを、体験のなかで学ぶことができるところだからです。図書館の使いかたからはじまり、図鑑、辞典、各種事典、年鑑などの調べかたを学びます。また、科学絵本や科学読みもの、新聞などを的確に読みとる学習をします。図書館の多様な資料を生かし、学年に応じてくり返し体験的に学習することで、力を身につけていきます。

「読書センター」としての役割も、より高まりました。どんな学習活動も、〝ことばの力〟が基礎になるからです。前述の「情報活用能力」でも、情報を読みとってその活用を考えるためには、書きことばの習得がたいせつです。

二〇一一年度の指導要領改訂では「言語活動の充実」をあげて、「言語は論理的思考だけではなく、コミュニケーションや感性・情緒の基盤でもあり、豊かな心をはぐくむ上でも（中略）言語に関する能力の育成を重視し、各教科等において言語活動を充実する」（解説・総則編より）としています。

同じく、「小学校学習指導要領　総則編」、「教育課程実施上の配慮事項」には、「学校図書館を計画的に利用しその機能の活用を図り、児童の主体的、意欲的な学習活動や読書活動を充実すること」と書かれています。

学校図書館自体が「校内の言語環境」ともいわれ、全教科・各領域での学校図書館活用が期待されています。

註1　文部科学省の二〇一四年度リーフレット「みんなで使おう！　学校図書館」

2　教員と司書の協働の必要性

ではなぜ、司書と教師が協働することが必要なのでしょうか。それは、学校図書館の計画的活用にあたって、教員ひとりだけで「児童の主体的、意欲的な学習活動や読書活動を充実する」という目標を達成することはむずかしいからです。

教師は、自らも学校図書館でサービスを受ける人です。学校図書館をどのように生かすかを計画し、司書に相談して支援を受けながら、授業を充実させる人です。支援の内容は、授業展開や資料に関する相談、資料紹介や資料提供と多岐にわたります。

まず教員が、各教科、道徳、特別活動、総合的な学習の時間などで図書館をどのように活用するか、計画を立てます。このとき、専任の司書教諭がいれば計画への助言や指導をおこなうことができます。司書が前年までの図書館活用例などを整理しておいて、教員に情報提供したり相談にのったりすれば、計画的な学校図書館活用が可能になります。

たとえば、「情報活用能力」の育成を目的に、実際に図書館を使うときのことを考えてみましょう。図書館にはいまどんな資料があるのかということや、それを使っての調べかたを知っているのは、司書です。そして、児童への指導のプロは、教員です。どちらか片方だけでは、十分な学習はできません。ふたりで協働して学習を進めることではじめて、より充実した授業をつくることができます。ふたりだと、手わけすることで個別指導の範囲を広げることができるというメリットもあります。

目標達成には教師と司書との協働がたいせつなのだということが、おわかりいただけると思います。

小学校二年生の生活科では、ひとりに一冊ずつ昆虫図鑑を手わたして、その使いかたについて、担任といっしょに四五分間の指導をしています。

子どもたちは、図鑑を一冊ずつわたされると、やる気満々になります。そして、この学習後には、何か疑問が湧くと――たとえば「この虫のことを調べたい！」と思うと――休み時間の図書館へとびこんでくるようになります。

そんなとき、子どもたちの行動は自信たっぷりです。もう、「どの本を使えばいいか」「それはどこに並んでいるか」「どうやって調べればいいか」ということを知っているからです。そして、めざす答えを見つけると、「あった！」と歓声をあげます。その項目に目を走らせ、「へー」と驚くと、さっそく友だちやわたしに、それを話しだします。この〝驚き〟がまた、彼らの次の好奇心――知りたいという気持ち――を刺激するのです。こうして、「知るよろこび」や「調べるおもしろさ」をくり返し体験していきます。

3　「図書の時間」を生かす

「図書の時間」のイメージチェンジ

ここでは、わたしが体験した〝協働〟への道すじと、〝協働システム〟を報告します。協働の第一歩は、「図書の時間」にふみだしました。

「図書の時間はなんとなく読書をする時間」という古くからあるイメージを変えるためには、「図書館が授業に役立った」という教員の体験が必要です。まず教員に、「図書の時間」における司書の支援を体験してもらいましょう。

司書になったわたしは、司書と図書館の機能を伝えようと、職員室で教員に「お時間を五分いただけますか？」と声をかけ、「利用指導」や読書の動機づけである「読み聞かせ」や「本の紹介」などを提案しては、授業で実践させてもらいました。先生がたは、子どもたちが「読み聞かせ」に夢中になったり、ブックトークで紹介した本に群がったりする姿を見ると、来館の機会を増やしてくださいました。また、情報活用指導である「本の分類・配架」（わけかた・並べかた）、図鑑、年鑑、百科事典の体験的な利用の指導後には、「こういう学習が好きなんですねぇ」とか「夢中でやりましたね」と、新鮮な驚きを口にされました。そして、司書が支援をおこないやすいように、子どもたちの指導をはじめてくれました。協働のスタートです。

司書の支援を体験してもらうことは、一種のコマーシャルです。教員や教室への資料提供も、はじめは宣伝の気持ちでおこないました。学年だよりを見て「次の単元ではどんな資料が必要ですか？」とうかがったり、「必要でしたらどうぞ」とメモといっしょに関連資料を職員室の机においたりしました。すると、「こんな本があるんですね」「おもしろそう。使ってみます」などという声が返ってきました。すこしずつ、「司書に授業関連資料をたのむといい」という理解が広がり、その広がりにともなって、資料依頼も増えていきました。

「図書の時間」を多様に使ってもらう

第1章で述べたように、「図書の時間」は、各教科や道徳、特別活動、総合的な学習の時間などで活用できる時間枠です。それはまた、図書館施設、資料、司書を自分たちが〝優先的〟に使える、「図書館活用の時間」でもあります。

たとえば、どの学校でも必ず指導する「本の借りかた・返しかた」や「本の扱い」といった図書館の使いかたは、学級活動として扱うことができます。

また、現在の国語教科書では、本のわけかた（分類）や並べかた（配架）を「図書館探検」としてとりあげたり、図鑑や百科事典、科学読みものを使って調べて報告書を書いたりする単元があります。前者は「情報源の探しかた」ですし、後者は「情報のとり出しかた・まとめかた」です。これらの学習も、「図書の時間」におこなえます。

図鑑、辞典、事典、年鑑など「調べる本」の指導では、「爪や柱」「目次や索引」の理解を深め、その重要性に気づいてもらうために、ほかの「調べる本」との共通点を探します。いろいろな本がそろっている図書館だからこそできる指導です。その際、「情報のまとめかた」として、記録カードの書きかた、資料リストの作成法、著作権についての基礎知識も指導します。

学んだ調べかたは、実際に自分で調べてみることで習熟していきます。所蔵する多様な資料を生かして、体験的な「情報活用指導」をくふうします。このような体験型学習は、図書館の得意技です。

また、「調べるテーマ」を決めたり絞りこんだりする際に、参考になる資料を紹介するのも有効です。調べ学習は、各自の興味を生かすかたちでテーマを決めることが多く、教員がひとりで全員の多様なテーマに合った資料をそろえ、使いかたを指導し、さらに読みとりを支援するのは、現実的にはかなりたいへんです。日常的に関わることができる学校司書の支援が欠かせません。

利用方法には、「全員で四五分間使う」「授業の一部分を使う」「パソコン室と行き来する」「希望者のみの来館」などのほかに、ブックトラックに資料を載せて司書が教室に出向いておこなう「出張サービス」もあります。

いずれの場合も、司書は、学習のめあてを知り、どのような資料を提供するか、どのように教室の学習と組み合わせるかを、教員とうち合わせます。教員の希望や意図に適した資料と提供方法を選び、準備します。

当日も、可能ならT2（以下、T1は教員、T2は司書を示す）として支援します。

「読む力」を育てる

国語の授業の一環として使う場合には、国語としての「めあて」があります。育てたいのは、第一に「読む力」です。読むことは、ある種のトレーニングです。自分に適した質のいい本を読めば読むほど、力がつきます。「国語」の教科書教材だけでは足りません。個性や読書力に合わせて教材を選べる図書館では、楽しみながら多様な本とのであいを図ることができます。

わたしは、「聞く力」を育てることも重視しています。優れた昔話や創作を耳で聞くことは、読むこと同様に豊かな日本語を身につけることにつながります。語彙が豊かになれば抽象的思考も可能となり、自分の気持ちや思考をよりよく他者に伝えることができるようになります。

現場では基礎学力のたいせつさを日々感じていますが、忘れられない場面をひとつだけ紹介します。それは、図書館でおこなった社会科の授業のときのことでした。

前かがみになって、一生懸命に資料をうつそうとしている五年生がいます。みんなが次々に作業を終えてレポートを提出するなか、とても時間がかかり、焦っているのが伝わってきます。そっと近寄って観察してみたら、その子は漢字がほとんど読めないようでした。読む力が不足したまま調べ学習にとりくみ、悪戦苦闘していたのです。

そういった児童は、調べ学習をするにあたって、本の丸うつしや、インターネットで見つけた文章や写真をコピーして切り貼りするだけということになりがちです。さいごの「発表する」ときに、自分で書いたはずのレポートをみんなの前で読んでもらおうとしても、うまく読むことができないという事態も生まれます。これでは、〝知るよろこび〟を味わうことはできません。

読書の動機づけと個別支援を

そこで、どの子にも〝読む力〟をつけられるように、「図書の時間」には読み聞かせや紹介などの「読書の動機づけ」と「個別の読書支援」をおこないます（「動機づけ」の手法は、第4章で詳述します）。

では、「個別の読書支援」はどのようにしているでしょうか。「読書支援」というのは幅広い概念ですが、ここでいう「個別の読書支援」は、「一人ひとりが、読書力に応じて、それぞれに合った本を選べるように支援すること」、そして「各自がひとりで読めるように支援すること」です。たとえば、次のようにおこなっています。

まず、一人ひとりの子どもの音読に耳を傾けます。読むのに苦労しているようなら、どこでつまずいているのかを観察します。原因によっては、司書と子どもが交互に読みあったり、別のやさしい本にとりかえることを提案したりもします。

これらは本来、教員の役割だという意見もあるでしょう。しかし、精神的に幼くて手のかかる子や、母語が日本語でない児童が増えています。教員ひとりでは多勢に無勢です。それに、読むことに困難をかかえた子への支援は、図書館員である司書の責務ではないでしょうか。

どの子をどのように支援するかは、教員と相談します（具体例を、この章の後半「つぶやき読みを支援に生かす」で紹介します）。

司書が指導に加わると

司書が指導に加わると、より多くの子どもに目がとどくだけではなく、クラスが異なっても同一学年で指導レベルをそろえたり、前年度の指導例を具体的に教員に伝えたりすることができます。

たとえば、「図書の時間」に三年生以上で、「科学読みものを読もう」という学習をおこなっています。授業当日は、子どもたちが来館するまえに、その学年に適した優れた科学読みものを児童数以上、それに国語辞書も準備しておきます。本は、大まかなジャンル別に表紙を見せて並べておきます。こうしておくと、子どもたちは発達段階に適した本からスムーズに興味をもったものを選び出し、すぐに読みはじめることができます。

教師が学習の手順を説明し、司書は付箋やワークシートをくばります。子どもたちは、驚いた部分に付箋を貼ったり、辞書をひいたりしながら、読み進めます。読み終わった子から、付箋を手がかりに引用したり要約したりして、ワークシートに記入していきます。ワークシートは、学年に合わせて教員と相談して作成しています（左ページのコピー参照）。

高学年で実施している「奥付け」や「著作権」の学習のときも、五年、六年と系統立てて、別のワークシートを作成しました。教員の意向で、この学習は調べ学習のまえに指導しています。

担任が変わっても、司書が昨年のワークシートを教員に示すことで、学習の積みあげをスムーズにおこなうことができます。ワークシートだけでなく、児童の作品――たとえば、本のポスターや感想文、調べ学習のまとめなど――を許可をとって数例保管しておけば、次年度以降に事例として提供することができます。下級生は、先輩の作品を見て学習の展望をもつことができるのです。

将来的には、授業のポイントや板書の写真を収集することも可能ではないかと考えています。このような

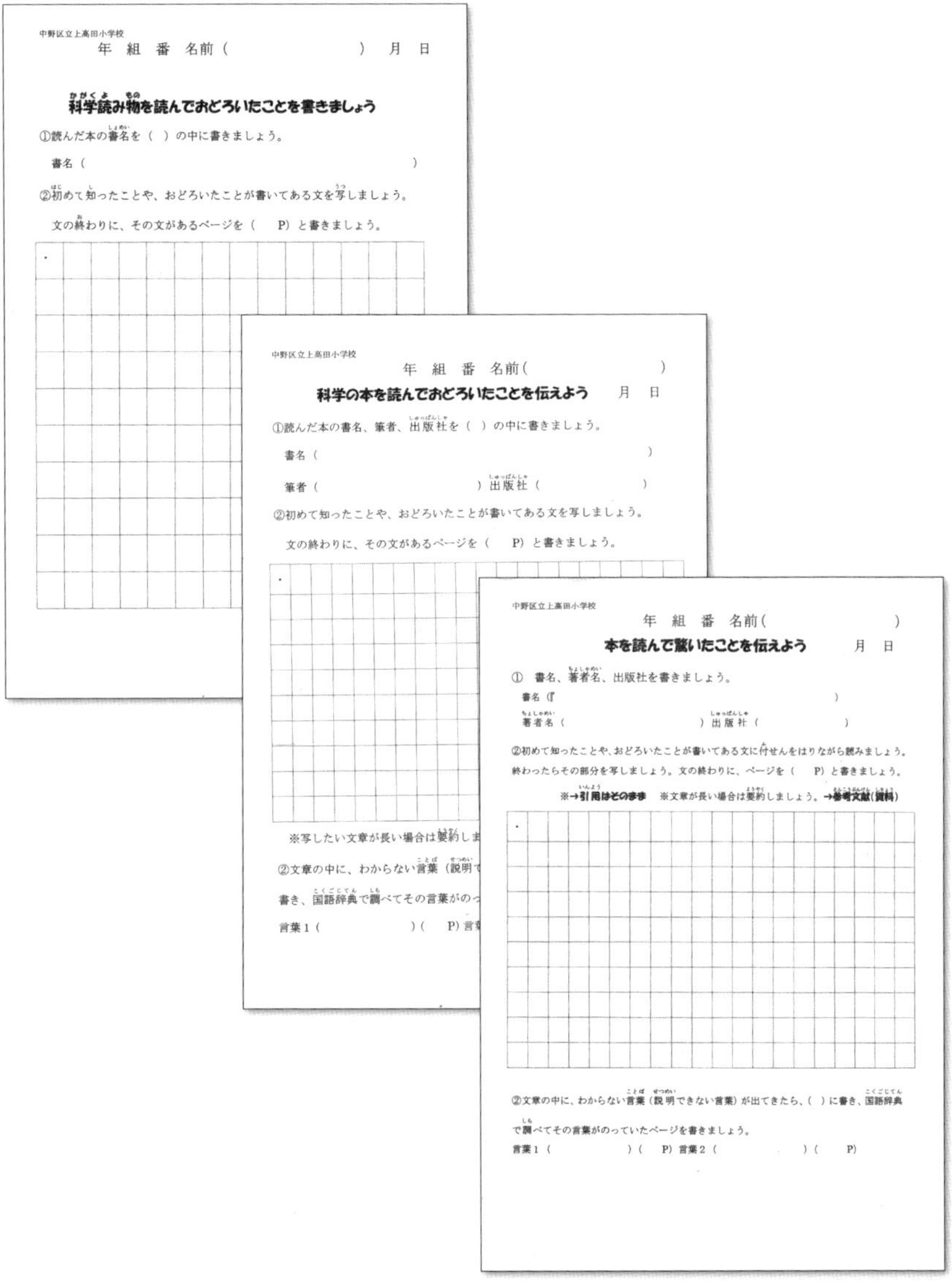

「科学読みものを読もう」で使用したワークシート。左から、3年生、4年生、5年生用
用紙の大きさは、いずれもA4判

支援は、図書館の「資料収集と提供」の一環にはいるのではないでしょうか。

司書が指導に加わり、その記録を保管することは、校内の指導法の蓄積と活用をうながすことになります。司書も、T2を経験することで支援方法を改善していくことができます。

「新しい職種」と自覚して、積極的に実践する

塩見昇氏（前出）によれば、教育現場の必要性や住民の強い要請でおかれてきた「学校図書館で働く教師でない人たち」を「学校司書」と呼ぶようになったのは、一九五〇年代後半だそうです。「雇用の制度的根拠が希薄なことから、多様な身分、採用形態、雇用条件となることは避けがたく、その実数の正確な把握さえ困難な現状」（塩見昇編著『教育を変える学校図書館』風間書房　二〇〇六年）が続いてきました。

それが、文部科学省で「学校図書館担当職員」として調査がはじまり、前述したように、二〇一四年度に「学校には、司書教諭のほか、専ら学校図書館の職務に従事する職員として、学校司書を置くよう努めなければならない」と、ようやく学校図書館法が改正されたのです。

二〇一四年度の文部科学省調査によると、全国の学校司書配置率（公立小学校）は、五四％にまで増えました。ただし、常勤司書をおいている公立小学校は、全国で九・九％にすぎません。配置率が一割以下の道県が、まだ三つもあります。

非正規、短時間雇用の学校司書は職員会議や職員朝会に出席できないことが多く、学校全体の共通理解を深めたくても、司書教諭や図書主任とさえ相談時間がとりにくい状況です。

とはいえ、ふだんは鍵がかかっていて立ち入ることができないという学校図書館がすくなからずあったなかで、その配置は大きな一歩です。五割まで配置が進むには、多くのかたの無償の努力がありました。

小中学校司書は、ようやく制度化されつつある新しい職種ですから、ただ待っているだけでは利用は広がりません。

学校図書館の利用拡大には、実際に図書館活用を体験してもらうのがいちばんの近道です。ハードルはいろいろありますが、新しい職種には自分でつくりだす可能性やおもしろさも詰まっています。配置されたわたしたち学校司書が、自校の状況を見ながら実践を通じて活用法を伝えていきましょう。

まず、「図書の時間」をどうとらえるか、自分自身の考えをまとめてみるのはいかがでしょうか。そして、自分なら「図書の時間」にどんな支援ができるか、計画を立てて先生に提案してみませんか？

4 〝協働〟への道すじ

現状から対策を立てる

学校によって事情が異なるという面はありますが、司書として遭遇する体験には共通するものがあると思います。わたしが着任当初の状況を確認してみました。

・赴任校は、東京二三区内で初の司書配置地区にあった。
・一年前後で交代したふたりの前任者の仕事内容は、それぞれかなり異なっていた。
・転入してきた教員からは、わたしは専科教員ととらえられた。
・割りあての「図書の時間」に待っていても、来館がない。予定がわからない。

・高学年では、来館自体がすくない。
・読む子と読まない子の読書レベルと意欲の差がかなり大きい。
・中高学年で読書意欲の低い子には、「図書の時間」は、図鑑や漫画などをふくめて「なんでもいいからテキトーに読む、眺める」時間という認識がみられた。
・集中して読ませ、本を紹介したりさせたりする教員と、児童に学習内容の指示をしない教員……「図書の時間」のとらえかたの差が大きい。
・そのクラスの図書館の利用法が定着してきても、担任が交代するとやりかたが変わる。
・たびたび資料依頼をする教員とまったく依頼がない教員の、〝学校図書館の役割〟のとらえかたが異なる。

これらの現状をふまえて、わたしは対策を考えていきました。

改善策を提案する

まず、来館者数と貸し出しを増やしていくことをめざしました。具体策を練るために、子どもを観察し、貸し出し統計の分析をおこないました。改善案としてできそうなことはなんでも、図書主任に提案するようにしました。

資料1は、「3年間の個人貸し出し冊数の変化と年間予約件数」です（1から6は、貸し出し冊数の増減に関係したと思われる動機づけや手法をあげています）。

初年度の状況を参考に、二年めの六月の読書週間には「休み時間来館者しおりプレゼント」を試みました。

期間限定で、休み時間に自由来館者が本を借りたら〝しおり〟をプレゼントするという企画です。手づくりのしおりを数種類つくって宣伝しました。

次は、朝読書の企画です。読書週間は年に二回（六月、一〇月）実施されていましたが、朝読書はおこなわれていませんでした。そこで、二年めの秋にこれを提案してみました。二週間にのべ八日間、朝読書の実施が決まりました。

はじまる直前、「図書の時間」を使って、全児童を対象に本選びのアドバイスをしました。その結果、グラフに表れた貸し出し冊数の増加だけでなく、教員から「集中して読んでいる」「一時間めの学習にスムーズに入れる」と評価が高く、三年めには読書週間が年三回（六月、一〇月、二月）の実施になりました。

その三年めの秋の朝読書では、高学年を中心に直前ブックトークを実施しました。すると、貸し出し冊数だけでなく、貸し出し中の本を次に優先的に借りられる「予約件数」も増えていきました。

資料1●3年間の個人貸し出し冊数の変化と年間予約件数

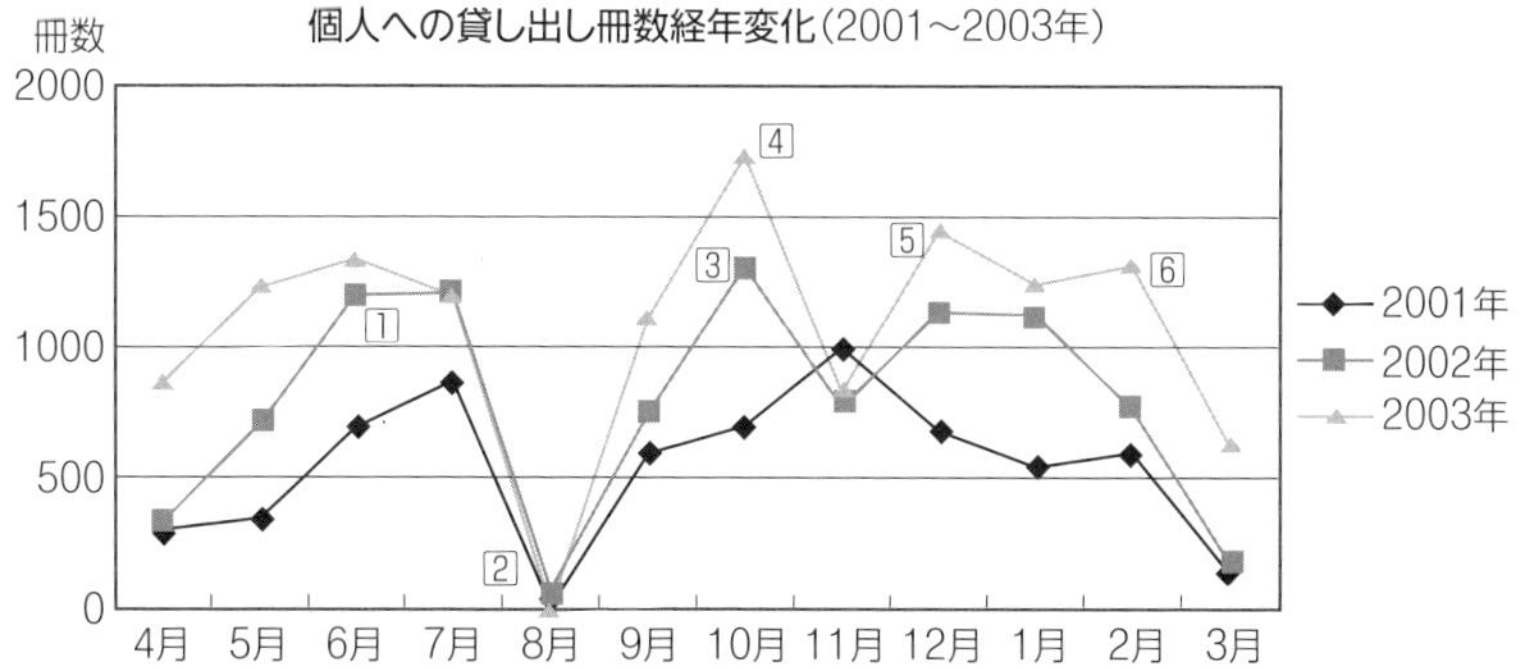

1「休み時間に本を借りたらしおりプレゼント」を企画→次年度から図書委員会の企画になる

2 8月勤務はありません。無念……

3 2002年の読書週間に朝読書開始。全校生徒に本選びのアドバイス！

4 2003年から読書週間直前ブックトークを実施。予約も増加

5 冬休み、3冊まで貸し出し開始

6 3学期も朝読書を設定

年間予約件数

年度	予約件数（児童数）
2001	414（231人）
2002	562（226人）
2003	758（228人）

ブックトークで読みたい本が増えたことと、紹介本を読んだ友だちの口コミ効果が予約に結びついたのでしょう。それまで予約サービスを利用する子は限られていましたが、ブックトーク効果でこのサービスを利用する子が年々増えていきました。

貸し出し冊数は、二年めまで、夏休み以外はひとり一冊一週間でした。三年めには、冬休みも三冊までに増やしました。

貸し出し冊数については、悩んだことがありました。初年度に図書の授業で「なるべく借りましょう」と声かけをしたら、ある子どもから「借りなきゃいけないの？」と不満顔で聞かれ、はっきりと説明することができなかったのです。

しかし、いろいろな読書の動機づけの結果、本への興味が全体に増してきた三年めのことです。年度はじめの利用案内で、これまで長期の休み以外は一冊だけだった貸し出し冊数を「今年から二冊までにしますよ」と説明したとたん、どのクラスでも「やった！」という歓声があがりました。

「借りなさい・読みなさい」ではなく、「借りたい・読みたい」という動機づけが先だったのです。それが、要望に応じてサービスするという図書館本来のはたらきでした。

「～まで」としたのは、個人の気持ちや事情を尊重したいからです。二冊なら、図鑑だけを借りていこうとする児童にも、興味が湧きそうな読みものをすすめやすくなります。夏休みや冬休みだけでなく、連休まえにも貸し出し冊数を増やすことにしました。

小学生が多様な動機づけに素直に反応して貸し出し意欲を高めることは、早い段階でわかりました。同時に、子どもの変化を見た教員のなかには、授業に司書支援をとり入れたいという要望が生まれました。

それが、図書館の定期的利用につながりました。教師との〝共通認識をもった協働〟がはじまったのです。

専門を生かしつつ柔軟に協働する

司書のはたらきかけの継続が、だんだんと協働システムづくりへと進んでいきました。たとえば、貸し出し・返却を教師といっしょにやるようになったのは、ある担任のひとことがきっかけでした。

わたしはずっと、それは司書の仕事だと思いこんでいたので、貸し出し・返却の仕事はひとりでやっていたのです。ところが、クラス単位の利用時にはひとりでは手がまわらず、ちょっとしたトラブルでもたちまち列ができてしまいます。

ある日、若い小畑伸一先生が、「ぼくもいっしょにやりましょうか」と、ニコっと笑ってカウンターにはいってくださいました。そして作業中、先生は子どもたちに、「こんな本が読めたの、すごいね」とか、「おもしろかった？」と語りかけています。

「これはたいせつなことだ！」

わたしにとっては、〝目から鱗〟のできごとでした。

また、高松浩二先生は、隣でハンコを押しながら、貸し出しカードに書かれた書名をさして「これ、読んでごらん」と、提出した子どもに話しかけていました。自分の列の仕事をこなしながら横目で見ると……なるほど、書いた本人も読めないほど乱雑な字だったのです！

以来、貸し出し・返却の作業は、担任の先生と協力しておこなうようにしています。教員が子どもの読書状況を知り、励ましや助言をするいい機会だということがわかったからです。

「先生がたは忙しいのだから、わたしががんばらなければ」と思うばかりがいいのではありません。本をめぐる、子どもと先生との会話が増えることは、子どもの読書にとてもいい影響をあたえます。

こうして、わたしの姿勢は「先生とともに」に変わっていきました。いまでは、状況をみながら、担任に読み聞かせをお願いしたり、ブックトークへの挑戦をおすすめしたりしています。基本的な分担はありますが、補い合って授業を進めます。ふたりで、それぞれの専門を生かしつつ、ともに授業をつくっていこうという気持ちです。

各校の実情や教員と司書の個性に応じて、協働のしかたには幅があると思いますが、それが可能なクラスからはじめてみてはいかがでしょうか。

5　実践を生かした図書館年間計画のつくりかた

何人かの教員と協働が進んできたら、それを学校全体に広めるために、図書館年間計画を作成しましょう。わたしの勤務校では、校長の助言で、積み重ねてきた実践をもとにして計画をつくることになりました。

活動報告会から学校図書館年間計画の作成へ

わたしは、自分の実践の反省と改善のために、毎年度末に自主的に「図書館活動報告書」を作成して、校長に提出していました。内容は、貸し出し冊数や予約数、組別利用時間数、読み聞かせや紹介の回数といった各種統計のほか、展示や資料提供のテーマ一覧などです。

すると、校長の黒葛原芙美江先生から、これをもとにして、教員を対象とした学校図書館の活動報告会を開くようにといわれました。そして、報告会は図書館活動の共有化に大きな効果をあげ、翌年には、「報告書」を基礎にした「学校図書館年間計画」を、司書教諭と司書とで作成するようにとの指示が出ました。

わたしはまず、実施した読み聞かせやブックトーク、利用案内や図鑑の使いかたなどを月ごとの学年別一覧にして、司書教諭の松浦志麻子先生に提出しました。次に、全学年の国語教科書から図書館活用に適した単元をふたりで選び、一覧に書き足していきました。こうして、最初の年間計画が完成しました。

年間計画の作成にあたっては、先進地区や学校の計画を参考にすることもできますが、職員体制や蔵書構成、図書館環境によって、実施できる計画は変わってきます。その学校の実践をもとに計画を立てると、無理なく実施することができます。

学校図書館年間計画の実践と改訂

年間計画の実施にあたっては、すべてをやろうと意気ごまないで、各教員の希望を聞きとり、相談しながら、まずはできる範囲でやっていくことがたいせつです。途中で新たな調べ学習が入れば書き足しますし、時間数が不足するようなら、やりかたを変えたり、そこで予定していた指導事項をほかの単元に入れこんだりしています。

必要な学力をどの単元でどのように育てるかは、教員の創意くふうや判断をたいせつにしたいと思います。その学校で系統的に積みあげている情報活用指導以外は、教員が選んだ実践を支援します。

この手法で積みあげて作成する「学校図書館年間計画（案）」は、その学校の数年間の実践集成です。それを見ると、教員は前年度までの図書館活用実践例がひとめでわかります。担当する学年ではどの教科の単元で図書館活用がおこなわれてきたかを知る資料となります。ですから、「学校図書館年間計画（案）」は、校内の学び合いのための資料でもあるのです。

M：情報のまとめかた　D：読書指導　S：資料提供　BT：ブックトーク　【リスト】

4年	5年	6年
R学　利用案内 D国　白いぼうし（あまん作品Ⅱ） J国　漢字辞典 DR国　詩集を読む	R学　利用案内 J国　新聞の編集	R学　利用案内　BT1 社　縄文～（時代別順次） D【都立図書館リストⅠ】
BT1　変身 国　いろいろな意味をもつことば	R　分類復習 S総　軽井沢 S理　メダカの誕生 S国　声に出して読もう M　著作権Ⅰ	R　分類復習 社　鎌倉、室町 BT2　国　重松清作品
国　同音異義の漢字 J　百科事典Ⅱ引用（Ⅰ） SD国　ひとつの花→戦争物語	DS国　伝記を読んで生きかたを考えよう BT1 JS理　農業（年鑑クイズ米） S社　水産業 S総　防災 S理　花から実へ・花粉	M　著作権Ⅱ
S理　星と月／日本の神話 D国　本は友だち M　ポスターづくり　紹介Ⅴ J総　福祉・参考図書Ⅰ・資料リスト作成Ⅱ		J　参考図書の利用Ⅲ（歴史人物） 国　狂言 D国　読書感想文 S社　江戸・近代
S国　食べもののひみつ（調） S国　ごんぎつね・南吉 S社　玉川上水（調） D【いろいろよめたよ4年A】 S社　渋沢栄一	J社　地理パズル S社　工業生産 S理　花粉 国　大造じいさんとガン→BT2　椋鳩十 和語・漢語・外来語（漢字・国語辞典）	S理　土地のつくり S国　短歌をつくろう BT3　国・平和の砦を築く→JM　意見文
S国　三つのおねがい「登場人物」 R　分類Ⅲ　一部千分類（289・911・916） BT2	J　いろいろな参考図書Ⅱ M国　説明のしかた 情報検索（インターネット）話し合い	BT4　歴史文学 S国　やまなし（宮沢賢治作品・伝記） D　本の紹介Ⅶ（来年度の6年へすすめる本）
D国　本は友だち→学級文庫 日本昔話集を読もう	D国　本は友だち D国　雪女（昔話・伝承） 国　同訓異字や同音異義語 D【都立図書館リストⅠ】	D国　おはなし会 D国　わたしと本　森へ
D国　のはらうた D【いろいろよめたよ4年B】	S理　人の誕生 S国　詩を楽しもう（詩集）	D国　本は友だち
S社　日本文化（染物体験） D国　額に柿木・伝統文化「笑話」 J国　ことわざブックをつくろう、故事成句 D国　ウナギのなぞ／知識読みもの	BT3　社　環境、国土を守る人びと D国　本の紹介Ⅵ（新5年へすすめる本）	S社　つながりの深い国々 D　読書まとめ S理　生き物とかんきょう
D国　初雪のふる日（安房直子E）	D国　わらぐつの神様	D国　おはなし会

資料2●ある年度の学校図書館年間計画（案）　　R：図書館利用指導　J：情報源の利用法

	全校	1年	2年	3年
4月		R学　図書館探検・使いかた S国　おはなしよんで（担任貸し出し） R　本の探しかた（おはなし絵本） R　借りかた・返しかた	R学　使いかた「楽しい図書館」 R　本の探しかた（やさしい読みもの） D　つぶやき読み（着席静読）	R学　利用案内 D国　どきん／詩であそぼう D国　きつつきのしょうばい J　国語辞典（見出し語・爪・柱）
5月		R　本の扱いかた S生　アサガオ、花 S国　なぞなぞあそび S国　あいうえおであそぼう	S国　たんぽぽのちえ（担任貸し出し） D国　いなばのしろうさぎ R　本の扱いかた（復習） BT1　えかきうた	D国　ありの行列 →生物の科学読みもの R　分類Ⅱ（10分類・4類、一部100分類）
6月	読書旬間1 おはなしの椅子 読書のまとめ1	S国　おおきなかぶ（担任貸し出し）	S国　スイミー（レオ・レオニ） J総　生きものとともだち（図鑑Ⅰ） D　まとめかた（絵と文章）	D　BT1 S総　環境（ゴミ）調べ S理　虫を調べよう J理　図鑑Ⅱ
7月		S国　ほんはともだち S国　かずとかんじ　数え歌 R　本の探しかた（知識絵本） S生　あきとなかよし・虫とあそぼう	D国　きいろいばけつ（森山京） D【ひとりでよめたよ2年A】 D国　ことばであそぼう『ことばあそびうた』 R　予約のしかた	J国　本の作り D国　本の紹介Ⅳ
8月				
9月		R　使いかた（復習）	DM国　どうぶつ園のじゅういさん BT2　くいしんぼう S生　生きもの調べ D国　おてがみ（ローベルの本紹介）	D国　ちいちゃんのかげおくり（あまん作品Ⅰ） BT2　ふしぎなことば
10月	読書旬間2 おはなしタイム	R　2冊貸出開始 M　すきな本の紹介Ⅰ（絵とひとこと） S生　どうぶつはかせになろう		
11月	読書のまとめ2	D【ひとりでよめたよ1年A】 S国　じどうしゃくらべ M　まとめかた1（絵と文でまとめる）	D　すきな本の紹介Ⅲ D国　本はともだち →学級文庫	JS国　食べもののひみつ（調） D【いろいろよめたよ3年A】
12月		国　日づけとようび（ことばあそび） R　本の探しかた（昔話絵本） DS国　むかしばなしがいっぱい D国　ずっとずっと大好きだよ	R国　図書館たんていだん R　分類Ⅰ・並びかた（E・4・9類） D国　わたしはおねえちゃん S国　たのしい冬（干支・七草）	D国　3年とうげ（世界昔話EⅡ） J国　ことば（類義、対義語・分類） D国　「1富士2鷹」初夢の話
1月		D【ひとりでよめたよ1年B】 かるたであそぼうⅠ	D　かるたであそぼうⅡ（いろは） D国　三枚のおふだ（素話） R　本探しゲーム・ラベル（作者）	D【いろいろよめたよ3年B】 J　百科事典Ⅰ S社　昔の暮らし（調） 国　かるた（郷土・いろは・百人一首）
2月		D国　ことばあそびや早口ことば M　すきな本の紹介Ⅱ S国　どうぶつのあかちゃん R　本の探しかた（知識絵本の分けかた）	D国　スーホの白い馬（世界昔話を読もうEⅠ） →紹介（あら筋） D【ひとりでよめたよ2年B】	JS国　報告文を書こう →文献調査 S総（福祉・バリアフリー・手話） M　資料リスト作成Ⅰ
3月	読書のまとめ3	D国　だってだってのおばあさん	D国　ことばをたのしもう（回文）	D国　モチモチの木（斎藤隆介作品）

図書館活用の実践が蓄積されてくると、どんな学習や単元で図書館活用をおこなうのが有効か、また情報活用力をどの学年でいつごろ「とりだし指導」するのが適しているのかが、見えてきます。それがまた、系統的な指導へとつながっていきます。

このため、わたしは実践のたびにかんたんな自己評価をするようにしています。教員からも反省点や改善案を聞きとり、司書の気づきもメモして残します。これがまた、次の年に役立つのです。

この方法で年間計画を作成していくと、図書館活用が年々増えていく傾向にあることに気がつきます。対応できるかどうか、最初は心配しましたが、実践記録があるので大丈夫でした。たとえば資料提供の場合、資料リストはすでにあるので、差し替えぶんの検討だけですみます。資料準備の見通しが立つので、不足が予想されるものをあらかじめ購入しておけるなど、プラスの面もあります。ブックトークも同じで、一度やったものを改善するのは、はじめてつくるときとは負担がまったくちがいます。ですから、毎年図書館活用が広がっても対応していけるのです。

前ページにあげた資料2は、次に述べる年度はじめのうち合わせでたたき台にする「学校図書館年間計画（案）」の例です。

6　教職員向け説明会と定期的なうち合わせ

新学期に教職員向け説明会を

年間計画の実施は、それを周知することからはじまります。

その機会として、司書教諭や図書主任と相談して「教職員向け図書館説明会」の実施をお願いしてみましょう。教員の転入が多い年度はとくに、全体へ向けての説明会が必要です。ただし、司書の異動年度は、異動先の図書館利用状況をつかむために、試行期間を経てからのほうがいいでしょう。新学期の繁忙期に説明会を開くのがむずかしければ、夏休みに連携方法の話し合いをはじめることもできます。

説明会では、「学校図書館年間計画（案）」のほかに、「教職員用利用案内」や「前年度の利用状況」を配布します。一例として、利用案内の一部（資料3）を掲載します。作成にあたっては、前任校（東京都中野区立白桜小学校）の利用案内と東京都狛江市立狛江第三小学校の図書館活用計画を参考にしまし

資料3●教職員用学校図書館利用案内から

1 「学校図書館のとらえかた」

学校図書館は、次の機能を果たすことで学校の教育活動の展開に寄与する（学校図書館法より）
★教師は、図書館資料で指導する人＋学校図書館サービスを受ける人

A　読書センター	B　学習・情報センター
心豊かな人間に成長するために、読書の習慣化を図る	図書館資料を活用して、自らの課題や疑問を解決する力をつける
学年のめあて	**学年のめあて**
低：聞くこと、読むことで、本のおもしろさを知る 進んで読もうとする 家庭で毎日10分間、読む習慣をつける	低：知りたいことがらを本のなかに見つけることができる
中：読書の幅を広げる 20分間、静読できる 毎日20分間、読む習慣をつける	中：課題や知りたいことがらについて、調べる手順がわかり、適切な資料を見つけ、わかったことをまとめることができる
高：思考を深め、自分を豊かにする読書にとりくむ 毎日読書する時間を見つけ、連続して読む習慣をつける	高：課題を解決できるとともに、そのことにたいして自分なりの意見をもつことができる 図書館や資料の活用法を身につけさせる 調べかたの基本を身につけさせる

【学年を超えた文化交流・くつろぎの場】
＊季節の掲示や展示　＊かるた大会、読書クイズなどの委員会活動　＊本に関する児童作品展示

た。狛江市は、文科省の学校図書館関連の研究指定を続けて受けて、司書と司書教諭の連携が進んでいます。

「利用案内」には、学校図書館のとらえかた、図書館サービス、使いかたなどに加えて、教員と司書の協働のひな形として、国語で来館したときの授業の流れ（57ページ資料5）も載せました。

学年別の図書うち合わせは必須

全体説明会の共通理解のうえで、四月の開館まえには学年別のうち合わせをします。

各学年の「年間計画案」と前年度までの「調べ学習実践一覧」をたたき台として示し、教員の意向を具体的に聞きとります。「図書の時間の流れ」は、館内で実際に動いて確認します。

「全体説明会」が実施できない場合も、この年度はじめの学年別うち合わせだけは実施し

資料4●学校図書館月実施表（2013年6月の前半部分　東京都中野区立上高田小学校）

月	火	木	金
3　高学年移動教室 **→4年委員会体験** **③1-2**「とりのみじい」「マイマイツノダセ」「あかちゃんかたつむりのおうち」「くまさんのおでかけ」 **④1-1**　2組と同じ	**4　4年委員会体験** **③3-1【総合】環境ポスターづくり** 「海をかえして」 △「ワンガリの平和の木／もったいないばあさん」など **④2-1⑤2-2** **K△神話・昔話** 「がんとかめ」「おてんとうさまのはなし」	**6　高4時間** （③5-2　貸し出しのみ） **6-1・5-1　休み時間借り換え** **★2年国語【いなばのしろうさぎ】**神話、昔話絵本、学年貸し出し40冊（うち、区借用16冊）	**7　朝読書** **④4-1**○ **BTの本を読もう（5/31実施分）** **★3年理科【虫の飼いかた】**貸し出し
10 **②5-2**「おんば皮・どうもとこうも」 △日本昔話集（福音館書店、こぐま社） **③1-2**「すてきな三にんぐみ・どろんこハリー」カタドンヒジドン **④1-1**「ターちゃんとペリカン・すてきな三にんぐみ」 **⑤6-1**「おんば皮」 △『**ほん・本・ごほん**』	**11** **③3-1**「ききみみずきん」 △『いたずらぎつね』（のら書店）／「日本むかしばなし」（民話の研究会編　ポプラ社） **④2-1　BT毛糸えかきうた**（8冊紹介） **⑤2-2**　1組と同じ	**13　5年音楽鑑賞（午前）** **⑤5-1**「おんば皮・どうもとこうも」 △日本昔話集 ★「家庭の読書は楽しみ」（1年保護者向けミニ講座7/13）うち合わせ ★生活指導全体会出席	**14　朝読書** **④4-1【総合・環境関連読み聞かせ】** 「とかげのすむしま」 ★4年「情報のまとめかた」うち合わせ

○**数字**：○時間め　**「　」内**：読み聞かせ・素話　△：本紹介　**BT**：ブックトーク　**K**：教科書　○：静読
★：学年貸し出し・相談　※このほかに「**R**：利用指導」もある　※水曜日は勤務がない

ておかないと、協働を進めるのがむずかしくなります。

五月以降は、前月中に月案を作成し、図書主任や各教員に見てもらって修正します。それを起案して、管理職に提出します。月案に沿って必要な準備をしておき、日々の授業支援をします。

実施後は「月実施表」を作成します。年度末に実施したおもなものを一覧表にすると、次年度の「年間計画（案）」ができます。資料4として、実際の「月実施表」の一部を掲載します。

7 「図書の時間」の定型化と協働のしかた

図書館での学習を充実させるには、「授業の定型化」が有効です。定型化によって児童の動きが習慣化されると、無駄な動きやトラブルが減り、「聞く・読む」学習時間をより多く確保することができます。

四五分を生かしきる

いちばん利用が多い国語で、来館から退館までの流れを定型化します。資料5「『国語』での来館時45分間の流れ（例）」を見ていただきながら、活動のねらいや留意点を説明していきましょう。

〈担任と並んで来館〉

四五分間という時間を最大限生かすために、まず担任といっしょに並んで来館していただくことをお願いします。図書館前で全員の静粛を確認してから入ってもらいます。担任から連絡がないまま児童がバラバラと来館してくるような状況では、計画的な支援はできません。

〈座席は通年指定席〉

開館まえの学年うち合わせで、各自の座席を決めておきます。通年指定席です。司書は、その座席表をファイルしておきます。すると、初回から利用指導がたっぷりできます。高学年なら、本紹介もプラスすることができます。

指定席にするわけは、大テーブルが多い図書館での自由席は「さぁ、これからおしゃべりをはじめましょう」と誘っているようなものだからです。「自由に読む、楽しく読む」といえば聞こえはいいのですが、読書の楽しみは「本のなか」にあります。静読時間は、ひとりで読むことをくり返し指導します。感想を話し合ったり読み合ったりする時間は、別に設定するようにしましょう。

座席表は、司書が子どもの名前を覚えるためにも、一人ひとりが読書する静読時間のときの児童観察をするときにも役立ちます。退出時の出しっぱなしの椅子を直させるのにも、忘れものの主探しをするのにも便利です。

〈協働する授業の流れ〉

資料5は、教師と司書の分担と協働をうながす視点で作成し、職員用の利用案内に掲載したものです。この学校図書館は三部屋にわかれていたため、児童がスムーズに動けるように、協働方法を綿密に考えました。それが、次の学校でも役立ちました。この学校では、閲覧室でもある読書の部屋には絵本、昔話、文学と知識の読みものを、知識の部屋には調べ学習用資料と漫画を配架しました。おはなしの部屋は、司書準備室を半分に仕切ってマット敷きにして確保しました。

児童の待ち時間を減らし、返却時に読書のふり返りをし、貸し出し時も担任の指導と司書の支援を受け、貸し出しの終わった子は全員そろうまで読書を楽しむようになっています。つまり、この流れの型は、来館してもらえた四五分間を最大限生かすように設計されています。

一部屋だけの図書館でも、協働するには児童の動きを想定して教員と司書の分担を考えることがたいせつです。ポイントは、すばやく静粛な来館、読書状況をつかみながら協働する貸し出し返却、静読指導、毎回計画的におこなう司書の読書支援です。もちろん、状況に応じて柔軟に補い合います。

資料5●「国語」での来館時45分間の流れ（例）

	児童の動き	担任と司書の動きなど
来館・返却	①担任と並んで来館する もちもの：手提げ、筆箱、返却本 ②貸し出しカードの感想欄にマークをつける 手提げを椅子にかける 返却本とカードを重ねて待機 ③返却印を確認して本返却	＊司書　貸し出しカードを並べておく ＊静けさを保つために、入館時の挨拶はなし ＊時間短縮と読書実態把握のためにふたりで返却作業（延長は１回のみ可） ＊完読状況を見る （はじめの挨拶のしかたは相談する）
動機づけ	④おはなしの部屋（コーナー）へ移動する――読み聞かせ、紹介など	＊担任　座りかた指導 児童といっしょに参加する ＊動機づけは、おもに司書が実施する
本選び・静読	⑤読書の部屋で読む本を選ぶ（原則「読みもの」） ⑥オルゴールの合図までに着席し、静読（心静かに一人ひとり読書）する	＊司書　読書案内・読書相談・予約受付 ＊静読開始時刻のめやすを示すのも可 ＊担任　本を忘れた児童も選ばせ、翌日返却指導（→司書が取置作業） ＊貸し出しの合図まで静読を続ける指導
貸し出し	⑦オルゴールの合図で本を借りる 読みもの以外（図鑑・漫画など）を借りたい児童は、知識の部屋で選ぶ ⑧借りた児童は入り口ベンチに並び、読書しながら待機する ⑨全員が借りたら挨拶し、並んで退館	＊全員２冊貸し出し（うち１冊は読みもの） ＊ふたりで貸し出しカード記入をチェックして貸し出し ＊担任　待ちかた、挨拶指導 ＊司書　統計、片づけ、次のクラスの準備

東京都中野区立白桜小学校　2009・2010年度版を編集

〈毎回同じ流れで授業する〉

定着するまでは、毎回同じ流れで展開します。「全校の流れ」を基本におきつつも、細かいところは学年やクラスに合わせて微調整します。ただし、基本から大きく変えすぎると、学年があがったときに積みあげができません。学習内容によって、動機づけ部分を変化させます。

このような流れが定着してきた三年生のあるクラスのできごとです。ある日の図書の時間の終わり近くに、出入り口の長いベンチを見て驚きました。全員がズラリと並んで腰かけ、いま借りたばかりの本を読みふけっているのです。習慣化をめざした細やかな指導のたいせつさを、あらためて確認した日でした。

〈貸し出し・返却の方法はくふう次第〉

返却のときにはカウンターに並ぶというイメージがあるかもしれませんが、低学年で児童数が多い場合は、席を立つだけで混乱が生じがちです。コンピューター化されていない学校では、児童を着席させたままカードと返却本を重ねさせ、司書と教員が返却印を押してまわったほうが早く終わります。

一年生から「本の作り」「表紙」「裏表紙」「背（表紙）」「天と地」を指導していて、複数冊を貸し出すというシステムをとっている学校なら、返すときに本の天地や向きをそろえさせます。貸し出しカードが両面印刷なら、返却印を押す面を上にさせます。どうやったら相手（司書と教員）が判を押しやすいか考えさせて指導します。

全員に返却印を押し終わるまでの時間、何をしながら待っているかも指導します。たとえば、記録カードや読書リストに完読や感想マークを記入するなどの学習活動をさせています。貸し出し時も同様です。児童が返す日をきちんと記入でき、毎週借り換えが実現すると、一週間後の返却日付印を押さなくてもよくなりました。

各校に合わせてくふうしてみましょう。

〈くふうを広げてみたら〉

子どもを集団で動かすときには、指示の出しかたにもちょっとしたくふうがたいせつだと痛感しています。大きい机にグループで座る図書館は、説明や指示を全員に聞いてもらうのには適していません。ですから、理解しやすいことばづかいはもちろん、拡大した絵や具体物を示しながら説明するなど、ふつうの教室以上にくふうが必要です。ユニバーサルデザインですね。座る向きがバラバラな場合は、話し手の立ち位置も考えます。

その他、読み聞かせのまえの集中のさせかた、おはなしコーナーへの入りかた、座らせかたなど細かい心配りの積み重ねが、無駄な時間を減らしながら子どもの心を落ちつかせて、学習へと向かわせます。これらの具体策は、第4章で述べています。

●思い出3

あるとき、担任とわたしに「あうん」の呼吸ができあがったクラスで、図書館を使った研究授業をT1、T2としておこないました。小林秀昭校長先生は図書館の知識が豊富なかたでしたが、「こんな図書（の時間）ははじめて見た！」と驚かれ、当日参観できなかった若い先生がたに記録映像を回覧してくださいました。

このときの一年生の授業案は「どのように協働しているか」の実例ともいえますので、この章の最後に指導案と授業評価を掲載しました。

〈全員借りさせるか？〉

じつは、赴任したてのころ、担任の「全員借りさせる」指導に、司書として抵抗感を覚えたことがあります。疑問を口にしたわたしに、熱心なベテラン教師の戸島敦子先生は「授業ですから」とおっしゃいました。なるほど、「授業」なのでした！

「図書の時間」は、公共図書館や休み時間の自由来館とはちがうのですね。それは、本を活用して学力をつける「授業」なのです。別の教師は、子どもの質問に「借りるのも勉強です」と応じていました。借りなければ読む確率はゼロですが、借りれば読む可能性が生まれます。

「借りたがらない子に無理強いしても、結局は読まない」と放置するのは、怠慢でした。読書はトレーニングの面がありますから、もっと「借りてみようか」という気持ちにさせる努力をすべきでした。本好きかどうかは、その年齢になるまでの生育環境の影響を強く受けています。司書は、あきらめずに「読みたい」気持ちを育て、読みたい本とのであいをくふうすることが仕事だったのです。

ただし、「必ず借りる指導」をするにしても、その子の心身や家庭の状況を担任や養護教諭などに聞き、柔軟に対処することもたいせつです。ときには、「じゃ、今度は借りてくれると嬉しいな。本を探しておくね」と退くこともあります。

強制というよりも、あきらめないでいっしょに、「気に入る本」を探そうと思っています。

〈毎週「借り換え」をめざす〉
「図書の時間」がない週も、借りた本を返し、新たに借りてもらう「借り換え」だけは、授業のはじめや最後、または休み時間にしてもらうようにお願いしましょう。高学年になって利用法が習慣化されたら、一〇分弱で全員の「借り換え」が終わります。

読書の習慣化の一歩は、「いつも読みかけの本がかたわらにある」ことです。「来週までに読めるかな」と励まし、「家庭の読書」をすすめます。「借り換え」をするためだけの短時間でも、「定期的な来館」は読書力育成への第一歩です。

〈貸し出し冊数のこと〉
公共図書館では、一度に借りることができる冊数がだんだん増えてきています。しかし小学校では、もち運びの安全面や期間内に読みきれる分量などを考慮すると、ふだんは二冊か三冊まではないかと思います。低学年はとくに、毎日一冊貸し出しがいいと感じます。「読書の日常化」の基礎づくりになります。実際に担任が朝や放課後に毎日貸し出しをしたら、そのクラスの読書力は大きく伸びました。しかし、司書が短時間勤務の現状では担任の負担が重く、残念ながら全校に広げることはできませんでした。司書の正規職員化で全日サービスを実現したいと願っています。

連休まえや長期休みは、貸し出し冊数を増やしています。ときどきやっている期間限定や課題クリアのプレゼント特別貸し出しもよろこばれます。

調べ学習用などの授業用個人貸し出しは、別に冊数や期間を設定します。

〈こまめに利用指導をくり返す〉

読書の動機づけの時間には、こまめに短時間の利用指導をはさみこみます。たとえば新学期のはじめの数回は、連続的にすこしずつ図書館の使いかたを指導します。利用案内をふくむマナー指導や貸し出し方法などです。おりにふれて復習することもたいせつです。

〈利用指導の目的は？〉

利用指導の目的は、子どもに「公共のものを利用する態度」を経験的に身につけさせることだと考えています。

入学後の、静粛な利用をうながす「忍者に変身」(山形県鶴岡市立朝暘第一小学校の実践から)から、「本をたいせつに」「返却日を守る」といった利用指導は、学級活動としてもおこなえます。ことばだけでなく絵カードで視覚に訴えたり、クイズにしたり、学年によっては、その決まりが「なぜ必要か」を考えさせたりします。「なぜ？」と聞くと、子どもの瞳に光がともります。自分で考えて納得して決まりを守る、つまり判断して行動することは、「生きる力」を育むことにつながります。

「考えさせる」指導のたいせつさも、教員から学びました。司書は、教える専門家の教師からその学年に適した指導のありかたを学び、自分の指導にとり入れるのはもちろん、若い教師に広めることもできます。これも、図書館の情報提供の一種といえるのではないでしょうか。学校司書にとってひとつのたいせつな役割だと思います。

「図書館利用を通して社会的・民主的生活態度を経験させる」と学んだことがあります。学校図書館は公共のものを利用するマナーや意味を考えさせせることができる場です。

学年の実態に合わせて、目標を決めましょう。たとえば「館内はナイショの声で」「読みはじめたら一〇分間は席を立たない」「一冊は借りてみよう」など、教員と具体的に決めて毎回指導します。定着しにくい児童にはやさしく、でもきっぱりとした態度で接します。

〈静読時間を確保するために〉

流れの定着で生みだした時間は、落ちついて読むことにふり向けましょう。静読時間の確保です。「静読」は「サイレントリーディング」とも呼ばれ、「心静かに一人ひとりが読書すること」（山形県鶴岡市立朝暘第一小学校編著『学校図書館活用教育ハンドブック　こうすれば子どもが育つ　学校が変わる』国土社　二〇〇三年）です。

人数が多い低学年クラスでも、「読み聞かせや紹介」などの読書の動機づけのほかに、「静読する」ことを毎回の学習に入れましょう。

静読時間の確保は、意識しないとなかなかできません。多様な子どもの個別対応に追われるうちに、時間がどんどんすぎてしまうからです。司書は、本を探す個別支援をしながら、児童全体のようすもつかみます。担任といっしょに、残り時間を計算しながら着席合図のタイミングを計ります。指導をくり返していくと、自分で本を選べる子は次々に着席して読みはじめますので、選べない子の支援に集中することができます。

最後に残るのは、本を決めることが苦手だったり、気分が落ちつかず探す気がなかったりという子です。原因を予想し、解決の支援をします。励ましたり注意したりしながら、その子の読書力に合った本をいっしょに探しましょう。

〈オルゴールは正解でした！〉

わたしは、静読と貸し出し開始の合図には、オルゴールを使っています。大きな声の指示は図書館になじみません。落ちついた雰囲気での読書を楽しんでもらいたくて、鈴や小さな鐘などあれこれ試していくなかで、徐々に消えていくオルゴールの音楽がぴったりだということがわかりました。子どもたちは柔軟で、三か月くらいでオルゴール着席が浸透していきます。

利用指導が定着していないザワザワした状態では、オルゴールの音色が全体に聞こえないのです。オルゴールが聞こえる静けさが、指導のめやすです。

●思い出4

ある日の休み時間のこと、いたずらっ子がオルゴールを鳴らしたことがありました。居合わせた子どもたちの動きが一瞬とまり、カウンターのわたしのほうを見ました。思わず着席した子もいました。みんなで顔を見合わせ、クスクス笑ってしまいました。

ぜひ、お試しください。

〈声を出して読ませましょう――つぶやき読みのすすめ〉

本を選んで席に着いたら、次は読む時間です。

静読といっても、低学年では声を出すように指導しています。蔵元和子先生（元文教大学講師・読書活動研究家）から「低学年では声は出したほうがいい。本読みが苦手な児童は、高学年でも音読が望ましい」と学び、実践のなかにとり入れました。

「声を出して読みましょう」と指導すると、ぼんやりしている子、ページをぺらぺらとめくるだけの子、お隣の子の本をのぞきこむ子、しゃべりかける子がぐんと減りました。読書が苦手な子も、すべきことがはっきりするらしく、読みだすきっかけになりました。

声の大きさは、「つぶやき読み」です。「くちびる読み」ともいいます。「声のものさし」として声の大きさを数字で指導している学校もありますが、「隣の子と話す声」より小さめの声です。国語の授業で使うことばと統一すると、浸透します。低学年ではまだむずかしい、声の大きさの調節の練習にもなります。読める子は自然と黙読に移行していきます。

「図書館では静かに」という常識のせいでしょうか、「声を出させる」提案に驚かれる先生もいましたが、実践してみると、子どもたちは案外ほかの子のつぶやきを気にしないものです。

〈つぶやき読みを支援に生かす〉

「読書の動機づけと個別支援を」（39ページ）で、個別支援の必要性を述べました。わたしは、「つぶやき読み」を個別支援に生かすようにしています。個別支援が必要な子が複数いるクラスでも役立ちます。

担任とちがって司書は、一人ひとりの音読レベルをつかむのに時間がかかります。以前は、静読がはじまってすこしでも時間がとれると、気になる子のところにいって、「読んでくれるの、聞きたいな」とたのんでいました。しかしこの方法では、子どもは緊張してしまったり、集中を途切れさせてしまったりします。

三年生前半くらいまでなら、「つぶやき読み」の声を聞くことで、その子の力がその場でわかります。必要なら、すこしの時間、かたわらで耳を傾けます。多少たどたどしくても、続けて読んでいればOKです。でも、文としてとらえられていない場合には「かわりばんこに読んでみる？」と誘ってみます。よろこんでくれる子が多いのですが、なかには「先生、読んで」と甘える子もいます。

句読点の息継ぎを教えたり、読んでいる部分を人差し指でさしながら読む「指読み」をさせるのも効果的です。ときには、似たかたちのひらがなの混同や、小さい「っ」「ゅ」「ょ」などの読みかたを指導することもあります。

特別な支援が必要な児童は、担任から状況を聞きとります。個別支援には、その子に適した本を選んでさし出すことが欠かせません。その子の学年ではなく、読書力に合わせて本を選びます。

拾い読みなら、わかち書きで、文字が大きく、文章のすくないやさしい読みもの（絵物語）をすすめています。たとえば『どれみふぁけろけろ』（東君平　あかね書房）、『うさんごろとおばけ』（瀬名恵子　グランまま社）や、絵本に近い『みどりいろのたね』（たかどのほうこ　福音館書店）などです。さし絵の助けが大きく、読むことへの負荷がすくない本です。

物語にあまり興味を示さない子なら、『みずたまレンズ』（今森光彦　福音館書店）や『まちのコウモリ』（中川雄三　ポプラ社）をすすめてみます。やさしい科学写真絵本は、「読めないよ！」とすねていた子の表情を変えます。すすめるときにはページを開いて、文字が大きいことや文章がすくないことを見せて励まします。

四苦八苦しながら読んでいる子には、「むずかしい？　とりかえる？」と聞くこともあります。うなずいてくれれば、ほかの本を紹介することもできます。ただし、むずかしい本を読んでみたいときもあります。自分で選んだ本は興味があるので、それが力となるのです。さじ加減がむずかしいところです。

たとえば、読むのが得意でなく、いつもはかんたんな絵本を読んでいた二年生の男子が、テーマ読書の「知識の絵本を読んでみよう」の日に『ちのはなし』（堀内誠一　福音館書店）を選んだことがありました。そのときわたしは、「この本はことばがむずかしいから、ちょっときびしいかな」と思ったのです。まず、読んでいるようすを観察しました。拾い読みです。ちょっと離れて見守るわたしをふり返っては、「これは、どういうこと?」と何回か聞きました。そのたびに近づいて、ごくかんたんに答えました。そして、彼はとうとう読み通したのです。「おもしろかった!」と満足げにいいました。わたしも、「よく読めたねぇ」といっしょによろこびました。

本選びの過程のどこかに、子ども自身の選択を入れたいと思います。

ふだん一人ひとりに本をすすめるときと同じように、個別支援で本をさし出すときも、複数冊を選んで見せます。三冊くらいを扇形にして表紙を見せたり、一冊ずつ中身を見せながら「どれを読んでみる?」と聞いたりして、子どもの表情を見つめます。首をかしげたり、「字が多い!」「好きじゃない」といったりすれば、選び直します。

協働の研究授業例

最後に、協働の具体例として、ある研究授業を紹介します。この授業をふくむ三年間の校内研究が、現在の協働システムの原型をつくりました。

研究主題は、「楽しんで読書しようとする態度を育てる　学校図書館指導員（註2）との連携を生かした授業および手立てのくふう」です。担任の眞島先生は、年間を通じてさまざまな手立てを研究されました。研究授業は年二回あり、これは二回めのものです。

註2　東京・中野区での学校司書の職名

「本時の指導案」と「授業における診断」を中心に抜粋・編集しました。とくに「参観者の診断」のコメントが、授業者がめざしてきたことを的確に表現しています。

第一学年　国語科・生活科指導案

（二〇〇六年度　東京都中野区立東中野小学校（註3）研究紀要『華洲園』より抜粋して編集）

二〇〇七年一月一八日
児童　一年一組二六名
場所　学校図書館
指導者　眞島智子・福岡淈子

1　**単元名**　あそびのめいじんになりたいな

2　**単元の目標**（一五時間中六時間め　本時分のみ抜粋・編集）
・おもちゃづくりの参考になる本を、興味をもって読む。

3　**単元の指導計画**（本時分）
・おもちゃづくりの参考になる本を読む。
・どんなおもちゃをつくるか決める。

4　研究との関連

研究のテーマである「積極的・自主的に読書する児童」を育てるために、これまでにいろいろな手立てをおこなってきた。

そのなかのひとつとして、ジャンルを指定して読ませることが、読書力を深め、発展させることにつながると考え、一学期には、国語の教科書に載っている題材と関連した知識の絵本（金シール、緑テープ）を読ませた。

今回は、さらに読書力を深め、発展させるため、生活科のおもちゃづくりの参考になる本（金シール、オレンジテープ）を読ませることにした。

5　本時の指導

（1）ねらい

・知識絵本のラベルの意味と配架を確認する。

・知識の絵本に関心をもち、積極的に音読する。

（2）展開

T1　眞島

T2　福岡

〈本時の指導案〉

おもな活動	教師のはたらきかけ	評価
1 本の返却をする		
2 「金シール」（知識の絵本）「緑テープ」（生きものの本）の意味を思い出す	・拡大したラベルを使って思い出させる（T2）	○知識の絵本のラベルの意味を理解できたか
3 「金シール」「オレンジテープ」（知識の絵本）（あそび、工作、食べもの）の意味を知る	・テープの色がちがうとジャンルがちがうことを、本を見せながら確認する（T2）	
4 知識の絵本の配架を確認する	・本棚の前に立って確認させる（T2）	
5 指示を聞く	・机の上にくばられる本をすべて読むことを知らせる ・オルゴールが鳴るまで席を立たず、音読することを確認する ・読んだ本を参考にして、生活科でおもちゃをつくることを知らせる ・つくるおもちゃが決まったら、名前を書いた付箋を貼ることを知らせる（以上T1）	
6 机上におかれた金シール、オレンジテープの本を音読する	・各テーブルに五～六冊程度、内容がかたよらないように絵本を配布する（T2） ・音読していない子には声をかける（T1　T2）	○知識の絵本を積極的に読めたか ○オルゴールが鳴るまで席を立たず、音読することができたか

7　くばられていた本をブックトラックに返す		
8　本を二冊選んで借りる		
9　挨拶する		

診断の観点

・ジャンルを指定して読ませるという手立ては有効だったか。

・T1とT2の連携はよかったか。

〈授業における診断〉

診断の観点	参観者の診断（子どものようす）	授業者の診断
○ジャンルを指定して読ませるという手立て（二回め）は有効だったか	・指定されたジャンルの選びかたが子どもの意欲の必要性に合っているため、本の紹介時の反応も、音読のときの集中力もよかった ・子どもに合っている内容だと感じた ・生活科との単元構成により、目的を意識できることも、この手立てに合っている ・年間計画のなかで「二回め」ということもたいせつだと感じた。一回めの体験が、二回めでよりたしかなものになる	・生活科の活動とつなげたことにより、いつもは集中して読めない児童も興味をもって意欲的に読む姿が見られたことからも有効であったと考えられる（眞島） ・知識の絵本は、物語とちがってとっつきの悪い傾向がある。しかし今回は、読んだあとの活動がしっかり見えており、多くの子どもが意欲的に読んでいた。授業の流れのなかに図書館活動がうまくとり入れられていた（福岡）

	・「ああ、これつくってみたい」というつぶやきや、付箋を貼る姿からも、ねらい達成の手立てとして有効だった ・目的に向かって、みんな集中して読んでいた ・「おもしろそう」と声が聞こえ、読みたい気持ちが増しているようすが見えた ・友だちの本をのぞいて読んでいた。このようすからも有効だったと思う	
○T1とT2の連携はよかったか	・T1とT2が机間をまわっていたので、児童のフォローが十分できていた ・学習の計画（教材、指導法、場の構成、時間の構成、見とりと支援）と「図書の時間」のルールに連携があらわれていた	・短い時間だが、何度もうち合わせをしていること、平素の授業で協力体制をしっかりつくっていることでスムーズに実施できたように思う（眞島・福岡） ・おたがいの動きを感じ合いながら机間をまわっていたので、動きも重なることなくスムーズにできた（眞島）
○その他	・時間配分→四五分間があっというまだった。参観者がそう感じたのだから、子どもの集中力や意欲を高める配分だった ・話しかた→ふたりともわかりやすい ・子どもへの対応→ふたりともぶれないので、子どもが乱れない	・金シールの説明をはじめて聞く表情の児童もいた。利用指導をこまめにおこなう必要性を感じた（福岡） ・はじめに紹介した金シール、オレンジテープの本を読みたがった児童がいた。例示する資料を、あとで机に配布する本から選んだほうがよかった（福岡） ・一年生のレベル、ねらいに合った本を図書館指導員の先生がそろえてくれるので、たいへん指導しやすい（眞島）

眞島先生は、この研究全体の「成果（○）と課題（●）」を、次のようにまとめています（⬇は、この転載にあたってわたしが加えたコメントです）。

▼読み聞かせ

○学校図書館指導員・担任などによる継続的な読み聞かせによって、絵本だけでなく幼年読みものの読み聞かせも聞けるレベルまで成長してきた。

○読み聞かせにあまり興味を示さなかった児童も、座る位置が徐々に前にくるなど、すこしずつ興味を示すようになった。

○一学期の保護者会で学校図書館指導員から読み聞かせの重要性について話してもらったことにより、多くの保護者が家庭でも継続的におこなって成果をあげた。

▼読んでもらった本コーナー

○図書室に「読んでもらった本コーナー」を設置していただいたことにより、そこから読む本を選ぶ児童も多く、一度目にしている本をさらに読み深めることができた。

●力不足の児童には「読んでもらった本コーナー」の本を自分で音読することをもっと奨励すればよかった。

▼貸し出し

○四月から貸し出しをおこなったことで、システムに早く慣れ、読書の習慣化へつながった。

○予約システムも早く使わせたことで積極的な読書へつながった。
●休み時間などに個人で図書室へいく習慣をつけたい。

▼音読カード
○一年間継続しておこなうことにより、読書力が育つのに役立った。
●継続しておこなえない児童もいた。保護者への啓蒙をもっとすべきだった。

▼おもしろかった本紹介コーナー
●図書室前に掲示してもらい、紹介されている本もそばにおいてもらったが、そこから本を選ぶ子はすくなく、読書に広がりをもたせることにはつながらなかった。⬇次年度に館内の動線上に展示コーナーを移動すると、活用されるようになった。

▼その他
○「図書の時間」の流れを早い時期から固定したことで、着席音読の習慣ができた。
○音読終了の合図に不満の声をあげる児童もいる。読書力が育っているといえる。
○ジャンルを指定して読ませる機会をつくったことは、児童の本の世界を広げるという意味ではよかった。
●学校図書館指導員にたよってしまうことが多かった。もうすこし、児童一人ひとりのレベルやニーズに合ったアドバイスができるようになりたい。⬇相談をしてくださるので、積極的な支援をおこなえた。
この研究で、子どもの成長を目のあたりにしたことが、その後の教師との協働を推進する力になった。

以上が眞島先生の研究報告です。

図書館での読書力育成は、教師の指導と家庭の協力が基礎にあります。「成果と課題」に出てくる「音読カード」は、「家庭と連携して実施する音読」です。熱心な教師の多くが実践し、効果をあげています。

この授業のように協働して計画的に利用指導をくり返すと、図書の授業の流れが定着し、子どもは「見通しをもって自主的に行動する」ようになります。基本的な利用指導の時間が減り、そのぶんを読書の動機づけや情報活用指導にふり向けられるようになります。さらに、指示や注意が減るので、あたたかく落ちついた雰囲気が生まれます。

子どもたちは、快い静けさのなかで読書を楽しむ時間を積み重ねていきます。司書と教師の協働で、優れた詩やおはなしを肉声で楽しんだり、静けさのなかで本の世界に浸ったりできる時間をつくりだしましょう。

＊　＊　＊

この第2章では、教師と司書の協働の必要性と「図書の時間」を生かすための協働の実際を、その成果とともに述べてきました。じつは、この協働への道のりのなかでわたしは、司書としてとりくまなければならない大きな課題をかかえていました。次の第3章では、その課題ととりくみについて述べていきたいと思います。

註3　中野区立東中野小学校は、再編統廃合のため、二〇〇八年度末日をもって閉校になった。

第3章

子どもから支援方法を学ぶ

子どもと子どもの本に直接関わることができる学校司書は、子どもと子どもの本に関する気づきや実践を記録に残すことで、自分の仕事を改善することができる立場にいます。わたしは、「もしも多くの学校司書が本と子どもの関わりを記録し、それらを集めて分析することができれば、学校図書館の充実のみならず図書館児童サービスや子どもの本の質向上に大いに貢献できる」と考えています。

第2章で述べたように、利用状況を「観察」や「統計」でとらえて分析し、改善案を考えてきた結果、貸し出し冊数とクラス来館が増えてきました。よろこばしいことではありましたが、この経過のなかで、わたしには新たな問いが生まれていました。

それは、貸し出し冊数の増加にともなって「子どもたちの読書力は伸びているのだろうか?」という問いです。とくに、高学年にいけばいくほど開いていく読書力格差を減らす方法はないだろうかと考えました。「どの子も読書力をつけて卒業してほしい」という願いと司書としての責任を、年々強く感じるようになりました。

それが、「読書力を伸ばすためにはどのような支援が効果的か?」という課題になりました。教師との協働をふくめての模索だったのはもちろんです。

この章ではまず、こうした「問い」が生まれた状況について述べます。次に、子どもたちの「読書力の伸び」をどのような方法でとらえ、支援方法をどう改善しようとしたかを述べたいと思います。さらに、支援方法を模索するうえで基本となった「子どもから学ぶ」手法の分析から浮かびあがってきた、「学年に適した動機づけの方法」について述べます。最後に、「子どもたちの読書力は伸びたのか?」への答えを、具体的な例で報告したいと思います。

最初に、わたしが注目する対象を「貸し出し冊数」から「読書力」へと変えていった状況をお話しします。

1　新たな課題

貸し出し冊数が伸びれば、読書力は伸びるのか？

学校で実施される読書への動機づけの方法に、読んだ本の冊数やページ数競争（記録）があります。わたし自身も最初、貸し出し冊数を増やす手立てを講じてきました。冊数の増加がそのまま読書力の向上に結びつくのかという疑問をいだいたのは、次のような調査をしてみたことがきっかけです。

〈読んだページや冊数は多いほどいいのか？〉

支援方法を手探りしていたころの高学年クラスで、「三〇分間の黙読ページ数調査」をしたことがありました。着席静読する習慣はまだできていませんでしたが、ページ数記入と聞くと、さっそく読みはじめる姿が見られて、その即効性にちょっと驚きました。資料1は、ある日の五年生の調査結果です。上位五人は、表のように並びました。

さて、この五人は読書力があるといえるでしょうか。

観察していると、二、三位の子は、絵本だけを読んで合計していました。ほかの子も、「かいけつゾロリ」シリーズ（原ゆたか　ポプラ社）や知識漫画、図

資料1●30分間黙読ページ数

順位	読んだページ数
1位	215
2位	177
3位	148
4位	140
5位	133

鑑をパラパラめくったり、絵物語の絵を中心に読みとばしたりしていました。

ちがう年度にも調べてみましたが、五、六年生では、高学年向きの読みものを三〇分間で黙読できるのは三〇～八〇ページぐらいです。一〇〇ページを超える子は「例外」といっていいでしょう。それに、読書力が育っていないと三〇分黙読の集中自体が続きません。

また、五年生を対象に、書名とページ数に感想マークもプラスして、三回連続で調査をしてみました。このときは、感想マーク（おもしろい＝◎、ふつう＝○、つまらない＝△）に注目しました。感想マークが△ばかりの子は、絵本や自分の目をひく本（小学校二、三年生向きのシリーズの本など）を読んでいました。

読むことが苦手な子は、本を探すことも得意ではありませんから、楽に選ぶことができる「知っている本」ばかりを手にとる傾向があります。しかし、精神的にはもう五年生になっているのですから、低学年向けの本を読んでもおもしろくないわけです。

いずれの調査も、「数字だけでは、見えることと見えないことがある」ことを教えてくれました。そして、この調査からは、読書競争の弊害さえ見えてきました。

読書には「トレーニング」の要素もありますから、ときに多読が必要な時期もあります。ただし、本の質や読むよろこびに目配りしないでいると、落とし穴にはまってしまうのだと思います。読書に競争はなじみません。読書の感動は、けっして読んだページ数ではないからです。

何冊読んだか、ましてや何冊借りたかは、ひとつの指標にすぎません。一人ひとりに目配りする支援の必要性を痛感した調査でした。

広がる読書力の格差をどうするか

わたしが悩んでいたもうひとつの課題は、高学年の読書力格差です。同じ学年でも、クラスや個人によって読書力にかなりのちがいがありました。

担任の考えかた次第で、来館回数、貸し出し冊数ともに極端にすくなくなることがあります。その場合、国語力のある子でも読書の幅が狭く、レベルも中学年向きのシリーズでとどまっている傾向がありました。ましてや読むことが苦手な児童は、絵本や二、三年生向きのやさしい読みもの、図鑑や漫画だけを手にとっていました。彼らにとって、読書は「めんどうなもの」でした。たまにある「図書の時間」は、息抜きの場だととらえていました。

本好きの子がいるクラスは、もっと差が開きました。本好きの子たちは、よく「おもしろい本ない？」と質問をしてくれました。上質な本を読むことでますます本好きになり、同時に読書力がついていきました。

本好きなある六年生は、図書館報で紹介した本や個人的にすすめた本——たとえば『リーパス　ある野ウサギの物語』（B. B.　福音館書店）、『合言葉はフリンドル』（アンドリュー・クレメンツ　講談社）、『マチルダは小さな大天才』（ロアルド・ダール　評論社）や、「ゲド戦記」シリーズ（アーシュラ・K・ル＝グウィン　岩波書店）——を読んでいました。その一方で、同じクラスのあまり本が好きでない子どもたち（本好きな子どもとほぼ同数いた）は、年間貸し出し冊数がひと桁という状況でした。

2　課題へのとりくみ

読書力を伸ばす動機づけへの転換

これらの経験からわたしは、一人ひとりの子どもの傾向や読書レベルをつかんで、その子に合った支援や読書の動機づけをおこなうことがたいせつなのではないかと思うようになりました。自分に適した本にであえさえすれば、きっとその子は読書への意欲が湧き、自然に読書力が伸びていくだろうと考えたのです。

そこで、貸し出しがある程度伸び、クラスの定期的来館が増えてきた時点で、それまでにおこなっていた、単純に来館や貸し出し冊数の増加をねらってはじめた手法を中止することにしました。それは、休み時間に借りた子どもへの「しおりプレゼント」や、次の貸し出しカードにかわるときの「ミニシールプレゼント」です。そして、質のいい本の読み聞かせや紹介、推薦リストづくりなど、本そのものに軸足をおいた動機づけに力を注ぐことにしたのです。

こうしてわたしは、「冊数より中身」へ――読書のよろこびを得ることができる「心に残る本とのであい」を図る支援へ――と舵を切っていきました。そして、一人ひとりを知ることと、司書の支援を改善することをさらに模索するようになりました。

たとえば、子どもがその本にどれだけ満足したかを知りたいからと、返却時に「おもしろかった?」などと質問するのはどうでしょう?　クラス来館時には、一人ひとりにそんなことを聞く余裕はありません。また、聞かれることを好まない子もいることでしょう。休み時間に子どもたちが自分から話してくれればよろこんで聞きますが、それでは一部の子のことしかつかめません。

子どもたちが「読書のよろこびを得られているかどうか」「読書力が伸びたかどうか」を知るために、一人ひとりにスポットライトをあてる方法を考えました。

まずとりくんだのは、「観察の強化」です。本を選んでいるときのようすや、静読中の集中度を一人ひとり見ていきます。また、読み聞かせのときの表情やひとこと、全体の雰囲気を感じとって、メモします。貸し出し・返却時にも、何を借りているのかを観察します。

その後は、カウンターでの「会話」をメモすることや、「ブックトーク後の貸し出し状況調べ」、おはなし会でおもしろかった「おはなしアンケート」などを試みました。そしてたどりついたのが、児童の読書のふり返りによる「読書のまとめ」という方法です。

観察メモは現在も続けていますので、まずその実例から紹介していきます。

〈子どものつぶやきメモ〉

貸し出し・返却時、休み時間や掃除の時間にも、子どもたちはさまざまに語りかけてくれます。それが本に関する内容なら、なるべくメモするように心がけました。メモ帳をポケットに入れておくと、チャンスを逃しません。

たとえば、こんなメモがあります。

・三年生に『とりになったきょうりゅうのはなし』（大島英太郎　福音館書店）を読み聞かせ。男女とも◎。

その場で予約が数件ついた。Mさん（三年女子）が休み時間に返却にきたとき、「すごくおもしろかったから、お母さんに読んでほしくて借りたの。『おもしろいね！』っていってたよ」とニコニコしながら話してくれた。

その後、この本の予約が一巡したので、読み聞かせ本コーナーに展示しました。

・Tさん（五年女子）が借りる。休み時間に来館したとたん、「先生、これ、おもしろかったぁ」と、話さずにはいられないというようすで話しかけてきた。はじめて知った内容について、会話がはずんだ。

このような子どものひとことや嬉しそうな表情が、いつもわたしを励ましてくれます。

読み聞かせの本については、せっかくの反応や声も忙しさでまぎれてしまいがちです。メモする時間がないことも多いので、読み聞かせ本はその日のうちに書名の横に「◎」「○」「△」といったマークをつけています。

ただ、この手法はその本を子どもたちがどう感じたかということをある程度知るには役立ちますが、来館のすくない高学年や、人数が多いクラスで、全員の読書力や読書傾向をつかむといった目的で使うことはできません。そこで、クラス全員を対象にしたかんたんなアンケートを試みてみました。

〈単発のアンケート〉

「ブックトーク後の貸し出し状況調べ」は、フォーマルなブックトークをしたあとの当日の貸し出しと予約数を統計にとったものです。同じシナリオを複数クラスで実施すると、紹介のしかたで貸し出しに影響が出ることがよくわかります。貸し出しがすくなければ、紹介の方法や本の選択を反省します。実例は、第6章の学年別のとりくみに載せました。

統計をとるのが無理な日は、気づいたことをメモしておくだけでも、次の参考になります。まだ記憶が新しい、当日のうちにやってしまうことをおすすめします。

「おはなしアンケート」は、読み聞かせや素話のお気に入りを調べるものです。年度末、五、六年生に、一年間にさし出した作品名を一覧にして、「好きなおはなしベスト3」をアンケートしました。

結果は、読み聞かせ反応メモとともに、次年度の読み聞かせや素話をするときの作品選びの参考にしていました。このアンケート結果の例は、次章136ページの「動機づけ2　昔話の力、素話の力」に入っています。

このようにわたしは、自分の読書の動機づけを改善するために、「観察」や「アンケート」を実施してきました。しかし、その実施時期や対象、形式はバラバラで、計画性に欠けていました。結果を教員と共有することも思いつかず、もっぱら司書のサービス改善のために使っていました。

〈「読書のまとめ」をはじめる〉

例外なくどの子の読書力も伸ばすために、読めない（読まない）子への支援を強めようと考えて、支援児童を見逃さないための方法を考えはじめました。

司書教諭の上前陽子先生に「子どもの読書実態を継続的に把握できないか」と相談し、図書館年間計画に位置づけて、全員を対象とした定期的な「読書のふり返り」をはじめたのです。それが「読書のまとめ」です。司書の実践改善の資料にするとともに、子どもたちが「読書のよろこびを得て、読書力が伸びているか」どうかをつかむための手法です。

発達段階を考えて、低・中・高と三種類の記録用紙を用意しました。

二年生以上を対象に、七月、一一月、三月と年三回実施します。「図書の時間」を使い、子どもたちは貸し出し記録を見て、その期間の貸し出し冊数と読了冊数、読了本から選んだ「おもしろかった本」を三冊まで記入します。四年生からは作者名も記入して、著者を意識するきっかけにします。著者名を記入する際には著者名板について指導し、その本をまず書架で探してもらいます。学校の蔵書管理はコンピューター化されていませんから、貸し出し中なら、背表紙写真をファイルした蔵書目録を見たり、パソコンで区立図書館端末を使って検索してもらいます。

担任が記録用紙を集めて目を通してから、司書が貸し出し冊数と読了冊数、選んだ本の書名をクラス別一覧表に記入します。表をよく見て、不読傾向や前回調査からの各児童が選んだ本のレベル変化を分析して、別表に記入してい

資料２●「読書のまとめ」（高学年用）

読書のまとめ　　　　番＿＿＿＿

年　　組　名前

月	借りた本の冊数	読み終わった本の冊数	おもしろかった本の書名を3冊まで記入（1、2冊でもよい）	わかったら作者名を記入
4 5 6				
7 8 9 10 11				
12 1 2 3				
一年間				

実物のサイズは、B5判

きます。分析後には、資料をもとに、担任とクラスの課題や支援児童への対策を話し合います。教師からは、「この子はもっと読めるから、レベルの高い本を紹介してほしい」「読みとりがきびしいので、すこしやさしい本を」などの助言をもらいます。学力に関すること以外に性格や生活上の課題なども教えてもらって、個別支援に生かしていきます。この共通理解をもとに、協力して支援をおこないます。

年度末には、三回分の最大計九冊から児童は年間ベスト3の本を選び、「一年間」のマスに記入します。わたしは一覧表に転記し、選ばれた本の昨年度末から一年間のレベル変化を見ながら、読書力の伸びを推定していきます。

「本を通じて子どもを知ろう」と考えるわたしにとって、この作業は同時に、「子どもを通じて本を知る」作業でもあります。

一年生は、子どものようすを見ながら担任と相談してやっています。子どもたちが選ぶのはほとんど絵本ですので、細かい分析はしていません。「読書のまとめ」は、本を紹介する国語単元と関連させておこなうため、学年によって実施時期をずらすこともあります。詳しい実施方法と一年生のようすは、第6章「学年別のとりくみ」のなかで述べました。

〈児童にとっての「まとめ」の意義〉

児童にとって、「読書のまとめ」は自分の読書への〝ふり返り〟です。たくさん読めた子は素直によろこびます。もっと読みたいと意欲をもつ子もいます。わたしはともによろこび合いますが、全体に向けては「好きな本が見つかったかな?」とか「気に入った本の作者を覚えておきましょう」といったりします。国語で学習する「題名」「書名」「作者」「筆者」「著者」などが自分の読書と結びつかず、ここではじめて理解する子もいます。毎回著者を記入させるのもひとつの方法ですが、手間がかかります。静読時間とのかねあいで、貸し出し方法に合わせてくふうしましょう。

子どもたちには、「たいせつなのは、おもしろい本にめぐりあえたかどうかですよ」と話しています。「学年があがれば厚い本を読むようになるでしょう？　そうすれば冊数は減りますね」と話すのも、ページ数や読了冊数をあまり競わせたくないからです。

子どもは、読了冊数を数えることで「読みきる」ことを意識してくれます。はじめのころ、記入日に「先生！　一冊も読み終わってないよぉ」と目を丸くして知らせにくる子もいました。子ども自身がびっくりしているようすに、読みきっていないことを意識していないのだと気づきました。

そこで、二年生以上では、貸し出しカードに読了本に「○」をつける欄を設けて、返却時に記入する指導をはじめました。○がつかなくても、すぐに注意をするようなことはありません。ようすを見守り、いつも完読できない子には支援をします。読みきれる本や興味のある本をいっしょに探したり、担任と対策を話し合ったりしています。

〈個別支援へ生かす——司書にとっての「まとめ」の意義〉

「まとめ」は、その期間のベスト（三冊）×三回で、一年間九冊をクラスごとに一覧表にすることで生かされます。ここから、個々の興味や読書力の変化が推測できるからです。さらに、経年で見られれば、個人の成長を長い目でとらえることができ、そこに課題を見つけることができます。重点的に支援が必要な子を見つけたり、そのクラスに適した読書力育成の手立てを考えたりする資料にもなります。

完読がすくない児童や急に読まなくなった児童について、担任や養護教諭から生活状況を聞きとってみると、塾通いによる多忙や生活上の悩みなどが読書に大きな影響をあたえていることがあります。原因を知り、対応を考えます。解決の手立てが見つからないことも多いのですが、見守りを続けます。

もしも多忙が原因なら、高学年でも年齢に合った内容の絵本や短編集を紹介します。たとえば、前述した『とりになったきょうりゅうのはなし』など短時間で読める科学読みものや、優れた伝記絵本『ブライディさんのシャベル』（レスリー・コナー　BL出版）などです。この絵本は、六年生へのブックトークで関連書として読み聞かせました。やんちゃな男子が、最前列で涙ぐんで聞きました。その子の共感力ややさしさとともに思い出す絵本です。

また、貸し出し時や静読時には読んでいるように見える子も、経年で見ていくと、去年とまったく同じシリーズのみを読んでいたり、年間三回とも同じ本をあげたりすることがあります。これは、単純に困ったこととも言えません。たとえば「ドリトル先生」シリーズ（ヒュー・ロフティング　岩波書店）に夢中であるなどの場合です。それでも、すこしずつジャンルを広げる支援を試みます。

読書力が伸びることで、年齢に合わない背伸びした内容の読書にふみこむ子もいます。たとえば、三年生が中学生向きの本を読んでいるのを見ていると、本人もどこかピンとこないようすだったり、なかなかお気に入りの一冊ができなかったりします。そのようなときは、その年齢でこそ楽しめる分厚い本をすすめていきます。

「読書のまとめ」で、このように定期的に全員の読書実態を把握することは、一人ひとりを理解し、支援するために、学校司書にとってたいへん有効な方法です。個々の読書力や傾向に合わせて本を紹介すると「おもしろかった」「こんな本、もっと教えて」と、活発な反応が返ってきます。

3　とりくみの成果

このように「冊数より中身へ」、つまり読書のよろこびを得られる「心に残る本とのであい」を図る支援へと舵を切った効果はあがったのでしょうか。

まず、二〇〇四年度と四年後の二〇〇八年度の個人貸し出し冊数をくらべてみましょう。それから、たいせつなのは「どんな本を読んでいるか」ですから、教師と協働で数年間育てたクラスの子どもたちの変化を、書名をあげながら具体的に述べていきたいと思います。

伸び続けた貸し出し冊数

「冊数より中身へ（読むよろこびへ）」と方針をはっきりさせて、単純に貸し出し冊数を増やす動機づけをやめたのは、二〇〇四年度からです。「読書のまとめ」などを生かして、児童一人ひとりを見つめながら、司書の動機づけの改善を続けました。

資料3は、四年後の二〇〇八年度との貸し出し冊数の比較です。見てわかるように、全学年で貸し出し冊数が伸びています。冊数にこだわらずにじっくり「いい本とのであい」を図っても、貸し出しは伸びたことがわかりました。

ていねいに選んだ本を、個人の読書力をつかんですすめる――こうした動機づけを継続することで、結果的に貸し出し冊数は伸びていったのです。また、「読書のまとめ」の結果を年度ごとに分析して経年変化を見ていくと、本の質が以前の同学年とくらべて全体にあがっていることがわかりました。

どの子にも読書力をつけるという課題達成への道すじが見えてきたのです。クラスごとの「まとめ」の一覧を分析してみると、司書が動機づけに活用した本が年々多く選ばれるようになっていることもわかりました。

「おもしろかった」という手応えが、次の意欲を生みます。また、読書力が伸びた友だち同士の影響も見逃せません。子どもたちは、仲間との関わり合いのなかで成長するからです。この関わり合いを異学年へ、学校全体へと広げたのが、司書教諭と協働発行にした「図書館報」です。図書館報の活用法については、第4章「動機づけ6　図書館報を生かす」（174ページ）で報告しています。

一人ひとりの読書力を見ると

一般的に、低学年の読書レベルは、全体として見ると「どんぐりの背くらべ」ですが、支援が足りないと、学年があがるにつれて差が開いていきます。前述したように、一部の本好きな子だけが伸び、「好きでもきらいでもない」子たちは、国語の学力がある程度高い児童で

資料3●本の質重視に変えた年度と4年後の貸し出し冊数

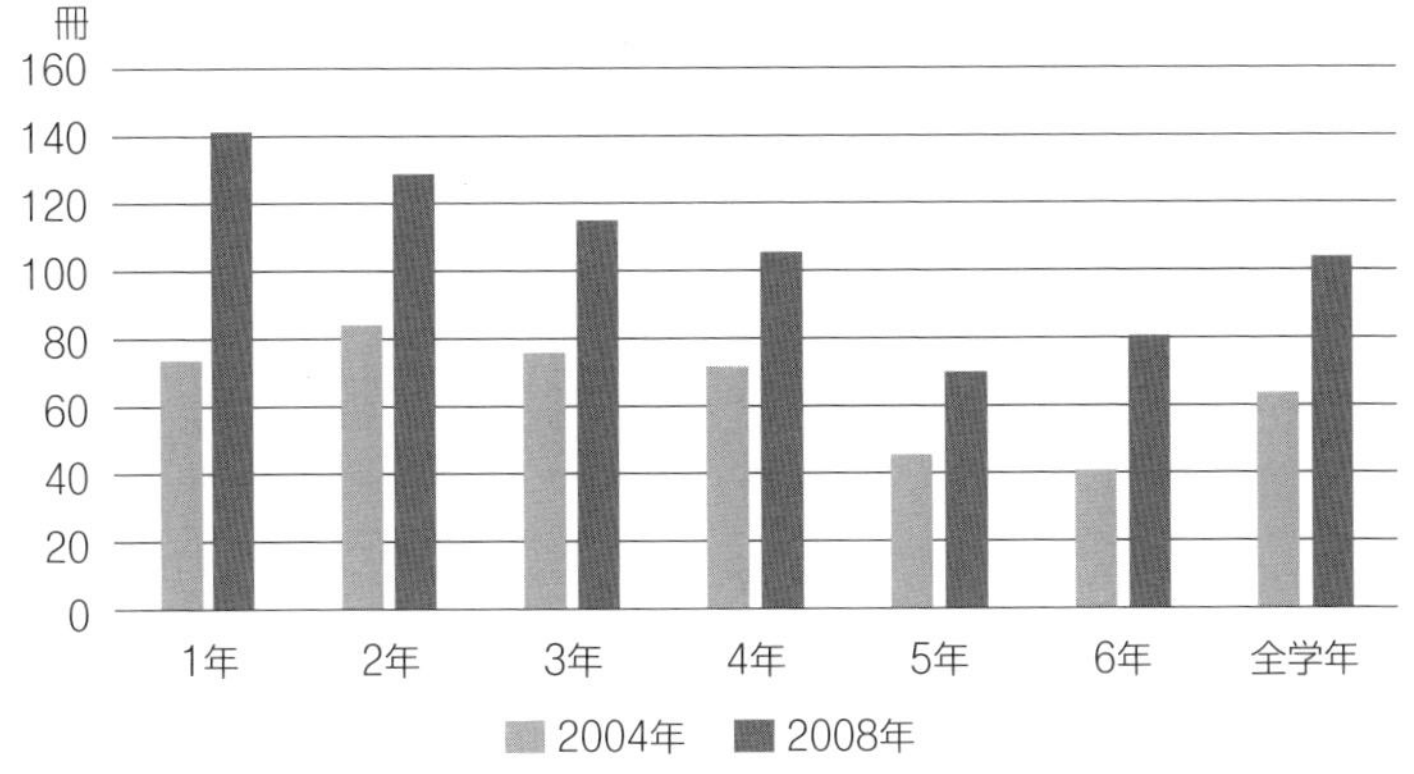

も、読む本は中学年レベルでとどまる傾向があります。読むことが苦手な子は、読む意欲そのものをなくしていきます。

では、読書支援を継続した子どもたちはどうでしょう。

あるクラスの読書力変化をお話ししましょう。この子たちとは、二年生であいました。読書に熱心な担任と保護者の影響で、最初からよく読み聞かせを聞きました。しかし、二年生ですでに「パスワード」シリーズ（松原秀行　講談社青い鳥文庫）を読む子もいて、クラス内の読書力の差は大きかったのです。それが、支援の継続によって、五年生になるとほとんどの子が意欲的に中・高学年向きの本を読むようになってきました。

資料4は、一月のある日の返却本のリストです（司書が読み聞かせや紹介をした「動機づけ本」は、書名を太字にしています）。この日には「図書の時間」がなかったので、約三分

資料4●5年生1月のある日の返却本

書名	著者等	出版社
『子どもに語るグリムの昔話』2巻	佐々梨代子 訳	こぐま社
『子どもに語るグリムの昔話』4巻	佐々梨代子 訳	こぐま社
『ゆびで編む』②	鈴木賀津乃	星の環会
『見知らぬ町ふしぎな村』	安房直子	偕成社
『ユウキ』	伊藤遊	福音館書店
『闇の守り人』	上橋菜穂子	偕成社
『ズッコケ文化祭事件』	那須正幹	ポプラ社
『バイバイスクール』	はやみねかおる	講談社
『カラフル』	森絵都	理論社※
『DIVE!!』2	森絵都	講談社
『クリスマスの猫』	ロバート・ウェストール	徳間書店
『ナタリーはひみつの作家』	アンドリュー・クレメンツ	講談社
『いじわる夫婦が消えちゃった！』	ロアルド・ダール	評論社
『ぺちゃんこスタンレー』	ジェフ・ブラウン	あすなろ書房
『天国に近い村』	シンシア・ライラント	偕成社
『ビスケットのひみつ』（まんが）		学研

※2011年版より、刊行は講談社

の一の児童が借り換えにきました。

このクラスが全体的に伸びたのは、五年生の一年間のことでした。一学期から学年末へと進むにつれて読書レベルがあがってくるのが、はっきりわかりました。そこで、担任の杉山眞理子先生にお願いして、卒業まえには『下級生に贈るオリジナルブックガイド　この本おすすめ！』をつくってもらいました。それぞれの子どもが、見開き二ページに、イラスト入りでおすすめ本を紹介しています。多くの子が、ベスト5～10のリストを入れたり、数冊をすすめたりしています。紙面に「紹介したい本が山ほど！」のオーラが満ちています。わたしの「あとがき」を見ると、わたしが五年間に読み聞かせた本が八六冊、素話三〇話、パネルシアターや人形を使った詩なども一〇作品を超えていました。

当時、わたしは、「このクラスは、ずっと読書に熱心な担任ばかりに恵まれた、稀な例かもしれない」と考えました。けれども、それはまちがいでした。その後の実践で、いろいろなクラスで教師との協働を進めてみると、どのクラスの子どもたちも、協働ができれば伸びていきました。

どの学校でも、低中学年から司書が継続的に関わり、教師との協働ができると、四年生後半から卒業までに大きく伸びていきます。支援をはじめて三年めあたりから、司書の動機づけ効果がぐんと高まることが、「まとめ」にも表れています。

担任とちがって司書は、多くの子にとって週に一回ほどのふれあいです。ですから、子どもとのあいだに親しみや信頼が生まれるのには時間が必要なのでしょう。司書も、時間をかけて一人ひとりの読書力や傾向、性格をつかんでいきます。その子どものことを知っていれば、「きみなら、ちょっとがんばればこの本がおもしろい」など、それなりの自信をもって紹介できるようになります。

子どもも、その司書が紹介する本を何度か読んできて「この人のすすめる本はおもしろいな」と思うと、

「おすすめ本は？」と、どんどん聞いてきます。質問が苦手なおとなしい子でも、個人的にすすめたときには ニコッとして、その本に決めてくれるようになります。

●思い出5

こんなこともありました。「冬休み五冊まで貸し出し」の図書の時間に、「あと一冊なの。先生、おすすめは？」と聞いてきた五年生の女の子がいました。急いでその子向きの三冊を抜きとって見せると、「先生がいちばん好きなのはどれ？」とたたみかけてきます。勢いに飲まれて思わず『エーミルの大すきな友だち』（アストリッド・リンドグレーン　岩波少年文庫）と答えると、「じゃ、それ！」と即決でした。

「読書のまとめ」に見る、４年間の動機づけの効果――個人編

まず、教師との協働がまだ試みの段階だったころの子どもたちの変化です。「図書の時間には読みものを読む」や「二冊のうち一冊は読みものを借りよう」という指導も校内で統一されていないころです。いろいろなクラスの個人にスポットをあてて、読書力の変化を追ってみることにします。それぞれの三年生から六年生にかけての変化を、「読書のまとめ」から抜粋します。

まず、男子です。三年生になっても、絵本や、「かいけつゾロリ」シリーズ（既出）、「忍たま乱太郎」シリーズ（尼子騒兵衛原作　ポプラ社）、または知識絵本や図鑑しか選ばない子たちがいました。はたらきかけを続けますが、変化が見られない子どももいました。四年生になっても、これらに「怪談レストラン」シリーズ（松谷みよ子　童心社）、『視覚ミステリーえほん』（ウォルター・ウィック　あすなろ書房）、「チャレンジ！学校心理ゲーム」シリーズ（さくら美月　ほるぷ出版）、漫画の知識本が加わってきただけです。支援法を悩

むうちに、五年生になってしまいました。

彼らの変化のきっかけは、五年時のブックトークでした。各自のベスト3に、ブックトークや館報で紹介した本が入ってくるようになりました。『じっぽ』（たつみや章　あかね書房）、『うちの屋根裏部屋《グルニエ》は飛行場《エアポート》』（渡辺わらん　講談社）、『白いりゅう黒いりゅう』（賈芝　岩波書店）、『クワガタクワジ物語』（中島みち　偕成社文庫）、『にじ色のガラスびん』（ミシェル・ピクマル　あかね書房）、『ファーブルの夏ものがたり』（マーガレット・J・アンダーソン　くもん出版）、『ジャングルの少年』（チボール・セケリ　福音館書店）、『最後の手紙　黒ねこサンゴロウ旅のつづき5』（竹下文子　偕成社）、『チョコレート王と黒い手のカイ』（ヴォルフ・ドゥリアン　徳間書店）などです。六年生になると、『カメをつって考えた』（阿部夏丸　旺文社）、『マチルダは小さな大天才』（既出）、『白銀の夜をこえて』（S・フレミング　あかね書房）、『エーミールと探偵たち』（エーリヒ・ケストナー　岩波少年文庫）、『ユーウツなつうしんぼ』（アンドリュー・クレメンツ　講談社）など、クラスや個人に紹介した本を選ぶようになりました。

一方、女子は低学年から物語好きが多く、ブックトークの影響が出やすい傾向があります。たとえば、二年生のときに『すずめのおくりもの』（安房直子　講談社）をあげたある子は、三年以降、「黒ネコジェニー」シリーズ（エスター・アベリル　福音館書店）、『ちびねこグルのぼうけん』（アン・ピートリ　福音館書店）、『冥界伝説・たかむらの井戸』（たつみや章　あかね書房）を選び、六年生で『秘密の道をぬけて』（ロニー・ショッター　あすなろ書房）、『ハッピーノート』（草野たき　福音館文庫）と、順調に伸びていきました。

中学年では、男女を問わず多くの子が選ぶのは、『イギリスとアイルランドの昔話』（石井桃子編　福音館書店）や「子どもに語る昔話」シリーズ（こぐま社）です。昔話の力と読み聞かせ効果です。

とくに本好きでというわけではなく、昔話集をあげることが多かった子は、卒業まえに個人紹介した『ガラスのくつ』（エリナー・ファージョン　岩波書店）を選びました。

他学年の例ですが、ある男子は、担任が学級文庫へ入れていたダレン・シャンの作品を6年のベスト1に選んでいます。と同時に「昔話は読んだらとまらないくらいおもしろい」というコメントつきで、読み聞かせで使った『ノルウェーの昔話』（福音館書店）をあげています。「本といえばすぐ飽きるものと思っていた」と書いたT君も、六年生のときのベスト8にこの昔話集を入れています。昔話の読み聞かせは高学年の読書にも大きな影響をあたえます。ちなみにT君は、卒業時に「本の中の本」というキャッチコピーで『ジーク（1・2）』（斉藤洋　偕成社）を紹介しています。これもブックトークで紹介した本です。

なかには、動機づけの影響がなかなか出ず、貸し出し数が低迷したままで、借りていくのは知識本ばかりという女の子もいました。個人一覧表から物語を探してみると、四年生でようやく『にんきもののはつこい』（森絵都　童心社）が見つかり、五年生でも『ちびねこグルのぼうけん』（既出）だけというような状況でした。ところが、この子が六年生の後半になると、急に読みだしたのです。短い三学期のあいだだけで三二冊も完読して、わたしはあっけにとられました。ふつう、学年があがると本が厚くなり、貸し出し数は減少するのですが、この子の年間完読最多記録は、六年生のときでした。そして、卒業まえのベスト3には、『トモ、ぼくは元気です』（香坂直　講談社）、『シャーロットのおくりもの』（E・B・ホワイト　あすなろ書房）、『戦争（赤木かん子編著　ポプラ社）と、紹介本三冊を選びました。あきらめずに支援を続けていると、高学年で著しい伸びを示してくれる子もいることがわかりました。

クラスにすくなからずいる「読めるのに読まない子」は、司書がその子の興味をつかんでなんとかしなければなりません。読むこと自体が苦手な児童への対応は、担任と二人三脚です。

継続支援をした学年の読書力変化

次は、教師との協働が進み、「図書の時間」の使いかた（たとえば、「図書の時間には読みものを読む」）への共通理解が校内で広がってきた時期の子どもたちの話です。「どの子も読書力を伸ばしているのか」という課題を、あるクラスの三年間の変化を追いながら見ていきます（三年から五年生の「読書のまとめ」にあがった書名を経年で、クラス全体を見ていきます）。

〈三年生〉

このクラスは、一年生からの「読み聞かせシャワー」（毎朝の担任による読み聞かせ、毎週おこなう司書の読み聞かせ、プラス家庭での読み聞かせ）で聞く力が育ってきていました。けれども、三年生になっても物語を読もうとする子は例年よりすくなかったのです。七月の「読書のまとめ」では、読む力がある女子も――図書館報の紹介本ではありますが――漫画チックな知識読みもの、「おしごと図鑑」シリーズの一冊『かがやけ！ナース』（くさばよしみ　フレーベル館）をあげています。ベスト3に一冊だけ中高学年向きの物語、たとえば『0点虫が飛び出した！』（赤羽じゅんこ　あかね書房）、『クワガタクワジ物語』（既出）などを選んだ子がわずかにいるという状況でした。約半数の子は、絵本、占いや知識漫画、手芸料理本、もしくはかんたんな幼年読みものをあげていました。

それが、三月の年度末になると変わってきます。担任の熱心な励ましと司書と連携した学級文庫の積極的活用による多読などの効果が出はじめたのです。

学年ベスト1には、ブックトークした『パディーの黄金のつぼ』（ディック・キング＝スミス　岩波書店）と『なないろ山のひみつ』（征矢かおる　福音館書店）や、個人的にすすめた『どろぼうトラ吉とどろぼう犬クロ』

（那須正幹　偕成出版社）、さらに図書館報で紹介した『ドロバチのアオムシがり』（岩田久二雄　文研出版）や、小林秀昭校長が紹介した『ぬまばあさんのうた』（岡田淳　理論社）をあげています。ずっと絵本しか選んでいなかった男子も、『もしかしたら名探偵』（杉山亮　偕成社）に移行しました。

このクラスの三年生のときの個人貸し出し冊数は五五冊～三七〇冊／年で、平均は一四〇冊にのぼり、学校トップにおどりでています。貸し出し以外にも、学級文庫をかなり読みました。この多読が、四年以上になって効いてくることになります。

〈四年生〉

四年生になると、司書や先輩の紹介だけでなく、クラス内の口コミ効果が出てきました。読める子の話を聞いた子が読み、次の「まとめ」で選ぶという循環が生まれたのです。すると、クラス全体のレベルが加速度的にあがっていきました。

▼ブックトーク効果の高まり

口コミが活発になると、ブックトークの効果が高まります。紹介本の貸し出しが長く続きます。この年に紹介した『ルドルフとイッパイアッテナ』（斉藤洋　講談社）、『オオサンショウウオの夏』（阿部夏丸　偕成出版社）、『あなたの声がききたい』（岸川悦子　偕成出版社）、「黒ねこサンゴロウ」シリーズ（既出）、『霧のむこうのふしぎな町』（柏葉幸子　講談社）、『盲導犬不合格物語』（沢田俊子　講談社青い鳥文庫）を何人もがあげるようになり、全体のレベルがあがってきました。

▼「図書館報」の影響

また、司書教諭と協働発行をはじめた「図書館報」の影響が表れてきました。館報には「司書の選んだ新着本」「先輩のおすすめ本」「校長先生紹介本」のコーナーがありましたが、そこに掲載した『もう一度キックオフ』（風野潮　岩崎書店）、『ピトゥスの動物園』（サバスティア・スリバス　あすなろ書房）などの高学年向きの本が選ばれました。

六年生へのおすすめ本『ニコルの塔』（小森香折　BL出版）を選んだのは、読書力はあるのにずっとおもしろ系の知識本ばかりを借りていた女子でした。また、それまで野球やサッカーの本を選んでいた男子が、突然『ハイジ（上・下）』（ヨハンナ・シュピリ　岩波少年文庫）をあげて驚かされたのも、このころです。

適切な動機づけがないと慣れた手軽な本ばかり読む子たちが、いったん本のおもしろさに目覚めると、次々に力のある本を読破していきます。読書力が伸びてきた子にすすめてみた、『お姫さまとゴブリンの物語』（ジョージ・マクドナルド　岩波少年文庫）や『ほこらの神さま』（富安陽子　偕成社）も選ばれています。

一方、じっくり型の子たちも、この時期、司書が個別に紹介した『おばけのジョージーおおてがら』（ロバート・ブライト　徳間書店）、『ゆうきのおにたいじ』（征矢清　福音館書店）、『オバケだって、かぜをひく！』（富安陽子　ポプラ社）、『ねずみの家』（ルーマー・ゴッデン　徳間書店）を選ぶまでに伸びてきました。

〈五年生〉

▼強まるブックトークの影響

五年生になりました。担任は、短時間でも定期的に来館するように計画してくださり、来館回数は減りませんでした。

一学期まではくり返し「名探偵」シリーズ（既出）や「怪談レストラン」シリーズ（既出）をあげていた子たちが、ついに二学期には『じっぽ』（既出）、『クワガタクワジ物語』（既出）、『冒険者たち』（斎藤惇夫　岩波書店)、『ジャングルの少年』(既出)などのブックトーク紹介本を選んでくれました。ホッとしました。

ほかには、『小さなコックさん』(八木田宜子　講談社)、『にじ色のガラスびん』(既出)、『風力鉄道に乗って』(斉藤洋　理論社)、『まよいこんだ異界の話』(安房直子　偕成社)、『シャーロットのおくりもの』(既出)が複数の子たちに選ばれました。これらは、わたしが紹介し、それをまた子どもが後輩に紹介するかたちでつながってきた本たちです。いつのまにか、ブックトークは、動機づけのなかで大きな影響をあたえるようになっていました。

子どもの評価は、わたしが次の学年で紹介するか否かを決めるたいせつな要素です。わたしのブックトーク本を子どもが次々に「先輩のおすすめ本」として選んでしまうので、新しいブックトークの組み立てを考えるのに大わらわになりました。

そのほか、個人的にすすめた『ロボ　カランポーのオオカミ王』(アーネスト・T・シートン　福音館書店)や、手にとられにくい『吹きぬけの青い空』(志津谷元子　学研)などもあがっています。

▼図書館報の影響

館報からは、『ネコのドクター小麦島の冒険』(南部和也　福音館書店)、『プールのジョン』(皿貝達哉　牛の会)、『風の海　迷宮の岸』(小野不由美　新潮文庫)、『なぜ、めい王星は惑星じゃないの?』(布施哲治　くもん出版)、『ぼくはアイドル?』(風野潮　岩崎書店)、『グリックの冒険』(斎藤惇夫　岩波少年文庫)、『ワビシーネ農場のふしぎなガチョウ』(ディック・キング＝スミス　あすなろ書房)、『ファーブルの夏ものがたり』(既出)などが選ばれています。

ブックトークと肩を並べるくらい、館報の影響が大きくなってきました。毎月、低中高学年別に三種の館報を出し、子どもへのおすすめ本を載せてきた効果です。

4　司書の動機づけを改善する

「読書のまとめ」で司書の動機づけを改善する

このようにわたしは「読書のまとめ」を生かして一人ひとりの児童を理解し、クラスやその子に合った支援を考えました。同時に、この「まとめ」は、自分の仕事の評価であり、改善のための資料にもなりました。それは、各クラスでその期間におこなった動機づけの効果を見ることができるからです。

では、どのように動機づけの効果を見ているのでしょうか。それは、次のような手順で分析をしています。まず、前述したように各児童が選んだ本（各回三冊まで）を一覧表にします。次に、実践してきた各種動機づけの本に手法別のマークをつけていき、それぞれを集計します。手法別に選ばれた書名と冊数を見ると、その時期におこなった各動機づけの効果を推測することができます。

学年や年度ですこし異なりますが、集計する動機づけは、「読み聞かせ」「ブックトーク」「展示」「推薦リスト」「テーマ読書」「個人への紹介」などです。年度末にクラス別一覧（ひとりあたり年間最大九冊）が完成すると、年間を通じた各動機づけの効果がわかります。

たとえばブックトークの場合、その日の実施効果は、貸し出し冊数と予約件数である程度わかります。しかし、それは聞いたときの反応です。たいせつなのは、「読んでどうだったか」なのだと思います。もしも紹介本を「まとめ」で数人が選んでいれば、その本は学年に適していたのだと考えて、次年度のブックトークに残します。貸し出し自体がすくない本は、本の選択とすすめかたを反省します。

つまり、わたしが自分のブックトークが読書力向上に効果をあげたと考えるのは、何人もがその紹介本を読み、次に「まとめ」に書名があがり、さらに、その本がふだんその子たちが読んでいる本のレベルより高めであったり、ジャンルが広がったりしているときです。その成果は、「まとめ」ならわかります。

読み聞かせの本や、さりげなく展示した本、個人的にすすめた本も選ばれています。多様な動機づけを組み合わせることがたいせつだということを教えられます。

教員の影響も見逃せません。司書の動機づけだけでなく、教員の紹介や読み聞かせ本が多くあがってくるクラスがあります。また、直接には司書の動機づけとはいえ、どんな動機づけも成果を出せるか否かは、児童の態度や意欲に大きく関わっています。それらは、日々の教師との協働でかたちづくるものです。ですから、動機づけ本が「まとめ」にどの程度あがるかは、教師との協働ができているかを測る、ひとつのめやすにもなるのです。

「動機づけ影響度」の変化と成果

子どもが選んだ各動機づけの本が、年間に選ばれた本全体のなかでどのくらいあったかを、「動機づけ影響度」として計算してみました。児童が「まとめ」で選んだ動機づけの本の合計冊数を、選ばれた本の合計冊数で割ったものです。これを「動機づけ該当率」と名づけました。この分析は、効果がわかりやすい三年生以上でとりくみました。

たとえば、「継続支援をした学年の読書力変化」（97ページ）で登場した子どもたちの三年生から五年生への「動機づけ影響度」（該当率）は、どのように変化したでしょうか。

三年生で約二一％だった該当率は、四年生では約三一％に増えました。そして、彼らの読書力の伸びに心底驚かされた五年生のときには、なんと五七％にもなっていました。当時、子ども同士が影響をあたえあって「学校の読書文化ができてきた」と肌で感じていたことが、数字にも表れていました。

いわゆる本好きの子がすくなかったこの学年の読書力向上のきっかけは、担任と低学年のときからはじめた「図書館利用の習慣化」のとりくみだったと思います。三年生からは、多様な動機づけで、「良書の多読」へと誘いました。中学年での「担任の励まし」と「学級文庫の多様で積極的な活用」が、多読へと結びつきました。学校全体のはたらきかけとして、低中高別に毎月出し続けた図書館報の恩恵も大きく受けた学年でした。

わたしは、いろいろな各動機づけをどう組み合わせれば効果的かを探るべく、動機づけの分析を継続しました。すると、動機づけの効果について、学年による傾向が浮かびあがってきたのです。次はそれを一覧表でご覧ください。

なお、「学級文庫活用」は、第6章の「2　わかれ目の中学年」（237ページ）で詳しく述べました。

5　学年に適した動機づけを選ぶ

各種動機づけの影響を数字で表し、分析する

では、どんな動機づけがどの学年で効果があがったのかを、四〜六年生の学年別に見てみましょう。「読書のまとめ」の動機づけ該当率を一覧にしてみました。

まず、四年生の例（105ページ資料5）です。この四年生と司書との関わりは二年めです。わずか二年の関わりしかなかったのに、該当率は約五割にも達しました。つまり、児童が選んだ本の半分が動機づけ本だったということです。これは、担任の藤貫佳代先生の影響が大きいと思われます。前任校から司書といっしょに転勤し、読書にも熱心でしたので、司書との協働が進んでいました。読み聞かせの割合が一三％というのは四年生としては高い数字ですが、書名を見ると、担任が連続読み聞かせをされていたことと、司書の読み聞かせを授業計画にしっかり組みこんでいらしたからだと予想されます。司書の動機づけを教員が授業計画にきちんと位置づけると、司書と子どもとの関わりが短くても大きな成果を生みます。

動機づけの割合を見ると、ブックトークの影響がいちばん高くて、三割弱です。このクラスでは、三〇分くらいのフォーマルなブックトーク以外に、一〇分程度のミニブックトークをたびたび実施しました。担任の発案で、児童のブックトークにもとりくみました。

次の資料6は、五年生の例です。司書との関わりは二年めです。担任とは協働を進めているさなかでした。動機づけ別の割合を見ると、五年生もブックトークがいちばん高い影響力をもっていました。ほかの動機づけも、それぞれ効果をあげています。

動機づけ本の該当率は三三％でした。ほかの学校や年度でも、児童との関係が二年以下だと、司書の動機づけ本の該当率は二〜三割というのが平均値です。

また、この年度は、「推薦リスト」の活用が二割を占めていますが、リスト活用は、とりくみかたや期間で効果が大きく変わります。学年に応じた配慮やくふうが必要です。リスト活用時の留意点は、第6章「推薦リストの活用」（246ページ）のなかで述べています。

資料5●4年生「読書のまとめ」で動機づけの本を選んだ割合

動機づけ方法	4〜6月	7〜11月	12〜2月	年間計	割合※5
ブックトーク	15	18※4		33冊	28%
図書館報	9	4	8	21冊	18%
展示本※1	4	9	3	16冊	13%
個別紹介※2	4	6	3	13冊	11%
読み聞かせ	4	6	5	15冊	13%
推薦リスト※3			20	20冊	17%
テーマ読書	2			2冊	2%
計	38冊	43冊	39冊	120冊	100%

対象：37名　記入冊数計：243冊　該当：49%

※1　「館報」以外の展示本　（「館報」紹介本も展示している）
※2　フロアーワークなどで一人ひとりに紹介した本
※3　この期間に実施。都立リスト『ほん・本・ごほん①』活用
※4　12〜3月にあがったぶんも算入。ブックトーク実施後も効果が続く
※5　小数第1位を四捨五入しているため、合計が100%ぴったりにはならない

資料6●5年生「読書のまとめ」で動機づけの本を選んだ割合

動機づけ方法	4〜6月	7〜11月	12〜2月	年間計	割合
ブックトーク	24	13		37冊	31%
図書館報	9	4	5	18冊	15%
展示本※1	4	5	10	19冊	16%
個別紹介※2	4	8	4	16冊	14%
読み聞かせ	2	1	0	3冊	3%
推薦リスト※3			25	25冊	21%
計	43冊	31冊	44冊	118冊	100%

対象：44名　記入冊数計：356冊　該当：33%

※1　「館報」以外の展示本（「館報」紹介本も展示している）
※2　フロアーワークなどで一人ひとりに紹介した本
※3　都立リスト『ほん・本・ごほん②』活用

学年に適した動機づけとは

さて、これらの動機づけの影響分析からは、どの学年にどんな動機づけがより有効かということも見えてきます。現場の司書は経験でそれをつかんでいると思いますが、分析結果はそれを裏づけるものでした。

資料5、6を見ると、四・五年生の動機づけのトップはブックトークです。学年があがると手応えがどんどん強まっていきます。どんなテーマにするかということよりも、そのクラスの読書レベルや男女比、傾向に配慮することと、読んでみて深く満足できる――紹介するに足る――本を選ぶことが効果的でした。

低学年では、読み聞かせが主要な動機づけです。読み聞かせ本に関連させた二、三冊のひとこと紹介が効果をあげます。一方、高学年では読み聞かせがぐんと減っており、読書の動機づけの中心ではないということがわかります。しかし、資料5に表れているように、担任による中・長編の連続読み聞かせは有効といえるでしょう。

展示は全学年を通じて効果をあげますので、新鮮さを保つようにしています。

学年によって、また各校の条件によって効果的な動機づけを組み合わせるといいと思います。

教師と協働した定期的な支援の継続の成果

最後に、六年生の例（資料7）です。この学年は、三年生のときから支援をはじめました。教師との協働を進めながら、司書支援を年間計画に位置づけて支援を継続してきたクラスです。その三年めの五年生での該当率は四二％、四年めの六年生では六五％でした。図書館報の本紹介のかわりに、ブックトークを多く実施していました。また、六年での推薦リストは、わたしが作成したオリジナルリストです。六年次の個人への紹介は五％のまま推移していますが、じつはいろいろな子からたびたび聞かれるので記録がとりきれなくなっていて、数字が実際より低めに出ています。

支援を六年間継続できた学年の記録も残っています。協働を進めつつあった段階の例です。年間ではなく年度末のみの集計しか記録がありませんが、卒業直前の「学年ベスト3」に選ばれた本は一五一冊でした。そのうち九三冊が動機づけ本です。該当率は六二％になります。

いずれも、教師と協働した定期的な支援の継続がいかにたいせつかを示しています。

では、目標だった読書力は伸びたのでしょうか。学年全体の読書力の伸びを割合で示した「四年間の読書力変化」（109ページ資料8）で見てみましょう。これは、教師と協働で四年間、動機づけを継続した学年の例です。「読書力」としましたが、教員が評価するそれではなく、子どもたちが「読書のまとめ」に選んだ本、つまり「おもしろかったよ！」と選んだ本のレベルを分析したものです。

どの本を中学年や高学年向けと考えるかは、判断がむずかしいものです。わたしがどのようなレベル設定をしているかをご理解いただくために、指標となる本をリストにして、資料9（109ページ）で示しました。低中学年の指標本は、おすすめする本でなくてもポピュラーな本を選びました。なお、資料8、9の「低学年」は「やさしい読みもの」のことです。二年生は絵本も混在しています。

資料7●動機づけ影響割合の変化（％）

方法	5年次	6年次
読み聞かせ	2	4
ブックトーク	29	37
推薦リスト	未実施	13
展示のみ	6	6
個人紹介	5	5
動機づけ本該当率	42	65
動機づけなし	58	35
合計	100	100

「読書のまとめ」が教えてくれたこと

「読書のまとめ」の継続は、動機づけの影響の大きさを明確に示してくれました。それだけに、司書がどんな本を選んで購入するか、そのなかで何をとりあげて読み聞かせたり紹介したりするかという「本をさし出す責任」を痛感します。

司書になりたてのころ、ずらりと並んだ新しい「かいけつゾロリ」シリーズ（既出）に群がる子どもたちを目のあたりにしました。子どもたちをひきつける秘密が知りたくて自分でも読んでみたら、やはりおもしろさがありました。でも、わたしは三冊で飽きてしまいました。

多様な動機づけでいろいろな本をすすめると、「ゾロリ」一辺倒の子がぐんぐん減っていきました。「ゾロリ」は、本に不慣れな低学年の子が読めばおもしろいのですが、三年生後半になれば卒業させ、本の世界を広げたいと考えています。学習漫画やこわい本、クイズ系の知識本ばかりを手にとっている子も同様です。動機づけをくり返すと、別の本へも関心を広げ、読書力が伸びていきます。

せっかく司書がいるのです。広い本の世界を知らせたいと思います。「子どもが読みたがる本だから、それを読んでいればいい」というかんちがいをしないでよかったと思います。

子どもたちの成長を目のあたりにしたこの一五年は、次の四つのことを確信する時間でした。

①上質な本のおもしろさは、どの子にも伝わる
②子どもたちはみんな伸びようとする力を秘めている
③「秘められた力」は、多様な動機づけの継続で芽を吹き、育ち、花開く
④読書力を育てるためには、教師との協働が欠かせない

資料8●4年間の読書力変化（%）

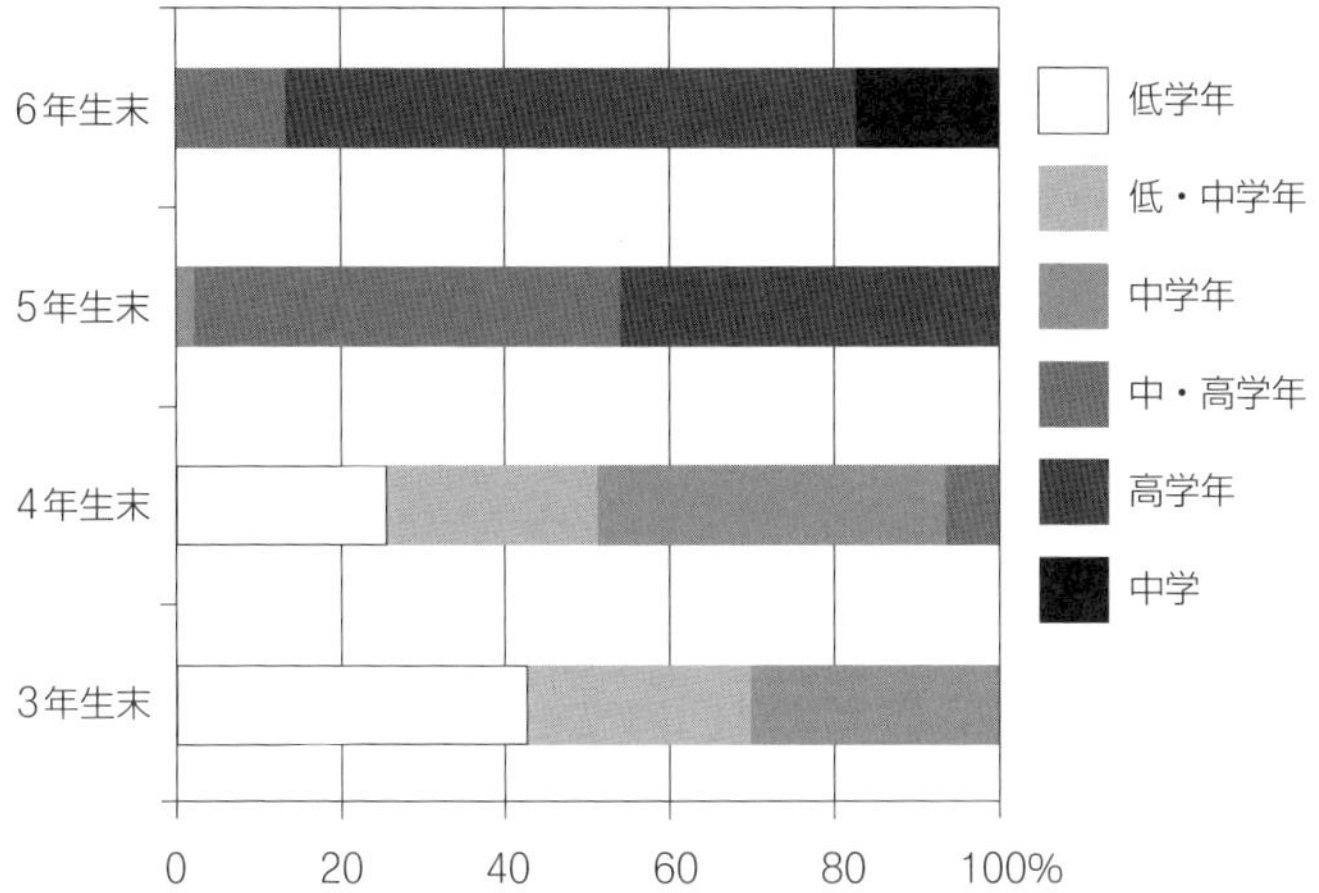

資料9●読書力分析時の指標となる本の例

低学年 （2年生）	中学年 （3年生）	中高学年 （4年生）	高学年 （5、6年生）	中学
「わかったさんのおかし」シリーズ	『チュウチュウ通りのゆかいななかまたち』	『黒ネコジェニーのおはなし』	『ユウキ』	重松清の作品
『おさるになるひ』	『ぺちゃんこスタンレー』	『黒魔女さんが通る!!』	『いたずらおばあさん』	『ハイジ』
『にんきもののひけつ』	『ブンダバーとなかまたち』	『黒ねこサンゴロウ』	『ルドルフとイッパイアッテナ』	『カラフル』
『かいぞくポケット』	『なん者ひなた丸ねことんの術の巻』	「こそあどの森の物語」シリーズ	「ローワン」シリーズ	『三銃士』
『なんでもふたつさん』	『エルマーのぼうけん』	『やかまし村の子どもたち』	『シノダ！　チビ竜と魔法の実』	『白旗の少女』
「ぼくはめいたんてい」シリーズ	『ネコのタクシー』	『がんばれヘンリーくん』	『チームふたり』	『肥後の石工』
『幼年版ファーブル昆虫記』	「怪談レストラン」シリーズ	『オバケだって、カゼをひく！』	『名探偵カッレくん』	『秘密の花園』
『どれみふぁけろけろ』	『みしのたくかにと』	『アキンボとライオン』	『エーミールと探偵たち』	『完訳シートン動物記』

校内体制づくり——学年に適した動機づけを年間計画に位置づける

「まとめ」の分析からわかったことは、学年やクラスの実態に合わせた動機づけを選択し、継続することのたいせつさだけではありません。教師との協働の重要性です。教員と相談して年間計画に位置づけ、学習のめあてに適した手法を選択したり、アレンジしたりしましょう。

授業時数には制限があります。その学年やクラスに合わせた動機づけを優先します。動機づけで生まれた意欲を生かす読書時間を計画に組み入れる必要もあります。この点からも、教科、単元への位置づけが必要なのです。どのように学校図書館を生かして学校教育を充実させるか、学校全体で組織としてとりくまなければなりません。それがはじめられる校内体制づくりが急務です。わたしが管理職、主幹教諭、司書教諭、先生がた、主事さんがたにどれだけ支えられてきたかをふり返ってみれば、それは明らかです。

学校図書館——すべての子に生かせる読書環境

さまざまな読書の動機づけは、児童の読書を豊かにし、読書力を育てます。その効果は、司書と児童の信頼感を基礎に生まれ、教師との協働で強まっていきます。卒業まで図書館活用を継続してこそ、成果はどの子にもいきわたるのです。ですから、高学年になって来館が減ったり、司書が毎年変わったりするのは、じつにもったいないことです。

高学年での動機づけ本の該当率が五七%と六五%の例を報告しました。五割を超える動機づけの影響に接すると、責任の重みを感じずにはいられません。同時にこの数字は、おとながつくる子どもの読書環境がいかに大きな影響をあたえているかということを示しています。

子どもの読書は、担任や家庭環境の影響を強く受けます。しかし、すべての子にいい読書環境を準備することができるのは、家庭ではなくて学校図書館です。家庭と地域と連携を図りながら、学年を追って系統立てて指導できるように努力したいと思います。読書力のちがいは、きっと小さくすることができます。

あとは、「本の力」がその子の心の扉をたたいてくれます。ふつうの公立小学校でも、卒業までに、小学生でであわせたい上質な詩や物語、古典文学、社会への扉を開くノンフィクションや科学読みものに多くの子どもたちを導くことができるのです。

子どもたちの贈りもの①　お手紙

「読書のまとめ」は、子どもの読書力理解に役立ち、司書の支援を改善し、結果的に子どもの読書力を育てていきます。そのうえ、ときとしてそれ以上の何かをもたらしてくれます。

卒業を直前に控えた子どもたちから、こんなお手紙をわたされました（文章は、原文のまま）。


福岡先生と本のお話をするのは、とても楽しかったです。福岡先生が授業中に読んでくれる本は面白かったです。

福岡先生に『どんな本がおススメですか？』と聞くと、いつもていねいに選んでもらい、うれしかったです。さらに、その本が好みに合うように、今まで借りた本を見て選んでもらっている事を知り、おどろきました。休み時間に図書館に行くと、いつでも笑顔で接してくださった事が印象に残っています。

図書の時間や、福岡先生とお話をする事で、本の良さを知る事ができ、もっとたくさんの本を読んでみたいと思う事ができました。……後略……

わたしがその子の好きな本を知って次の本をすすめるとき、子どものなかにどこか嬉しさのような感情が湧いていると感じることがあります。「自分の好きな本を覚えていてくれる」という驚きが、彼らの心を開いてくれたように思います。

四か月に一回ずつの「まとめ」は、いわばそのときの心や読書の状況をうつした個人写真です。クラスの一覧表は、集合写真です。そこにはクラスカラーが出ます。多忙な職場ですが、写真なら時を選ばず、心が落ちついたときに過去をさかのぼって、じっくりと対策を考えることができます。

年三回の集合写真は、やがて六年間のアルバムになります。卒業まえの「まとめ」は、心の卒業写真だと思います。その写真を、司書として感謝の気持ちで見ることができるような実践をしなくてはならないと、いつも思っています。

第4章

いろいろな読書の動機づけ

知識も経験もすくない小学生には、いろいろな本の世界を知らせ、読みたい気持ちを高めてあげるためのはたらきかけがたいせつです。学校図書館は、さまざまなジャンルにわたって質のいい本をそろえ、利用者が活用しやすいように整備しています。

この章では、いろいろな読書の動機づけのめあてや手法などについて、学校図書館司書との関わりをふくめながら述べていきます。

動機づけ1　読み聞かせ

読み聞かせには、「絵本の読み聞かせ」と、第1章でとりあげた『くまのパディントン』の連続読み聞かせのような「物語の読み聞かせ」とがあります。

どちらも、聞き手は〝読む〟という作業から解放されて、作品をより理解しやすくなります。絵本なら、絵をすみずみまで楽しめます。イメージを広げて、心のなかでより深い世界を楽しむこともできます。

わたしは、この楽しみが〝肉声〟を介してもたらされることが、とてもたいせつなのだと考えています。自分自身の経験から、読み聞かせは「子どもたちの心に、人やことばへの信頼を育てている」ということを強く感じてきたからです。それは、子どもの健やかな成長に欠かすことができません。

さらに、読み聞かせは〝耳からの読書〟であり、学習の基本である「集中して聞くこと」を自然に身につける、有効な方法のひとつです。

また、小学生は読み聞かせを聞くとその本に興味をもち、自分で読もうとします。読み聞かせは、子どもの「読みたい」という気持ちを高める、読書の〝動機づけ〟にもなります。

図書の時間に読み聞かせをしたら

〈エピソードあれこれ〉

読み聞かせを続けていくと、子どもたちはどう変わるのでしょうか？

低学年では、いま読んでもらったばかりの本に何人もが手を伸ばし、だれが最初にその本を借りるか、ジャンケンがはじまります。このときに予約制度のことを教えれば、すぐに使いこなすことができるようになります。

やんちゃで注意を受けることが多かった男の子も、廊下でわたしの姿を見つけるや、かけ寄ってきて、「また読んでくれる？　こんどはなんの本？」などと聞いてくれます。四年生くらいまでなら、図書の時間に来館した児童からすぐに、「きょうも読んでくれる？」という声が聞かれるようになります。

読み聞かせを楽しんできた子たちは、最上級生の六年生になっても、図書の時間に来館するとさっさと読み聞かせコーナーに陣どります。わたしが「きょうは、読み聞かせも紹介もありません」というと、がっかりした表情で立ちあがりますが、最前列の子たちはそれでも断固として立ちあがらず、わたしと担任を苦笑させたりもします。

教員の反応で思い出すのは、はじめておはなし会に参加された副校長が、「癒やされました。こんな時間が学校にあるなんて、いいですねぇ」とつぶやかれたことでした。新しく転入してきた教員に「こんなに（きちんと話を）聞くんですね」と驚かれたり、「この学校の子どもたちは、とても話を聞ける子たちだと思いました。読み聞かせのときの集中が身についたのではないでしょうか」といわれたりもしました。担任の先生から、「教室でも読み聞かせをしたいので、本を選んでほしい」と依頼されることもあります。

入学から卒業までの六年のあいだに、読み聞かせや素話をした作品が二〇〇を超えたクラスもありました。学校司書ならではの、ありがたい、濃いつきあいです。

次にあげるのは、卒業まえの子どもたちが寄せてくれた、おはなし会の感想です。この子たちには、四年生のときから月一回のおはなし会を実施してきました（文章は、原文のまま）。

・もっともっと、おはなし会してほしいです！　いつもすごく楽しみにしてるので。
・本の紹介もしてくれるので、「次はこれ読もう」と思えました。
・笑いあり涙ありで、ほんとにおもしろかった。
・わたしは読むのはあまりとくいじゃないので、先生のおはなし会は楽しみでした。（笑顔にピースマーク入りのイラストつき！）
・中学生になってもあるといいな。
・もう聞けないからさみしい。

このように、読み聞かせや素話は、子どもと司書の心を深いところでつないでくれます。

司書の読み聞かせだけではありません。教室では、担任の読み聞かせが有効です。朝読書や学級活動、予定の学習が早く終わったあとのちょっとした時間にチャンスをつくっておこなうと、そのクラスの〝聞く力〟は目に見えて育っていきます。

〈積み重ねで変わる子どもたち〉

一年生のときから読み聞かせや素話を続けていくと、二年生になるころには、たとえば『けんた・うさぎ』（中川李枝子　のら書店）など、身近な題材を扱った創作をちゃんと聞けるようになります。

学年があがって、おはなし会に慣れた子どもたちは、わたしが本をもたずに「次のおはなしは……」とはじめると、「素話だな」と気づいて表情がふっと変わります。自分で自分の心のスイッチを入れて、心と身体を〝聞く状態〟にもっていくのです。わたしが語りはじめると、視線がどこか遠くなって、おはなしの世界へ入ってきます。すると、その子たちを中心に聞く雰囲気が広がります。筋立てでひっぱっていくおはなしでなくても、その作品のいい〝聞き手〟になっていくのです。

「笑いばなし」は高学年向きのことが多く、ある程度聞き慣れていないと、なかなかクラス全体でおかしみを共有することができません。たとえば、大分県の昔話「旅学問」（稲田和子・筒井悦子『子どもに語る日本の昔話2』所収　こぐま社）は、落語を思わせるようなおはなしです。もの知らずの息子がことばを習うためにひとり旅に出るのですが、旅先であうものを次々にひとり合点してまちがって覚え、それを帳面に書きとめていきます。たとえば、茶屋で「お茶菓子でございます」と干し柿を出されれば「ははあ、柿のことはお茶菓子ちゅうんだな」とかんちがいし、石屋がかけ声をかけながら重い石を運んでいれば「石のことは、ヨイトコサーのコイトコサーちゅうんだな」と書きつけます。聞き手は、このかんちがいをおかしみつつ、最後には書きとめたことばをすべて使ったオチで大笑いするわけです。ですから、このおはなしは、どこか一か所も聞き逃すことができません。

はじめて「旅学問」を読み聞かせたのは、であって二年めになる六年生にたいしてでした。この学年の年度末の「おはなし会アンケート」で、おもしろかったはなしにこの「旅学問」を選んだ子は、一五％でした。ところが、であって三年めになる五年生では、数字が五一％にはねあがりました。アンケートをとらなくても、当日の集中度のちがいは歴然でした。

上質なユーモアやおかしみをクラスで共有するためには、クラス全員がかなりの聞く力、想像力をもっていることが必要です。また、子どもとおはなし、読み手とおはなし、読み手と子どもたちのあいだには、熟成するための時間が必要です。ことばをかえると、「積み重ねがたいせつ」ということになります。

担任、司書、保護者からの〝読み聞かせシャワー〟を浴びてきた五年生に、社会的なテーマをもつ絵本をさし出してみたことがありました。

たとえば、戦争の哀しさと音楽の力を静かに伝える『Oじいさんのチェロ』(ジェーン・カトラー　あかね書房)です。この絵本は、年度末のおはなしアンケートで三位に入りました。昔話もたくさん読んだクラスなのに、約半分がこの本を選んだ、その心の成長に驚かされました。

『わたしの足は車いす』(フランツ＝ヨーゼフ・ファイニク　あかね書房)は、さし絵が小さいので、「きょうは自由参加でね」と、クラスをふたつにわけ、二回の機会をつくって読みました。二回めは担任の先生もいっしょでした。一回めに聞いた子が、担任に「よかったよ。先生も聞けば」とすすめたそうです。この絵本も、アンケートで高い支持を得ました。

ストーリーでひっぱるおはなしではなくて社会的なメッセージ性の高い本がここまで支持されたのは、「継続のたいせつさ」と「読み聞かせが〝心を耕す〟」ことを示しているからではないでしょうか。

また、創作文学は小学生には聞くのがむずかしいジャンルです。なかなか手を出せずにいたころ、おとなを対象にしたおはなし会で、「葉っぱの魔法」（マーガレット・マーヒー『魔法使いのチョコレートケーキ』所収　福音館書店）の素話を聞く機会を得ました。その魅力を再確認して、「このクラスなら」と読んでみたら、やはりよく聞いてくれました。

もちろん昔話の人気は根強く、五年生でのおはなし会アンケートの第一位は「カメのおよめさん」（ブルガリアの昔話『吸血鬼の花よめ』所収　福音館書店）でした。

このように、保護者や担任、司書という子どもをとりまくおとなが力を合わせれば、多様な児童がいる公立小学校でも、さまざまなジャンルの本――定番の昔話から創作、社会性をもった絵本まで――を、幅広く楽しみ、吸収できるように成長してくれることがわかります。

〈笑い、涙し、「しーん」と静まる〉

読み聞かせや素話を聞いている子どもたちは、ユーモラスな描写にクラス全体がゆれるように笑ったり、心から心配そうな表情を浮かべたりします。低中学年はすぐ主人公になりきれるので、苦難をのり越えて最後に手に入れる幸せを、まさにわがこととして味わい、「満足の吐息」をもらします。絵本でも素話でも、ときとしてクラス全体がぐっと集中してきて、それが見えない力となって、わたしをぐうんと押すような〝気〟を感じるときがあります。

また、わたしたちは稀に、いっしょにおはなしの世界にとっぷり入ってしまい、その場全体が何かにつつまれているような気持ちになることが起こるものです。そんなときは、おはなしが終わっても子どもたちはしばし動きません。静寂があたりをつつみます。

学校司書にとって、あの〝魔法の時間〟を子どもたちと共有することは、大きな力となります。あのひとときを、すべての学校ですべての子どもたちに体験してもらえたら、どんなに嬉しいでしょう。

〈「聞く力」が学校教育を変える〉

いまの子どもたちは、「聞く」ことが苦手です。常に機械音や騒音に囲まれている現代では、テレビやパソコン、携帯電話などの普及によって、「目と目を合わせてする会話」がどんどんすくなくなっています。たとえばＣＭでぶつ切りにされるテレビは、乳幼児期から「集中を途切れさせ、ことばを聞き流す力」を日々〝育てて〟いくようなものです。

家庭でも学校でも、その子と向かい合うのは「注意するときだけ」「指示するときだけ」というのでは、そこに愛情もことばも伝わりません。

教師や司書や保護者が日常的に心をこめて肉声の読み聞かせをすることが、子どもたちの「聞く力」を育てます。そして、「聞く力」は「想像力」を育てます。

上質な本には、豊かなことばが的確に選ばれています。それらの本やおはなしの読み聞かせは、「ことばから想像する力」を伸ばしていきます。このように読み聞かせは、「ことば」や「声」、ひいては「人間への信頼」を育みます。これは、学校教育を大きく変える力をもっているのです。

〈『おだんごぱん』にはまった男の子――聞く楽しさをたっぷりと〉

何よりも、その時間が〝よろこび〟であることがたいせつです。あるとき、二年生の担任が図書の時間に、

「きょうは○○のお勉強ですよ」といったことがありました。そのとき、男の子のひとりが、「えっ！　図書の時間って、お勉強なの？」と聞き返しました。この子には「図書の時間＝楽しいあそびの時間」とインプットされていたのでしょうか。これは、学校図書館に関わる者として、最上のほめことばなのかもしれません。

さて、「歌のある絵本」についてです。

歌のあるおはなし――楽譜つきの本ということではなく、自然に節《ふし》（メロディー）が浮かんでくるような絵本、たとえば『ぐりとぐら』（中川李枝子　福音館書店）――は、強い印象を残します。

「とうたいました」と書かれていることもあります。鼻歌風でいいこともあるし、アクセントに注意してしっかりつくるほうがいい場合もあります。

この『ぐりとぐら』や、ロシアの昔話『おだんごぱん』（福音館書店）を、高田千鶴子先生が主宰されている「保育と人形の会」では、岡田京子さんが作曲した曲で楽しんできました。

ある年の九月、二年生に節をつけて『おだんごぱん』を読んだことがありました。すると、読み聞かせた次の図書の時間、ある男の子が『おだんごぱん』を読んでいました。そのとき彼は、小さな声で歌っていたのです。プロがつくった歌いやすい節がくり返し出てくるので、一回の読み聞かせですっかり覚えてしまったようです（それにしても、なんていい耳なのでしょう！）。

彼は、本が苦手でした。なかなか自分の〝お気に入りの絵本〟ができませんでした。でもその彼が、次の週も歌いながら読んでいました。このときは、担任と目を見交わして見守りました。その次の週も……。ひと月ばかりたって彼の読書がほかの本に移ったときにちょっとホッとしたほど、くり返し熱心に読んでいたのでした。

彼は、四か月後におこなった「読書のまとめ」のアンケートで、もちろん『おだんごぱん』をあげていました。いい絵本、昔話、音楽の総合力なのでしょうか。席で本をしっかり立ててもち、歌いながら読んでいる彼の姿が、いまでも思い出されます。

入学までの読み聞かせ体験がすくなかったり、お気に入りの絵本をまだもたなかったりする子どもがいます。彼の姿は、小学校で「聞く楽しさをたっぷり経験させる」ことからはじめるたいせつさを教えてくれました。

〈読みたいけど、歌えない〉

歌があるおはなしは、子どもたちにとって魅力があるものですが、歌があっても節がつけにくい場合もあります。

たとえば『きつねのホイティ』（シビル・ウェッタシンハ　福音館書店）です。すぐに節《ふし》が浮かんだ部分と、どうも節と文章が合わないと感じる部分がありました。違和感が残り、わたしは大好きなはずのこの本をだんだん読まなくなってしまいました。

あるとき、高田先生から連続学習会のお誘いがありました。前述の岡田京子さんの『誰でもみんな音の種を持っている』（同時代社）という本ができたこと、会の図書館員メンバーを中心に集まって、「日本語を使っている人なら誰のなかにも流れている」という「民謡音階」を学び、みんなでおはなしや絵本の歌をつくりましょう、というお知らせです。

「待ってました！」と参加の返事を出し、合わせて課題本に『きつねのホイティ』も入れてもらいました。

当日の学習は、「とーふー」とか「やきいもー」といったもの売りの声ではじまりました。それは、わたしの身体のなかに眠っていた〝音〟を呼び起こすものでした。

ホイティの作者はスリランカのかたですから、日本の「民謡音階」に位置づけることはできません。そこで、わたしが歌っていたものをもとにして、日本語のアクセントを守りつつ、みんなで直していくことにしました。

何度も練習するうちに、「歌う」というよりも、読み聞かせのなかで「自然と口をついて出てきたメロディー」というような感じのものができてきました。悩んでいたときの違和感はどこへやら、「なんだかいい感じ」になってきたのです。

完成したものを三、四年生に読み聞かせしてみたら、おはなしコーナーを出ていきながら歌を口ずさむ子が数人いました。『おだんごぱん』と同じで、自然なメロディーはすぐ覚えてしまうものです。

本を展示しておいたら、来館した子が「ホイティだ」と指さして、お友だちと笑いながら歌っています。すっかり、主人公と仲よしになってくれたようです。

〈聞いて楽しみ、読んで楽しむ――ひとり読みへの誘い〉

聞くことだけでも十分に価値がある読み聞かせやおはなしですが、学校図書館でのそれは、「自分で読むことへの動機づけ」でもあります。夢中で聞いたときの〝よろこび〟が、「自分で読んでみたい」という気持ちを高めていきます。低学年はとくに、読み聞かせで聞いた本を、もう一度自分で読みたがります。

絵本は、絵を見ながら文章を聞くとおもしろいようにつくられています。一年生の終わりころになっても文字を追うのに精いっぱいで、絵を見る余裕などない子どもたちがいますが、読み聞かせ直後なら、先ほど聞いた声やじっくり見た絵を思い出しながら読むことができます。

このときの子どもたちは、〝読む困難〟からすこし解放されて、絵本をより楽しんでいるようです。そのくり返しがトレーニングとなって、知らず知らずのうちに読む力をつけていくのです。まだ拾い読みの、読むことが苦手な子には、とくにたいせつな動機づけです。

低学年への本の紹介は、ポイントを絞って短時間でおこないます。たとえば、おいしいものが出てくる絵本を読んだり、素話をしたりしたときに、「ごちそう」のテーマで絵本や読みものを二、三冊紹介することもできます。読み聞かせだけで終わらず、より多くの本にスポットをあてると、読書の範囲が広がっていきます。

四年生以上では、読み聞かせを継続しながら、紹介の機会（ブックトークの回数）を増やします。長い物語の一部を読んで紹介するのもおすすめです。また、読み聞かせのあとで関連本を紹介するのも効果的です。同シリーズや同著者の本、関連テーマの本を紹介します。

どの学年も、おはなしコーナーには毎回座ってもらいます。活動の内容は変化しますが、習慣となっている図書の時間の流れは変えないほうがいいのです。

〈教師の読み聞かせ〉

大好きな先生のあたたかい声は、子どもの心を落ちつかせ、わくわくとした気持ちをもたせます。読み聞かせは、クラスの雰囲気もよくします（図書の時間の流れが定着してくれば、司書と先生が一冊ずつ読むといった方法をとることもできます。続けて読むときには、司書が読む本の組み合わせを考えます）。

低学年は、絵本の読み聞かせからはじめるといいでしょう。詳細は、第6章の「学年別とりくみ」の一年生の部分（216ページ）で詳しく述べました。

二年生から六年生までは、まず昔話からがいいでしょう。いい昔話集から、学年に合った話を選びます。耳からの読書に慣れていないクラスにも適しています。昔話については、あとで詳しく述べます。

聞く力が伸びてきた二年生以上には、絵本や昔話以外に、同じ主人公の短いエピソードを集めた物語（連作もの）を読み聞かせるのもいいでしょう。たとえば『あたまをつかった小さなおばあさん』（ホープ・ニューウェル　福音館書店）や『ぼくは王さま』（寺村輝夫　理論社）、「ミリー・モリー・マンデー」シリーズ（ジョイス・L・ブリスリー　福音館書店）です。やさしい短編集では、『はじめてよむ童話集』（大月書店）、「那須正幹童話集」シリーズ（ポプラ社）、『小さな小さな七つのおはなし』（リリアン・ムーア　日本標準）、「あまんきみこ童話集」シリーズ（ポプラ社）などです。これらの本を司書が読み聞かせた実践は、第6章の「2わかれ目の中学年」（237ページ）でふれています。

高学年では、椋鳩十や星新一、安房直子の短編集などがおすすめしたい作品です。

〈物語の連続読み聞かせ〉

たぶん一生の思い出となるであろう中高学年での連続読み聞かせがおこなえるのは、この学年の担任をもっている教師の特権です。多忙な担任が時間を確保するのはたいへんですから、朝読書や給食時間、ちょっとした隙間時間を活用します。「一年のどこかで、短期集中型で一冊読みきれば、それで十分だ」と思ってはじめてみてくださると、そこから得るものは大きいと思います。

中学年におすすめしたい本を、いくつかあげてみます。たとえば『きかんしゃ1414』(フリードリヒ・フェルト　偕成社)、『フョードルおじさんといぬとねこ』(エドアルド・ウスペンスキー　福音館書店)、『大どろぼうホッツェンプロッツ』(オトフリート・プロイスラー　偕成社)、『チョコレート戦争』(大石真　理論社)、『宇宙からきたかんづめ』(佐藤さとる　ゴブリン書房) などです。さし絵を実物投影機などで見せるのも効果的です。

高学年では、『火曜日のごちそうはヒキガエル』(ラッセル・E・エリクソン　評論社)、『見習い職人フラピッチの旅』(イワナ・ブルリッチ=マジュラニッチ　小峰書店)、『ルドルフとイッパイアッテナ』(既出)、『北のはてのイービク』(ピーパルク・フロイゲン　岩波少年文庫) などです。あるとき、戸島敦子先生が四年生に、『チョコレート工場の秘密』(ロアルド・ダール　評論社) や『十三湖のばば』(鈴木喜代春　偕成社) を方言で読んでいらしたこともありました (ただ、この二冊は、読書教育に特別熱心な先生だからこそ読みきれたといえる本です)。

わたしは、選択の必須条件になるのは「読み手が気に入った本」だと考えています。ことばにするときには、その本にたいする読み手の気持ちが声に出るからです。

教師から本選びの相談があったら、司書は、そのクラスに合わせて何冊かおわたしして、その先生に気に入った本を選んでもらいましょう。はじめて読み聞かせをするという先生には、昔話集から読んでいただくといいでしょう。

教師の読み聞かせの情報（おもに、とりあげた本の題名）はきちんとキャッチしておき、子どもが続きを読みたくなったり再読したくなったりしたときに、その本をすぐに手わたせるように準備しておきます。

〈読み聞かせ本を借用して複本に〉

読み聞かせに使った絵本や本は、基本的にすぐに読んだり借りたりできるようにしておきます。興味の対象が移りやすい学年が下の子どもほど、〝そのときが勝負〟です。

わたしは、毎年の反応をもとに、とくに読みたがるだろうと思われる絵本は複本で用意しておくようにしています。学校の予算内では複本購入がむずかしいので、多くの場合、公共図書館から借用しています。公共図書館では、いい絵本は何冊も所蔵していますし、絵本なら授業時間内だけで複数の子どもが読むこともできるので、複本で借用しても短い期間で返却することができます。

読み聞かせ本を選ぶ

〈要《かなめ》は、本選び〉

いつも真剣に考えてきたのは、「何を」「いつ」読むかです。

読書は個人的な営みです。好みがあることですから、「子どもが読みたい本を読ませればいい」という考えかたもあるでしょう。しかし、子どもの経験は短くてすくないのです。知っているシリーズやキャラクターにばかり手を伸ばす傾向があります。おとなが彼らのまわりにどんな本をおくかという、「環境づくり」が問われます。

〈本を選ぶということ〉

いい（じつにおもしろい！）本を楽しんだ子どもたちは、それをきっかけに、ぐんと成長していきます。子ども時代の読書は〝特別〟なのです。

優れた本を見極めて子どもたちにさし出すために、司書はプライベートな時間を使って本を読みます。司書が選んだ本が、その子の人生を変えることもあるかもしれません。責任とやりがいのある仕事ですから、手間をかけて当然です。

わたしは評価カードに、「蔵書に加えるか」以外に、「ブックトーク＝適」「遠目＝◎」「読み聞かせ（に必要な時間）＝九分」などとメモしておいて、支援に生かすようにしています。

たくさんの本を読んで評価するのは地道な作業ですが、いいおはなしや本とであったときには、わたしの魂も癒やされ、励まされます。「これは、○ちゃんがよろこぶだろうな」「この本は、いまの三年生に手わたしたいな」などと、子どもたちの顔が浮かびます。

評価の記録については、第5章で詳しく述べます。

〈自分の選択を再評価する〉

選んだ本が適していたか否かは、子どもたちのようすを見ていればわかります。適書は、読むうちに集中度が高まってきます。空気感が変わります。そして、「また読んでくれる？」「借りてもいい？」と聞かれます。めだつ反応はなくてもいいのです。

〈ぴったりのときにぴったりの本を〉

わたしは、子どもたちが「いちばん楽しめるときにであってほしい」と考えて、本をさし出す計画を立てています。

たとえば、『うごいちゃ　だめ！』（エリカ・シルヴァマン　アスラン書房）です。五歳くらいになると十分に読める本ですが、わたしは中学年に読んでいます。

主人公は、あひるです。どちらが〝チャンピオン〟かを決めようと、がちょうと「うごいたら　まけ」競争をします。ところが、両方が勝ちにこだわったせいで、二羽ともキツネにつかまってしまいます。それでも逃げ出さず、ついにがちょうが大鍋に入れられるというその瞬間、あひるは勝ちをすてて、もう夢中で動いて、がちょうを救います。「〝うごいたら　まけ〟きょうそうは　あなたの　かち」というあひるに、がちょうはこたえます。「ほんとに　ほんとの　チャンピオンは、きみじゃないか」と。

子どもたちはいつも競争を体験しています。ですから、低学年でもすぐ、おはなしにひきこまれていきます。でも、低学年ですと、読み聞かせが終わったとき、「勝ったのは、がちょうだよねぇ」とつぶやく子が出てしまうことがあります。つぶやきは聞こえなくても、何人かの子どもたちの顔には「ふに落ちない」と書いてあります。

それが、三、四年生で読むとほぼ全員が、がちょうの最後の台詞に「納得」の表情をしてくれます。ですから、中学年で読み聞かせたいのです。本のテーマに迫る部分で、聞き手のなかにおいてきぼりの子をつくりたくありません。それは、集団への読み聞かせが、ユーモアやおもしろさ、ときには悲しみを共有し合う場――ことばを交わさない、心のコミュニケーション――でもあるからです。感動の共有は、人間関係を深めます。

仲間との感動を共有する体験ができる運動会や学芸会での子どもの姿は、わたしの心をゆさぶります。それにくらべて、読書は間接の体験です。しかし、優れた本を、それがぴったりのときに心をこめてさし出せば、間接の体験とは思えないほどの感動をもたらします。そのうえ、読書は、再読することで、感動をくり返し感じたり、さらに考えを深めたりすることができます。だからこそ、子どもたちのたいせつな時間を使った学校での読み聞かせは、本選びに心をくだきたいと思うのです。

〈読み聞かせの失敗――絵本経験とさし出しかたを考える〉

忘れられない失敗もあります。読み聞かせ経験がすくない六年生に、『彼の手は語りつぐ』（パトリシア・ポラッコ　あすなろ書房）というアメリカ南北戦争のときの黒人と白人の若い兵士のはなしを題材にした絵本を読んだことがあります。はじめから気がのらないようすだったある男の子が、途中で立ちあがり、「（黒人の主人公の）顔が変！」と指さしました。一方に熱心に聞いている子どもたちもいて、中断するかどうか迷いました。これは、「わたしの感動を伝えたい」という思いが先走った失敗例です。

幼いときから『ゆきのひ』や『ピーターのいす』（いずれもエズラ・ジャック・キーツ　偕成社）など黒人が主人公の絵本を楽しみながら成長してきた子どもたちとの、絵本経験の差を痛感しました。

以前教えた保育専門学校でも、はじめは「絵本はかわいらしいもの」というイメージしかもっていない学生が半数でした。これも、絵本体験の差です。

子どもたちの読み聞かせ経験の差が大きいので、着任当初は段階を追って進めなくてはいけなかったのです。

南北戦争を知らない子が多いなか、『彼の手は語りつぐ』は、読み聞かせに時間がかかる作品でもあります。あとでふり返ってみると、たとえば「伝える」というテーマや「戦争・平和の本」などで、すこし説明をつけてから手わたしたほうがよかったと思います。読書会もできたと思います。作品の特徴と対象に合わせてさし出しかたを考えるべきでした。

〈おすすめ資料を使おう〉

ではここで、本選びに迷ったときの資料を紹介しましょう。

絵本について、初心者向けでいちばんおすすめなのは、『読み聞かせＡＢＣ』です。これは二〇一二年に東京都立多摩図書館から出された冊子で、「集団の子供たちへの読み聞かせに」という副題がついています。冊子には、二〇〇冊の絵本が紹介文つきで掲載されています（わたしが実践のなかで選んできた絵本とかなり重複しています）。ポイントを絞った読み聞かせガイドとプログラムのつくりかたも載っており、件名索引もついています。

同館からは、「東京都子供読書活動推進資料」として、おもに保護者、ボランティアを対象にしたいい小冊子が次々と出されています。他地域のかたも公共図書館の資料を問い合わせてみるといいでしょう。

目を通しておきたいガイドブックに『小学校での読み聞かせガイドブック――朝の15分のために』（湯沢朱実ほか　プランニング遊）と『読書ボランティア　活動ガイド』（広瀬恒子　一声社）があります。

前者は、長年にわたって学校、図書館などで素話や読み聞かせをおこなってきたかたがたがつくったガイドで、内容は実践的で的確です。「絵本の読み聞かせ」をしているボランティアに向けて、学年別に絵本が選ばれています。四年生以上の予備の本には朗読に向く昔話も入っていて、巻末には楽しいことばあそびや詩の本も紹介されています。充実した活動を継続するための経験から出た助言も具体的です。新人学校司書でも現場ですぐに生かせます。司書が保護者ボランティアの支援をするときにも役立つことでしょう。

後者の『読書ボランティア　活動ガイド』は、現在広がりをみせている読書ボランティアのかたがたがおもな読者対象で、図書館の関連実践、地域活動の先進例まで紹介しながら「読書とは何か」「ボランティアとは何か」を考えさせる好著です。ブックリストもついています。

基本的な絵本をごぞんじのかたには、「おやちれんがすすめるよみきかせ絵本250　低学年向●二〇〇三～二〇一二」と「親地連がすすめる読みきかせ絵本250　高学年向●二〇〇四～二〇一四』（ともに、親子読書地域文庫全国連絡会編　絵本塾出版）があります。見落としていた資料を発見したり、視野を広げたりしてくれます。

読み聞かせをはじめるまえに

多様な子どもたちに集団で聞いてもらうためには、それなりの技術や心配りが必要です。わたしが学校での困った経験から学んだことを述べていきます。

〈集中しやすい場づくり〉

基本的に、読み聞かせやおはなし会のスペースは仕切られていることが望ましいのですが、既存の学校図書館では、ほとんどそのことが考えられていません。そこで、どこで読み聞かせをおこなえば集中しやすいかを検討します。

できれば、館内に一クラスがまとまって座れるスペースをつくりましょう。仕切りには書架やホワイトボードや小黒板が使えます。低書架に布をかけるだけでも、コーナーができます。仕切れない場合には、敷きものを敷きます。そこへ座ることで、どことなく期待感が生まれます。新たに購入しなくても、校内を探せばカラーマットやゴザなどが見つかるかもしれません。

視野に余計なものが入らないほうが集中できるので、無地のカーテンや布を高書架やホワイトボードにかけると落ちつきます。

スペースがあれば、紹介本や紹介用の小道具を並べるための細長いテーブルがほしいところです。なければ、児童机をひとつかふたつおいて布をかけると、雰囲気を出すことができます。

読み手が座る椅子の位置は、採光を考えて決めます。これはたいせつなポイントで、聞き手が光を背にするようにします（無理なら、せめて横から光があたるようにします）。読み手が光を背にすると、聞き手はまぶしくて疲れます。絵本も、画面が暗くなって、見づらいです。そのぶん、集中が途切れます。太陽は動くので、何時間めかによって光が入る方向がちがうことも考慮します。

サインをかねた小道具があれば、雰囲気づくりに使うことができます。入り口に「おはなし会」の案内をもったピエロ人形をおいたとき、目ざとくそれを見つけた子が、「きょうはおはなし会だよ！」と得意げに友だちに知らせていたこともありました。その学校の条件のなかでくふうして、予算をかけずにスペースをつくりましょう。

〈おはなしコーナーへの出入り〉

おはなしコーナーへの入りかたもポイントです。手には、何ももたせません。スムーズに座れると、読み聞かせがはじめやすくなります。並ばないと、場所とり競争になりがちです。「走った人は最後」などのひとことが有効でした。

多動傾向の児童や視力の弱い児童については、養護教諭や担任にまえもってうかがっておきましょう。「敷きものを敷くか」「上履きを脱がせるか」「脱ぐならどこに並べるか」「手提げはいつどこにおくか」など、細かく考え、指示を変えてみたら、集団がスムーズに動けるようになりました。館内のレイアウト、動線によっては、返却と読み聞かせの順を変えることも考えます。

トラブルの際には、子どもを叱るよりも先によく観察して原因を探ることです。

〈楽しく集中させる技術〉

低学年の子どもは、読み聞かせのためにシートに座っただけで、お隣同士で「ウフフ」と身体をくっつけ合います。ほほえましいのですが、ふざけっこにもなりがちです。

読み聞かせの導入には、楽しく集中してもらうために、伝承のごろ合わせやかんたんで短い手あそびがおすすめです。

たとえば、「イチニノ　サンモノ　シイタケ……」と指を一本ずつ折り、また開いていきます。低学年では集中が必要なので、すぐに静かになります。同じく指を折る「いっぷく　たっぷく　たびらか　もっぱい　おんろく　ちんぴん……」は、ことばがおもしろく、耳にするだけで嬉しそうに笑います。最後にちょっと間をとり、みんなで息を合わせて「ドン！」と終わると、子どもたちは爽快な表情をします。

また、「カタドン　ヒジドン　テックビ　テノヒラ……」と肩から小指まで順にさわっていくあそびは、終わりに「こぞう　こぞう」と小指をもう片方の手の親指と人指し指で二回やさしくつまみます。子どもの表情がおだやかになります。

季節に合わせて、「まいまい（かたつむり）つのだせ」と手あそびつきで歌ってから「雨」や「かたつむり」関連の絵本を読むこともあります。ときには、ビー玉を片手に隠して「おてぶしてぶし」を歌い、どちらの手に入ったかあてっこさせて、気分転換を図ります。

これらのあそびは、座ったままで楽しめますし、短い時間であたたかい雰囲気に変わります。ご自身が子どものころにあそんだものでもいいですし、図書館でわらべうたや手あそびの本を借りて気に入ったものを探すこともできます。子どもたちといっしょに楽しむことで、レパートリーは自然に増えていきます。

〈先生といっしょに〉

読み聞かせは、子どもたちと先生がいっしょに楽しめる貴重な時間です。読み聞かせの輪のなかで先生が嬉しそうに聞いてくださると、なごやかな雰囲気が全体に広がります。感動の共有は、親近感を高めます。それは、学校の読書文化を豊かに耕す第一歩になります。

また、先生が率先して聞く雰囲気をつくり、聞くことが苦手な子どもの隣にさりげなく座ってくださると、全体の集中度があがります。司書は本に集中できて、読み聞かせの質もあがります。そのことをきちんと伝えましょう。

動機づけ2　昔話の力、素話の力

子どもの魂は、昔話を求めている――昔話の底力

読み聞かせボランティアのかたから、高学年の本選びに悩む声を聞きます。高学年には、昔話の読み聞かせがおすすめです。

中高学年に昔話を読みはじめたのは、わたし自身が聞くたびにそのおもしろさにひきつけられたからでした。昔話集を読んでは、学年に合わせたおはなしを選び、それを読み聞かせるとりくみをはじめました。実際にやってみて感じるのは、「子どもの魂は、昔話を求めている」ということです。さらに、昔話を読みはじめたら、四年生以上で昔話集の貸し出しが大きく増えました。

貸し出しに直結

わたしがいちばん活用しているのは、こぐま社の「子どもに語る」シリーズです。二〇一三年に『日本の神話』が出て、全二三巻が完結しました。

稲田和子氏のことばを借りれば、「優れた語り手のからだをくぐりぬけたよう」な文章です。たとえば『子どもに語るグリムの昔話』全六巻の訳者は、文庫、図書館、子どもの本に精通し、かつ素話のベテランの佐々梨代子さんと、ドイツ文学研究者の野村泫先生です。だれにでも音読しやすいようていねいに訳されており、子どもたちもよろこびます。

同シリーズでは、『北欧の昔話』『日本の昔話』もよく読みます。すると、いちばん読み聞かせることが多

かった『グリムの昔話』から貸し出しの火がつきました。

授業で読もうとしても、いつも貸し出し中です。自宅からもっていくとまた、「その本、貸してください」といわれます。そこで、思い切ってグリムのシリーズを複本にしました。そして、ほかの昔話集も、いいと思うものを徐々に増やして、昔話の棚全体を充実させていきました。それでも、長期休みまえの五冊貸し出しとなると一冊は昔話集にしたいと思う子が多いのか、あっというまに足りなくなってしまいます。

これぞ、税金の生かしかた！

さて、複本にした『子どもに語るグリムの昔話』ですが、古いほうの二巻は、七年めにとじ糸が切れてしまいました。日限票を見ると、六年半で五九回転（貸し出し）していました。修理後、廃棄までの八年半の貸し出し合計は、六九回です。

貸し出しによる利用のほかに、この本は、司書が図書の時間に何度も読んでいます。一回読めば、クラスの人数ぶんの子どもと、今後たくさんの子どもたちを指導することになるひとりの先生に聞いてもらえます。図書の時間に読み聞かせる効果は大きいのです。

この本を授業で読み聞かせた子どもの人数を計算してみました。小規模校でしたから、一クラス二五人の学年二学級として計算しています。

毎年二学年で読むので、二五（人）×二（組）×二（学年）で、一年にのべ一〇〇人（同じ子どもに二回読む計算）です。八年間活用したので、のべ八〇〇人になります。

ちなみに、この本の代金は一冊一五〇〇円です。貸し出しのみの六九回転で換算しても、一〇万円を超えます。それに読み聞かせののべ八〇〇人ぶん――一五〇〇（円）×八〇〇（人）＝一二〇万円――を足すと、しめて一三〇万円！

購入にあてられた一五〇〇円（これには税金があてられます）は、学校図書館で活用されることで、なんと八六六倍に生かされたのです。そして何より、子どもたちをよろこばせ、本への興味を育てました。

こんなに大変身するとは、なんと有効な税金の使いかたではありませんか！

昔話は、先人からの贈りもの

昔話は万人向きです。昔話は、先人たちが綿々と語り伝えた、わたしたちへの贈りものです。昔話の底力が、読書が苦手な子をもひきつけます。くり返し聞いたり読んだりするうちに、ある日ふと、人生のある真実がさりげなく示されていることに気づくことがあります。

また、子どもたちが一体化する昔話の主人公は、どんな困難にであってもなんとかそれをのりこえて、幸せを手にします。目の前の子どもたちに昔話をさし出すことは、「困難はのりこえられる」というメッセージを送ることにもなるのです。読むことに困難をかかえている子にも、耳からの読書でこれからの人生を応援する種をまくことができます。

次に、昔話を聞いた子どもたちのようすを、低中高別にお話ししたいと思います。

〈低学年と昔話絵本・昔話集〉

有名な昔話には、数種の絵本やおはなし集が出版されています。どの本を購入するか、また読み聞かせするかを、比較検討します。

以前、『ももたろう』絵本の比較をしたことがありました。地域によって元のおはなしがちがっていたり、文章や絵の質も玉石混交でした。

このとき、岡山県で再話された寝太郎型の「ももたろう」の存在を知りました。それまで知られていた「元気で強い桃太郎」というイメージだけではなく、おおらかで、鬼退治にいくまでは少々なまけ者でもあります。目の前の子どもたちの姿と重なりました。わたしは、「ゆっくり育って、機が熟したときに力を出せばいいんだよ」と感じさせるこの話が気に入り、学校司書になっても、寝太郎型の「桃太郎」(『子どもに語る日本の昔話3』所収　こぐま社)を読んでいます。

ほかの昔話も、昔話絵本と昔話集のどちらの読み聞かせをするかは、おはなしの種類やクラスのようなどを考えて決めていきます。

たとえば、一年生で昔話絵本を使うのは、『ふくろうのそめものや』(松谷みよ子　童心社)、『こぶじいさま』(松居直再話　福音館書店)、『こびととくつや』(グリム　平凡社)などです。

「こぶとり」の絵本にも各種あって、あらすじや文章の長さ、絵もまちまちです。こぶをとるのが「鬼」だったり「天狗」だったりします。どれがいちばん優れているかを判断するのはむずかしいのですが、低学年に読むなら、前述の絵本がぴったりです。

絵本ではなく素話を聞いてもらっているのは、「うりひめ」(稲田和子・筒井悦子『子どもに語る日本の昔話1』所収　こぐま社)、「干支のおこり」(おざわとしお再話『日本の昔話1』所収　福音館書店)や、エウゲーニー・M・ラチョフが絵を描いたウクライナ民話の『てぶくろ』(福音館書店)などです。

『てぶくろ』は、一年生で素話をしていますが、後半のくり返し部分をいっしょにいってもらうように、視線と間のとりかたで誘います。幼児期にこの本を使った劇あそびをした経験のある子もけっこういて、そういう子はすぐに気がついて、いっしょに声を出してくれます。もちろん、はじめての子でも楽しむことができます。

「絵本でこそ読みたい」という昔話もあります。たとえば、二年生で読む『パンのかけらとちいさなあくま』（内田莉莎子再話　福音館書店）です。また、昔の暮らしや道具は想像しにくいので、『うまかたやまんば』（おざわとしお再話　福音館書店）も絵本を使います。山姥《やまんば》の家で馬方が隠れる「はり」や、山姥が入る「からびつ」などの絵が、子どもたちの理解を助けます。

一年生が絵本の読み聞かせに慣れてきたら、昔話を耳から、できたら素話で聞いてもらう練習をはじめます。いい絵本があれば、場面によってはさし絵を見せてあげてもいいのです。聞いてもらったあとには、なるべく関連絵本を紹介しています。

〈中学年にも昔話〉

中学年には、元気のいい主人公が活躍する昔話がおすすめです。

ある年の二月のある日、四年生に「おどっておどってぼろぼろになったくつ」（『子どもに語るグリムの昔話1』所収　こぐま社）を読みました。そして、このグリムのシリーズを並べて紹介しました。Hくんは、すぐにその2巻を手にとって、席で読みはじめました。すると、その本に半年まえの九月に語った「みつけどり」を見つけたようです。席を立ち、こちらに寄ってくると、「先生が話してくれたおはなしだよね。思い出したよ！」と、嬉しそうにいいました。

その日の放課後、校門前でまたHくんに会いました。なんと、彼はその本を読みながら歩いています。「あぶないよ」と声をかけると、そんなことはどこ吹く風で、「先生！　これ、おもしろいよ」と話しかけてきます。見ると、「六人男、世界をのし歩く」です。「まえに読んでくれた『うできき四人きょうだい』と似てるんだよ。でもさ、読んでいったら、ちがってたんだよ！」と、興奮して話します。

グリムの昔話絵本『うできき四人きょうだい』（福音館書店）は、一〇月の最初に読んだものです。反応メモには「◎」がついています。この絵本は、絵が小さくて人数が多いクラスでは見にくいのですが、毎回、高い集中度を示してくれます。

Hくんとの会話の中身をいまでもありありと思い出すのは、それが、おはなしを覚えるのが苦手なわたしに、この長い「六人男、世界をのし歩く」をいつか覚えてやるぞと決心させた出来事だったからかもしれません。

その五年後、「この子たちならぴったり」と思って、一年生から育ててきた元気な三年生に語りました。約二〇分間、わたしは子どもといっしょになって、世界を〝のし歩き〟ました。

偶然参観にみえていた年配の男性も、校長先生といっしょに最後まで熱心に聞いてくださいました。あとで東京・中野区の教育委員長さんだったと知りました。そのまえの時間の元気いっぱいのようすも参観されていて、うって変わった〝集中ぶり〟に驚いたと話されたそうです。

〈高学年こそ昔話〉

おはなしを聞いたことがすくない六年生の例です。夏に、「つぶ婿」（『日本の昔話3　ももたろう』所収　福音館書店）の素話と、グリムの「ガチョウ番の娘」（『おはなしのろうそく3』所収　東京子ども図書館）の読み聞かせをおこないました。「つぶ婿」は一三分ほどもかかるので、初心者のわたしにはたいへんでしたが、小さなつぶを愛するけなげな嫁の心根に打たれて、一生懸命に覚えました。

感想なしでとった「△○◎アンケート」に、子どもたちのコメントが添えられていました（原文のまま）。

「つぶ婿」

・おもしろかった。
・つぶ婿が本当は人間だったなんて！
・不思議だった。
・おもしろい‼
・ちょび感動
・日本の昔話にこんなのがあったなんて！

「ガチョウ番の娘」

・おもしろい。
・こわい！
・すごいおはなしだった。

「ガチョウ番の娘」については「おもしろい」というコメントが多かったのですが、「つぶ婿」では「感動」ということばを使った女子がふたりいました。男子で、二話とも五重丸をつけた子と、「ガチョウ番」に三重丸をつけた子は、ふだんはちょっとクールな中学受験組です。五重丸の子は、語りはじめですぐにおはなしに入りこんだことが、感じられました。

次は、一〇歳まえからであえた六年生です。全体の読書力が伸び、おはなし会もクラス全体で楽しむことができるようになっていました。

年度末アンケートの結果です。一年間で読んだり素話をしたおはなしは一一ですが、○をつける数は自由です。○の数ベスト3は、以下のおはなしでした（対象は三六人）。

一位「ウリボとっつぁん」（『世界むかし話3　南欧』所収　ほるぷ出版）二五人
二位「熊の皮を着た男」（『おはなしのろうそく7』所収　東京子ども図書館）二一人
三位「指を食う娘」（『頭に柿の木』所収　語り手たちの会）一五人
三位「どうもとこうも」（『日本の昔話2』所収　福音館書店）一五人

一、二位は読み聞かせ、三位の二話は素話をしています。そして、一、二位ともに、わたし自身が素話を聞いたことがあるおはなしです。

「ウリボとっつぁん」をわたしに語ってくださったのは、前述した「子どもに語るグリムの昔話」シリーズの訳者、佐々梨代子さんです。展開のおもしろさ、おかしみ、そして、愚かさを合わせもつ人間へのあたたかい許容……わたしは、ワクワクしながら聞いたそのままを、子どもたちに伝えているだけなのです。「どうもとこうも」は、小澤俊夫先生（小澤昔ばなし研究所所長・筑波大学名誉教授）から聞きました。

「熊の皮を着た男」は一九分かかる長いおはなしです。結末の悪魔の台詞「おまえの魂ひとつのかわりに、ふたつの魂を手に入れたぞ」を、女の子が「どういう意味?」と聞きました。ふだんはおはなしのあとに説明することはありませんが、みんながわたしに注目したので、「キリスト教では、自殺は罪で、天国にいけないと考えられていたそうです」とだけいいました。「なるほど」という納得の表情が広がりました。

この学年の、小学校最後のおはなし会でのことです。

はじめるまえに「おはなし会はこれで最後」と告げると、「えーっ」という不満の声があがりました。最後のおはなしが終わると、しばし沈黙がおとずれました。だれも動きません。そして、不意に拍手がはじまり、広がりました。いつもは拍手なしですから、驚きました。

そのあと、おはなしコーナーを出ていく子どもたちの列の最後にいたおとなしいUさんが、急にふり向いて、わたしの手を両手でつつみました。わたしを見つめて「終わりなんて、いやだ」といいます。その手は柔らかく、とてもあたたかいものでした。

読み聞かせの経験がすくなかったり、読書が苦手だったりする高学年でも、昔話ならスムーズに入れます。耳で聞くことを前提としている文章は、くり返しが多く、構成がしっかりしていて、聞きやすいのです。絵本の豊かさをまだ知らない子がたまにもつ、「絵本なんて、低学年向き」という抵抗感もありません。

〈司書が素話を語ることのたいせつさ〉

学校司書が素話を語ることは、大事な体験です。声だけをたよりに全身で聞いてくれる子どもたちの表情を見ながら、ともに物語の世界を旅する経験は、司書を励まします。

長年経験を積まれた語り手たちとくらべると、司書による素話は技術的に劣っているかもしれません。しかし、長い日々をともにすごす学校司書の素話は、別の意味をもっています。

第一に、素話は司書に、子どもと昔話、物語のことを教えてくれます。それが、本の質を見分ける力となります。

第二に、子どもたちは素話を語る司書に、本を手わたすうえでたいせつな一種の信頼感をもってくれます。

〈素話に挑戦〉

素話を覚えることに高いハードルを感じるかたは、上質な昔話集のなかから気に入ったおはなしを選んで、誠実に読むことからはじめてみましょう。

このわたしの考えかたに共通する手法が「なぞり聞かせ」(著者造語)として紹介されているのが、『子どもに物語の読み聞かせを――読み聞かせに向く260話のリスト』(尾野三千代　児童図書館研究会)です。リストには創作の物語も選ばれており、あらすじ、対象年齢、おすすめ度、所要時間、複数の出典のほかに内容のヒントになる「ことば」も拾われている、役立つ資料です。その基本となる考えかたは示唆に富んでおり、図書館員にはぜひ一読をおすすめします。

また、語りを学ぶには、まず聞いてみることだと思います。〝素朴に聞く〟ことは、おとなには案外むずかしいことですが、だんだんと慣れてくるものです。公共図書館に、素話を聞けるおはなし会の情報を問い合わせてみましょう。実際に聞いてみて気に入ったおはなしは、自分にとって覚えやすいものです。

毎年くり返し読んでいるおはなしは、もう自分のなかに半分入っています。子どもと楽しんだ記憶が積み重なり、おはなしがすこしずつ自分のものになってくるような気がします。

そのなかから、七、八分くらいで読める、気に入ったおはなしを覚えてみてはどうでしょう。素話を体験すると、読み聞かせとは異なる子どもたちとの深い交流を実感されると思います。

『おはなしのろうそく』(東京子ども図書館)は、まず読みものとして楽しむといいと思います。きっと、お気に入りが見つかります。覚えなくても読み聞かせに使えますので、学校司書必携です。

最後に、素話を選ぶときに役立つリストを紹介しましょう。

わたしは、おはなし選びの参考に、『新装版　お話のリスト』（東京子ども図書館）や『おはなし会ガイドブック　小学生向きのプログラムを中心に』（茨木啓子ほか　こぐま社）を活用しています。前者には、二二六のおはなしの対象年齢、所要時間とあらすじ、特徴、類話などが一話一ページでまとめられていて、はじめてのかたでも使いやすいつくりです。全体は「まずこの話から」「さらに幅を広げて」にわけられています。語りかたのアドバイスもあります。

後者は、長年学校で語ってきた編著者たちの経験をもとに、子どもたちがよろこんで聞くおはなしばかりを集めています。選ばれたおはなしのあらすじ、特徴、語りかたの紹介に続けて、そのおはなしを中心にしたプログラムを、低学年と中・高学年にわけて提案しています。

わたしは、気に入ったおはなしがあったら、まずそのおはなしがこれらのリストにあるかどうかを調べています。ないときは、自分で実際に音読してみて、語りやすいかどうかを探ります。

覚えかた、語りかたを知りたい場合は、松岡享子さん（作家・翻訳家）の「たのしいお話」シリーズ（東京子ども図書館）が参考になります。素話をはじめてからこの本を再読してみたら、内容のひとつひとつがすーっとしみこむように、わたしのなかに入ってきました。

ときどき、わたしの素話をはじめて聞いた子から「どうして覚えられるの？」と聞かれることがあります。わたしは、「みんなが聞いてくれるからよ」と答えます。実際、わたしは、自分の記憶力のなさをなげきながらも、子どもたちの瞳に支えられて一話ずつ覚えてきたのです。おはなしの力は、聞き手と語り手をともに育ててくれるのです。

オリジナルのリストをつくる

〈実践から学ぶ〉

最初、読み聞かせや紹介に使う本は、自分で作成していた書評記録や各種のリストを参考にして決めていました。そして、実践しながらリストづくりをしてきました。同じ本でも、クラスやその日の状態によって子どもの反応は変わりますが、数年間継続してみると、やはり力のある本やその学年に適した本がリストの上位に浮かびあがってきます。

現在のリストは、わたしがさし出したもののなかから子どもたちが選んだ、いわば「実践版小学生推薦リスト」です。毎年差し替えをおこなっていますが、巻末に二〇一四年度のものを掲載しておきました。

〈リスト本を年間計画へふりわける〉

図書館年間計画を作成するときには、まず、利活用指導や単元に密着したブックトーク、テーマ読書などに必要な回数を数えます。来館予定回数からそれをのぞいて読み聞かせやおはなし会に使える回数を想定し、季節感などを考えて、本やおはなしをわりふります。

ただし、子どもたちのようすを観察していて随時差し替えることもあります。たとえば、なんとなくクラスが落ちつかないというような場合には、基本リストにはないけれどインパクトのある絵本を使ったり、パネルシアター（絵人形を毛羽立ちのいい布を貼った板の上で動かす、おはなしや歌あそび）を入れたり、一学年レベルを下げたりしています。

動機づけ3　ブックトークは学校向き

ブックトークとは何か

ブックトークというのは、文字どおり「本を口頭で紹介すること」です。アメリカの公共図書館ではじまり、日本では一九九〇年代に入ったころから徐々に広がってきました。

大きくわけると「フォーマルなブックトーク」と「インフォーマルなブックトーク」の二種類があります。

かつては、ブックトークといえば「フォーマルなブックトーク」のことをさしていました。テーマに沿って本を選び、紹介法をくふうし、台本をつくり……と周到な準備が必要で、図書館員の専門性の高い技術ともいわれてきました。

近年は、インフォーマルなブックトーク――「たとえ一冊でも、口頭で本を紹介するのはみんな『ブックトーク』なんだ」という考えかた――も広がってきました。国語の教科書でも、児童向けに「ブックトークしてみよう」などという表現が見られるようになっています。「ブックトーク」のとらえかたが、以前よりもずっと幅広くなってきているようです。

どちらにしろ、「ブックトーク」には、わたしがずっと心にとめてきた以下の定義があてはまります。

「ブックトークも、人格を離れた、単なる職業上の技能とみるのでなく、ひとりの本を好きな人間が、別の人間にその気持ちを分かち合おうとする行為としてとらえたいと思います」（『こどもとしょかん　一九九七年春　No.73』東京子ども図書館所収の松岡享子さんのことば）

さて、「フォーマルなブックトーク」には三つの決まりごとがあります。

①あるテーマのもとに、複数の本を集める
②対象集団や目的に適した本を絞りこむ
③選んだ本を関連づけ、順序立てて紹介する

その目的は、「聞き手に本の魅力や特徴を伝え、読みたいという気持ちを刺激する」ことです。

〈大きい、学校での可能性〉

読書にたいする多様な動機づけの成果を分析してみると、四年生以上では、いちばん影響が大きかったのがブックトークでした（第3章参照）。大きい子へのブックトークはとても効果的であること、また、ブックトークをする司書との信頼関係が深まるほど影響が強まる傾向にあることもわかりました。ですから、学校でのブックトークは、司書や先生がおこなうのがいいと思います。

学校司書の高桑弥須子さんの次の表現は、わたしの実感とぴったり重なります。

「ブックトークは同年代のグループや、興味・関心が共通しているグループにとくに有効である。それゆえに、不特定の子どもたちを相手にする公共図書館よりも、学校の学級単位で行うのに適したサービスであるといえる」「ブックトークは担任・係教諭との連携によって、それがより生きた活動となる」（児童図書館研究会編『年報こどもの図書館』二〇〇二年版　日本図書館協会）

たとえば、国語教材で同著者の本を紹介したり、社会科や総合的な学習で調べ学習用の資料を紹介したりするのは、専門的にいえば「資料案内」です。ただしその場合も、ブックトークの意識でくふうすると、さまざまな効果を感じることができます。

授業に沿ったブックトークを可能にするのは、教師との細やかな連携です。各学年の年間指導計画を見て、ブックトークが学習のめあてに適した単元を探してみましょう。

気軽にインフォーマルなブックトークを

インフォーマルなブックトークなら、気軽にとりくむことができます。一度にとりあげる冊数がすくなく、かかる時間も短いので、集中力が長く続かない低学年に向けての実施も可能です。

子どもたちが本好きになるための第一歩は〝顔なじみ〟の本を増やすことなので、最初は読み聞かせと結びつけたミニ紹介が効果的です。

たとえばわたしは、一年生に『ルラルさんのにわ』（いとうひろし　ポプラ社）を読んだあと、「ルラルさん」シリーズのほかの本を複本で用意しておいて、紹介します。子どもたちは、群がってきて読みたがります。そしてしばらくすると、「ルラルさんね、ぜーんぶ読んだよ！」と、得意げに報告してくれます。

一年生の後半には、『ぐりとぐら』（既出）、『11ぴきのねこ』（馬場のぼる　こぐま社）、『からすのパンやさん』（加古里子　偕成社）などを紹介しています。

〈紹介からテーマ読書へ〉

このミニ紹介を、みんなで読む「テーマ読書」に発展させることもできます。その場合は、公共図書館から借用して、児童数以上の本を準備しておきます。

たとえば、「14ひき」シリーズ（いわむらかずお　童心社）は、一ページの文章が短く、たっぷり絵を楽しめるシリーズです。最初に登場人物を紹介してから、シリーズの全種類を一セットにして班（大テーブル）ごとに机の上におきます。その日の静読は、この「14ひき」シリーズだけ。最初に登場人物を紹介したことで興味が湧いているので、ほとんどの子がすぐに読みはじめます。読むのがはやい子は、時間内に複数冊を読み終わります。ここで得た達成感が、それぞれの自信につながっていきます。

〈新着本紹介もブックトークで〉

新着本の紹介は、現物を展示したり、図書館報でとりあげるというケースが多いと思います。それもたいせつなことですが、学年に合った本を数冊ずつブックトークしてみたら、予約がたくさんつきました。これは、司書にとっても負担がすくなく、より高い効果を得ることができる方法です。

これを発展させた手法は、「動機づけ6　図書館報を生かす」（174ページ）で詳しく述べます。

〈子どもたちのブックトーク〉

国語の教科書によっては、児童によるブックトークをとりあげるものが出てくるようになりました。国語や総合の時間などで実際のとりくみがはじまっていますが、数人ずつがテーマ別のグループになって各自がそれぞれ一冊ずつの本を紹介するというやりかたや、ひとりの児童があるテーマの本を選んで複数冊を紹介するというやりかたがあります。

前者は、「テーマのある本の、リレー紹介」ということもできるでしょう。後者は、おとなによるフォーマルなブックトークと同じ形式です。長めの準備期間が必要で、教師の周到な学習計画と司書とのきめ細かい連携が必須です。どちらも、教員から学習のめあてや留意点をていねいに聞きとり、「用語もふくめた共通理解」をもって実施します。

フォーマルなブックトークは三年生以上向き

フォーマルなブックトークは、三年生以上に向いています。実際におこなうまえに、しっかりした計画を立てて、ていねいに準備します。大まかなシナリオをつくって練習し、どのくらいの時間がかかるかを計ります。

当日は、子どもたちの反応によって臨機応変に、ことばを交わしながら進めます。

ブックトークのあとは、紹介した本のなかから児童が読む本を選ばせるといいでしょう。子どもたちがふだん自分では選ばない本を、自然なかたちで読む機会になります。

六年間の見通しをもって年間計画に組みこむことができると、積み重ねによってクラス全体の読書力がぐんと伸びてきます。

〈子どもの〝読みたいスイッチ〟を押す〉

動機づけがすくないと、子どもたちは読みやすい本や同じシリーズの本を選んで読む傾向があります。また、忙しかったり生活に課題をかかえていたりして、自分に適した本を見つけだす意欲がわかないという子もいます。

そんな子どもたちでも、ブックトークをきっかけにして、新しいジャンルや、すこしむずかしい本にも挑戦してみようという意欲が湧くことがあります。また、紹介本を読んで、はじめて本のおもしろさにであったという子も出てきます。

司書が、読みやすさに考慮しつつその子に合った厳選した本を用意することができれば、あとはその本自体がもっている力が、子どもの心をひっぱってくれます。

長めの本を読みきることができると、その子なりに自信がついてきます。その自信が、子どもを変えていきます。もっと読みたくなり、同著者の本やほかの紹介本を続けて読もうとします。それはまるで、子どもたちのなかに眠っていた〝読みたいスイッチ〟が、パチッと入るような感じです。

〈司書がブックトークをしたら〉

司書がブックトークをすると、こうした成果を手にするほかに、思わぬ〝おまけ〟をもらうことができます。それは、「子どもたちの、司書を見る目が変わる」ということです。ブックトークで紹介された本を読んだときに「自分で選んでいた本よりもおもしろい」と感じると、子どもたちは「この人は、どうやらおもしろい本を知っているぞ」という認識をもちます。

司書への質問が増えることで、具体的な変化を感じることができます。「おもしろい本ない？」とか「この本みたいな本はどれ?」という質問です。これは、素話のあとに感じる「どうやって覚えたの?」という素朴な驚きや、素話の満足感が生むある種の司書への信頼とはちがった〝みのり〟をあたえてくれます。

紹介本が返却されてきたら、コーナーをつくって展示しておきます。これで、ひとつのブックトーク効果が二、三か月くらい持続します。

〈朝読書に向けたブックトーク〉

第2章で、着任一年めの貸し出し統計を参考にして、読書週間中の朝読書まえにブックトークを実施したことを述べました(45ページ)。

読書力をつけようとするとき、「何を読むか」は大きな意味をもっています。わたしはまず、朝読書で読む本は学校図書館から借りてもらうことにしました。その理由は、家庭の読書環境には大きな〝幅〟があるからです。家庭からもってきてもいいことにすると、さまざまなレベルや質の本がもちこまれます。もちろん、いい本もありますが、ていねいな支援が必要な子ほど、適さない本をもってきたり、ときには準備できていなかったりします。

そこで、子どもたちに適した本が選ばれている学校図書館という枠をはめてみました。さらに、その子により適したおもしろい本にであってもらうために、読書週間前に全校児童に本選びのアドバイスをしたり、クラス対象にブックトークをおこなったりしました。

具体的な準備を紹介すると、次のようにまとめられます。

・まえの週の図書の時間に、三年生以上のクラスでブックトークをする。

・まえの週からは一回に貸し出す本を三冊にして、家で読むために借りる本とは別に、朝読書用の一冊を選ばせる。
・読むのを楽しみにしてもらうために、朝読書本は開始時までは教室にとっておく（事前に読ませない）。
・読書が苦手な児童の本選びにはとくに目をくばる。

高学年では、二週間で二〇分×八日の朝読書と図書の時間四五分×二回分を利用して、長編を完読する目標を立てました。その子の読書力よりちょっと上の一冊を読みきる充足感を味わってもらうのが目標です。

全校児童がそれぞれ読みたい本を手にしていれば、朝読書の開始時にはみんなが同時に読む態勢に入ることができます。朝読書の初日、副校長から「開始と同時に、学校中が静まりかえった」という驚きの声を聞きました。

また、この結果からわかったのは、「連続朝読書に向けたブックトークは、読書力を飛躍的にあげるきっかけになる」ということです。それは、読書の動機づけと読書時間の確保を同時におこなうことができるからです。連続朝読書は、長編への挑戦に絶好の機会です。

ブックトークを支えるシステム

〈公共図書館の団体貸し出し（借用制度）と物流〉

ブックトークが終わると、子どもたちはわらわらと本に群がってきます。そのとき、全員にきちんと本を手わたすことができてこそ、ブックトークが生きてきます。本が足りないと、「なら、いいや」とあきらめてしまう子が出てきます。学年が低いほど、その傾向は強くなります。

学校図書館では、ブックトークのとき以外にも、同時に何人もが同じ本や同一テーマの本を必要とすることがあります。たとえば調べ学習のときには、同じ分野で、その学年に合った資料が、複数冊必要となります。それらをすべて各校が独自にそろえることは、予算的にもスペース的にも無理なことです。

公立図書館の団体貸し出しは、学校図書館の活性化に欠かせない支援制度です。そして、団体貸し出し制度を生かすために欠かせないのが、物流の確保です。

東京・中野区では、公立図書館と学校図書館とのあいだは、毎週一回のメールカーでつながれています。これは、学校司書の配置で爆発的に増えた資料貸し出しに対応するためにはじまりました。わたしは区内に司書が全校配置されるようになってから五年めの二〇〇一年に司書になったのですが、当時はまだ月二回でした。それでは教員の要求に追いつかず、重い本をフラフラしながら自転車で運んだことを思い出します。その後、毎週になり、急な依頼に対応できるようにもなりました。

学校間をメールカーでつないで連携を図っている自治体もありますが、こういった制度は全国的に必要だと思います。

〈予約制度〉

紹介本は、複本で準備していても足りなくなることがあります。その場合、紹介本が返却されたらすみやかに待っている子に本をとどけるための「予約」システムが必要となります。これは、司書がいなければできないサービスです。

わたしは、人気が集中した本には「予約」を利用することをすすめています。子どもはだれでも「すぐに読みたい」と思うものですが、ある程度〝待つ〟ことで、順番がきたときにそれが〝よろこび〟に変わることもあります。

司書がいても、予約サービスを全面的に実施するのがむずかしいことがあります。予約は手間がかかるサービスですし、図書館サービスは、すればするほど需要が増えるからです。貸し出し増は確実に予約件数を押しあげますが、だからといって司書の勤務時間が増えるわけではありません。また、コンピューター化されていない図書館では、予約があるのに手ちがいで別の児童が借りてしまうこともあります。現実的なくふうが必要ですし、そうなると、どのサービスを優先するかを考える必要も出てきます。

予約の冊数制限や対象制限をせざるを得ないこともありますが、読み聞かせやブックトークでとりあげた本については、ぜひ予約できるようにしたいものです。

くふうのひとつとして、「予約のしおり」をつくってみました。学校図書館の予約でいちばん多いのは、クラスメートが借りている本へのリクエストです。そこで、借りる子の本に、待っている子からの「予約のしおり」をはさんでもらい、このしおりがついた本は予約本専用箱に返却してもらいます。

ただ、この方法では、ちがうクラスからの予約や、複数の予約が入っている場合には対応することができません（後者の場合には、予約順のリストを作成していますが）。

また、どんな方法をとるにしても、プライバシーに関する欠点があることは否定できません。観察していると、子どもたちは気にしていないようですが、図書館としてはきちんとした配慮が必要だろうと思います。

〈リクエストサービス〉

学校が所蔵している貸し出し本を申しこむ「予約制度」とともに、学校にない本でも申しこむことができる「リクエスト制度」を実施したことがあります。新規購入や、区立図書館からの借用で提供しました。

学校図書館は、生涯学習の基礎を学ぶ場であり、将来の公共図書館の利用者を育てる場でもあります。子ども時代から図書館の便利さを体験して、ぜひ図書館を活用するおとなになってほしいものです。ですから、「図書館は役に立つ」と思ってもらうために、予約制度やリクエスト制度といったサービスを導入することは、重要なことです。ただし、学校図書館ですべてのリクエストを受けつけるべきか否かということの検討は、必要だと思います。

ブックトークの学びかた

〈ブックトークを体験し、実践する〉

わたしが学校でのブックトークとであったのは、東京・武蔵野市でおこなわれている「読書の動機づけ指導」（註1）でした。見学させていただき、それに触発されて、わが子のクラスでブックトークをさせてもらったこともありました。司書になってからは、東京都小学校図書館研究会のブックトーク研究会に参加させてもらいました。

ほかのかたのブックトークを見せてもらうのは、とても勉強になります。仲間とシナリオを研究し合ったり、見せ合ったりするのも、いい方法です。

註1　五〇年近く続く読書指導。図書館、学校、ベテラン講師が連携して、三年生の児童を対象に毎年度の選定図書

三十数冊を紹介するほか、本を贈る活動、参観の保護者との交流や読書相談などをおこなっている。

〈実践集を手引きに〉

ブックトークの広がりとともに、実践資料が数多く出版されるようになりました。対象学年や教科を特定したものや、シナリオそのものを載せた本も出されています。これら実践集は、大いに参考になります。それぞれ特徴があるので、まずは図書館で借りて目を通し、自分の実践に生かせると思われる優れた本は購入するようにしています。

気に入ったシナリオが見つかれば、自館の蔵書を考慮してそれをアレンジして、試してみることができます。

わたしがいちばん活用しているのは、『キラキラ読書クラブ改訂新版　子どもの本702冊ガイド』（キラキラ読書クラブ編著　玉川大学出版部）です。この本には、それぞれの本のあらすじとおすすめポイントが掲載されていて、とても参考になります（自分の紹介シナリオと比較してみると、改善のヒントをもらうことができます）。質のいい、おもしろい本ばかりがとりあげられていますので、本を購入する際の資料としても活用できます。

紹介されているシナリオがそのまま使えるものに、『キラキラ応援ブックトーク』（キラキラ読書クラブ　岩崎書店）や、『今日からはじめるブックトーク』（徐奈美　少年写真新聞社）があります。後者の著者は、私立小学校の司書教諭です。一年生から積みあげをしてきた子どもたちが対象の実践なので、公立小学校ではやや対象年齢をあげたほうがいいかもしれません。

『新版・授業が生きるブックトーク』（鈴木喜代春監修　一声社）は、元教員が、これまでの実践をもとに「小学校のクラス担任が授業でおこなうブックトーク」を提案しています。新学習指導要領対応版で、各教科、食育、外国語活動など幅広い場での活用例が示されています。『学校ブックトーク入門』（高桑弥須子　教文館）は、実践がそのまま収録され、学校司書の仕事についても教えてくれます。

また、北畑博子さんの著作は、科学の本の魅力をたっぷりと伝えています。なかでも『ミニブックトークをどうぞ』（連合出版）は、一度に三冊程度の本を紹介するミニブックトークの事例です。ブックトーク初心者のかたでも挑戦しやすいのではないでしょうか。『あなたもブックトーク』（京都ブックトークの会　連合出版）は、長年研鑽を積まれてきたボランティアグループが執筆した本です。主催された連続のブックトーク入門講座の記録がきめ細かく報告されていて、とても参考になります。

それぞれの本には、具体的な準備や技術に関しての情報も載っています。それらを参考に、まず一五分程度のものから実践してみることをおすすめします。

ブックトークをやってみましょう

〈たいせつなのは本選び〉

いちばんたいせつなのは、「どの本を選ぶか」です。

あるとき、わたしの紹介を聞いた女性から、「福岡さん、この本好きなんだなぁって伝わってきましたよ。紹介するときの声がちがいます」といわれたことがありました。わたしは、ハッとしました。「人と人が心をつなぐ」ためにブックトークをしているのかもしれません。

学校では授業のめあてがありますから、たんに「好きだから」というだけではなく、目的に適した本を選びます。自分でテーマを選べるときには、科学の本や詩の本、男子向きか女子向きかなども意識して、バランスを考えます。さらに、「その子たちのいま」に適しているかどうかを考えます。いくらいい本でも、むずかしすぎたりやさしすぎたりすれば、それは適書ではなくなってしまいます。

迷ったときには、児童の「読書のまとめ」を見直します。一人ひとりの読書力、クラス全体の力を思い浮かべて、とりあげる本を決めています。

ブックトークは、対象となる子どもたちの読書力や傾向、状況に適した本を選ぶことができれば、効果を高めることができます。ですから、子どもたちを身近で観察することができる担任や学校司書に向いているのです。

また、だれでもそうですが、「読みなさい」といわれると、抵抗感を感じがちです。でもブックトークは、（範囲は決まっていますが）聞きながら自分で読んでみたいと思う本を選べるのがいいところです。

〈当日、気をつけたいこと〉

紹介時の〝誇大広告〟は考えものです。自分が気に入っている本だとつい「とっても、おもしろいよ！」といってしまいがちですが、そういわれて読んでみたら「それほどでもないな」と感じてしまうかもしれません。子どもにとっては、内容だけでなく、文字の大きさや絵の分量、短編集であるなど、読みやすいかどうかも重要な情報です。本の特徴をつかんで、ありのままに紹介すればいいのだと思います。

実施時間は、高学年でも三〇分くらいまでが適当です（慣れていない子どもたちが対象のときには、それよりも短めにします）。聞き手に疲れが見えたら、朗読する部分を短くしたり、紹介する本を減らしたりしています。四五分の図書の時間をまるごと使って実施する場合でも、返却や貸し出しにかかる時間を考える必要があります。

紹介後は、その場で気に入った本を読みはじめてもらうといいでしょう。また、かんたんな箇条書きでいいので、当日の記録をとりましょう。シナリオに子どもの反応や反省点をメモしておくだけでも、それを次に生かすことができます。

〈先生は仲間、アドバイスをもらおう〉

司書のブックトークは、担任の先生にも聞いてもらいましょう。先生が子どもの本を知ることは、子どもたちの読書力向上に大いに影響します。また、気づいた点を教えてもらうことができると、それが反省材料になります。

あるとき、ブックトークをはじめるまえに、三年生の担任の水谷淳先生に、「子どもたちのようすで気づいたことがあったらメモしてください」とお願いしました。すると先生は、紹介順に一冊ずつ「この本は全体に興味をもっている」とか「Aさんが、読みたーいとつぶやいた」「うしろの子たちが、さし絵をよく見たがった」「Bくんが急に注目した」など、全体の印象だけでなく観察してほしい子のようすをしっかり書いてくださいました。担任ならではの観察眼が嬉しく、先生がたに司書の実践を評価してもらうことのたいせつさを感じました。

ブックトークの技術は、おたがいに聞き合って直すと、向上します。学校司書は、ある意味でひとり職場なのですが、先生がたは仲間です。遠慮せずに助けてもらいましょう。

〈〝シナリオ貯金〟をしよう〉

ブックトークの準備はたいへんですが、毎年一本ずつでもいいから新しいものをつくっていくと、いつのまにかそれが〝シナリオ貯金〟になっていきます。本の選択の際にもテーマやキーワードを意識するようになり、「あのブックトークに合いそう」とか、「こんなテーマもできる」と、新しいアイデアが湧いてきます。新しい本を紹介することが、だんだん楽しみになっていきます。

教師のブックトークを支援する

先生がおこなうブックトークは、より授業に即した内容にすることができます。子どもたちは担任の先生が好きですから、「この本はおもしろかったよ」というだけでも効果的です。ブックトークまでいかなくても、朝の会などで最近読んだ本のひとくち紹介をするのもおすすめです。

フォーマルなブックトークを計画される場合は、司書に本の準備を依頼してください。本選びの支援が必要なら、希望するテーマでその学年に合ったおすすめ本を紹介してもらうこともできます。守備範囲の広い教師にかわって、たくさんの本を読んで本の情報を提供することが、司書の仕事なのですから。

公立図書館やボランティアのブックトーク

自治体によっては、公立図書館の司書が出張でブックトークをしてくれるところがあるようです。また、ボランティアのかたのなかには、経験豊富で力のある人がたくさんいらっしゃいます。学校司書がいなかったり、その勤務時間が極端にすくなかったりする場合には、状況に応じてこうしたかたがたに依頼するのもひとつの方法だと思います。

実際に依頼するかどうかは、公共図書館の児童担当司書が専門職なのか否か、担当職員にブックトークの経験があるかないかなどが判断基準となると思います。また、依頼する場合には、授業のめあてやクラスの状態などをまえもって知らせる、事前うち合わせがたいせつです。

ブックトークも語りも、準備に時間がかかり、専門的な知識と鍛錬が必要な仕事です。ボランティアのかたにたいしては、本来、有償とすべきです。せめて交通費を確保したいと思いますが、現実は思うとおりにいかないこともすくなくありません。事後のお礼状よりも、準備段階で連携することがたいせつです。

動機づけ4　読書活動と連動した展示

図書館には、館全体の雰囲気をつくる大規模な展示から、一冊の本の横に関連グッズをおくといった小さなものまで、多様な展示方法があります。

ここでは、読書の動機づけに結びつくような展示のありかたについて述べていきます。

何を展示するか

展示の主人公は「本」です。

他館で、思わず「素敵だな」と見とれてしまうような展示や掲示物にであうことがあります。雰囲気をつくりだす展示は魅力的ですが、利用が活発な図書館ですと、学校司書が時間がかかる展示や掲示物をつくる時間は、ほとんどとることができません。わたしは、〝本自体の魅力〟を生かすこと、しかも短時間できることというふたつを考えて、展示の方法をくふうしてきました。

〈読み聞かせ本、紹介本〉

教師や司書が読み聞かせに使った本や、子どもたちに紹介したい本は、ぜひ展示しましょう。コーナーをつくるのもいい方法です。担任が教室に紹介本のコーナーをつくったら、その本は数か月にわたってとてもよく動きました。館内にコーナーをつくると、本選びに時間がかかる子たちが「この本、知ってるよ！」と手を伸ばします。子どもは、知っている本には親しみを感じていますし、おもしろかった本とはくり返しであいたいからです。

ブックトークで紹介した本も展示します。コーナーの前で「これ、おもしろかったよ」と友だち同士の口コミがはじまると、効果満点です。

どんな展示コーナーも、宣伝がたいせつです。それなりに手間をかけてつくるので、最初は漠然と「目につく場所だから気がつくだろう」と考えてしまいがちでした。しかし、案外気がつかない子どもが多いものです。また、「展示本は借りられる」ということを周知しましょう。幼いときから「飾ってあるものには手をふれないように」といわれてきたせいでしょうか、低学年の子どもから、「借りてもいいの？」と何度か聞かれました。「あなたたちのために飾っているのよ。借りてね」というと、「にこっ」と笑って手にとってくれます。いまは、最初の利用指導のときに、展示本は借りられることを話しています。

どこに飾るか

展示コーナーを観察していると、場所と高さがポイントだということがわかります。

まず、館内の児童の動線を考えて場所を選びます。高さは、対象年齢児童の目線よりやや下がいいようです。視線の高さを意識して場所を変えてみたら、手にとってくれる頻度が驚くほど増えました。

たとえば、二、三段の低書架の上に展示した本は、ちょうど子どもの目線と合うので、次々に借りられます。貸し出しでそのスペースが空いたら、すぐに次の本を並べておきましょう。

高書架の場合は、各棚に余裕をもたせて（古い本を廃棄したり、複本は準備室などへ移動するなどして、スペースを確保します）、棚の空いたところに面出しで（表紙を前に向けて）飾ります。

床にスペースがあれば、児童用の机や長テーブルをおきます。古い机でも、上に布をかけてしまえば明るい雰囲気がつくれますし、組み合わせをくふうすることで、大きさやかたちに変化をもたせることができます。

展示スペースが足りない場合は、次のクラスと交代する隙間時間に、その学年向けの展示本に差し替えると効果的です。

どのように飾るか

考えかたの基本は、かんたんにできて大きな効果をあげることです。

子どもの本は表紙に絵があるものがほとんどですから、表紙を見せるかたちで展示します。そこにテーマや季節感を出すちょっとした小物を加えれば、しゃれた展示コーナーができあがります。

季節感は、とくにたいせつにしたい要素です。わたしは、アクセントによく実物を使います。たとえば、ゆずの実、もみじ、どんぐりなど。校庭の木の実や花をとってきたり、散歩や旅行のときに拾ってきたりします。好奇心旺盛な子どもたちは、どんぐりひとつでも集まってくれます。どんぐりが出てくる詩や物語、図鑑などを数冊展示すれば、秋のコーナーのできあがりです。

栗を飾っておいて、一年生の担任に『どうぞのいす』（香山美子　ひさかたチャイルド）を読んでもらったときのことです。子どもたちはイガにさわり、その痛さに驚いていました。次の週、その栗から幼虫が出てきて、子どもたちはまた大よろこび。さぁ、図鑑の出番です。

自宅に眠っているクリスマスツリーなどの季節グッズ、季節感のある絵柄のてぬぐいも、場所をとりません。安い木綿の生地をテーブルクロスとして使えば、かんたんに雰囲気を変えることができます。

また、展覧会は、装飾や拡大飾り文字など、各学年や図工専科の先生たちがくふうしてつくった宝の山です。活用したいものを選んで、「廃棄するときには、図書館にください」とたのんでおきます。

あとは、各自の得意分野を生かしましょう。わたしの場合は、本と関係した手ぶくろ人形――たとえば「ぐりとぐら」や『エルマーのぼうけん』に出てくる「竜」や「三匹のこぶた」など――を展示しています（「三匹のこぶた」は、昔話の棚の案内にしています）。

子どもたちは、人形が好きです。「じょうず！　先生がつくったの？」とほめてくれます。甘えんぼうの子は、「これ、好き。ちょうだい」といいだします。

読み聞かせのあとに登場させるのは、「おだんごぱん」や『ラチとらいおん』（マレーク・ベロニカ　福音館書店）の「らいおん」です。本といっしょに展示すれば、効果満点です。

見慣れてしまえば、ただの風景――展示の期間

展示は、新鮮さがたいせつです。子どもたちは、日常的に学校図書館を利用しています。どんなに素敵な展示であっても、「見慣れてしまえば、ただの風景」です。

原則として、一か月ほどたったらとりかえます。来館した子どもたちが、「あれっ、何か変わったよ」と気がついて、そこにおいた本に注目してくれれば、目的達成です。こりすぎないことも、新鮮な展示の秘訣かもしれません。

異学年の交流の場――児童の紹介や感想

展示物として生かしたいもののひとつが、児童作品です。詩や本の紹介、感想文などが教室や廊下に掲示されていたら、返却まえに図書館にも掲示したいとお願いします。図書館へ飾っていれば、学校全体の目にふれることにもなります。

ある年、保護者会があるので、掲示中の一年生紹介カードをそのクラスの廊下へ移そうと作業していました。それを見た一年生が、「とっちゃうの?」と口をとがらしています。また、四年生の二クラスのうちの一クラスだけの紹介ポスターを掲示してあったときのことです。もう一クラスの子たちが熱心に読んでいたので、「興味をもってくれているんだなぁ」とよろこんでいました。ところが帰りがけに、「ぼくたちのクラスは、貼ってくれないの?」といわれてしまいました。すぐに担任に連絡して、そのクラスのぶんも掲示しました。

このように、子どもたちは館内に自分の紹介が掲示されるのをよろこんでくれます。ですから、たとえばポスターの作成時に欠席した児童には、書きたいかどうかをあとで担任に聞いてもらいます。「書きたい」という返事が多いものです。来館したときに「自分のぶんだけ貼ってなかった」というのは避けたいと思います。

図書館というのは、子どもたちにとって、ちょっと特別な場所です。そこに自分の作品が掲示されていることで、すこしほこらしい気持ちになるのでしょう。館内ならいっしょに本を展示できるので、興味をもった子がその場で借りることもできます。「ぼくの本、借りられてるよ！」と知らせにくる子もいます。

自分の作品が掲示されているのをよろこんでくれるだけでなく、友だちや登校班や部活動などで知っている子のものを見つければ、それにも興味をもちます。「学年を超えた情報交流」という図書館の役割をはたすことにつながります。

学校公開日や保護者会まえには展示が更新されるので、校内を一巡するとお借りしたい作品が見つかります。廊下や教室の掲示を平素から注意して見ていると、授業や子どものことが伝わってきます。

動機づけ5　一人ひとりに寄り添うフロアーワーク

フロアーワークとは、図書館用語で「カウンターや机を離れ、書架をめぐり、文字どおり『床』のうえでひとりひとりの子どもに接する仕事」（赤星隆子・荒井督子『児童図書館サービス論』理想社）です。具体的には、本の場所を知らせる利用案内から調べものの援助までの、「よろず相談うけたまわり」です。

公共図書館では利用者からの声かけにこたえておこなうことが多いと思いますが、小学校では、子どものようすに目をくばり、こちらから声かけすることが増えてきます。

子どもの静読姿勢をそっと直したり、一冊の本をひっぱり合うふたりの仲裁をしたり、「トイレにいきたい」「貸し出しカードが急に消えた（?·）」などへの対処までふくまれます。

小学校では、子どもの困っている気配を感じとったら、相談されなくても支援したほうがいいと思います。

おせっかいと背中合わせですので、聞きとりかたには配慮が必要ですが、ひっこみ思案な子はなかなか質問ができないからです。本のとりあいのときは、叱らずに「小声ジャンケン」させ、予約をすすめてサービスの活用へと結びつけます。

本探しへの支援

フロアークの中心は、本選びの支援です。

第2章で、静読時間確保のための本選び支援について述べました（63ページ）。たとえば、「一〇分静読」を課すならば、その時間がはじまるまでには読みたい本を手にしているように支援しなければなりません。ですから、子どもたちが本を探しているときは、なるべくカウンターを離れて、書架整理をしながら各自のようすに目をくばります。

選ぶ時間の終了合図にオルゴールを鳴らすと、ほんとうに本が選べない子だけがフロアーに残るので、その子たちへ支援を集中することができます。

かたわらに寄り添って

静読時間になって全員が席で読みはじめたら、教員と手わけして全体を見まわします。静読できない子がいれば、かたわらにいって原因を探り、対応します。読みとることに支援が必要な児童にも目をくばります。かたわらに座って「つぶやき読み」を聞かせてもらうと、その子の読書力がわかりますので、手わたす本のヒントになります。読むことが苦手な子どもと交互読みをしていくと、「この本を借りたい」といってくれることがあります。

自分で本を選ぶのが苦手な子は、学力や生活面での配慮が必要な場合が多いので、校内で情報収集して相談しましょう。司書が子どもを知るには時間がかかります。数年かけて成長を見守り、やっと役に立つ支援ができるようになっていくのだと感じます。

こうして、かたわらに寄り添って観察したり励ましたりするなかで、だんだんとつまずきの原因にも気がつくようになりました。

児童のつまずきと指読みの効果

教科書で勉強する場合は、発達に適した教材で、文字も段階を追って小さくなります。最初はわかち書きもされています。先生が段落ごとにていねいに指導されます。

しかし、図書館の絵本や読みものは、多様なレベルのものが混在しています。そのうえ、基本的にはひとりで読みます。このギャップにとまどう子はたくさんいます。

低学年では、まだ拾い読み段階という子がいます。ある決まった文字でつまずいている子、促音の小さい「っ」や、「きゃ」などの拗音が苦手な子、決まったカタカナが読めない子……この子たちは、文章を一行ずつ追うことも不得手です。

悩んだわたしは、指読みをすすめてみました。「指でたどってごらんなさい」といいながら、一行ずつやってみせます。これだけで読みかたがすこし改善する子がいます。また、指読みをかたわらで見ていれば、どの文字でつまずいているかも一目瞭然ですので、指導に生かすことができます。図書の時間にも有効な方法だと思います。

●思い出6

二年生の後半になっても、文章を句読点で区切って読めないので意味が読みとれない子がいました。ある男の子が、本を前にぼんやりしていたので話を聞くと、静読の合図を聞いて、あわててそのときに目の前にあった本をもってきたのだといいます。そこで、いっしょに本を選び直し、隣でつぶやき読みを聞いてみることにしました。

彼は、句読点をまったく無視して読もうとしています。当然、文としての意味がつかめません。

この時点まで、うかつにもこの子が句読点の理解でつまずいていたとは気がついていませんでした。わたしは、「、」はちょっと休み、「。」は休みと教え、「そこで切ってごらん」といいました。寄り添って、いっしょに「、」と「。」で息継ぎをしながら読みました。ゆっくりとですが、正しく読むことができました。意味もすこしずつつかめているようです。

こうした支援は、はたして司書の仕事の範疇なのかという疑問をもつかたもいらっしゃるかもしれません。でも、目の前に本の世界の扉を開くのに高いハードルを感じている利用者がいたら、それを支援するのは司書のたいせつな仕事なのだと、わたしは思います。

ひとり読みは絵本からか？

このような子どもに寄り添う支援をおこなっているうちに、「低学年には絵本」という大まかなすすめかたがはたして適切なのだろうかという疑問が生まれました。読み聞かせはともかく、「ひとり読みも絵本からでいいのか？」という疑問です。

絵本は、文章と絵が一体となっての表現形式です。そして、ふつうはおとなに読んでもらうようなつくりになっています。

読書が苦手な子を観察していると、文字を追うのに精一杯で、絵を見る余裕などないように感じます。反対に、絵にひきつけられてページをめくり、文章はほとんど読まないという子もいます。文章のレイアウトによっては、その文章の塊ごとばしている子もいるではありませんか。子どもたちには、絵を見ながら文章を読むというのはけっこうむずかしいのです。

幼い子向きの優れた絵本は、絵だけでも大まかな展開がわかるものが多いので、絵だけ見ている子でもある意味楽しめています。残念なのは、文字を一生懸命拾い読みして音読し終わったものの、絵を見る余裕などなく本を閉じる子です。たどたどしい拾い読みで、文章の意味もよくわかりません。感想は「あー、くたびれた」です。きまじめな子にときどき見られるパターンですが、これでは本ぎらいになってしまうかもしれません。

このような子どもたちの実態は、「低学年には絵本から手わたす」という考えには落とし穴があることを教えてくれました。

たとえ絵本を手わたすとしても、入門期に適したものを選んで提供する必要があると思います。また、わかち書きでごく読みやすい幼年読みものを吟味することも必要です。そして、それらのなかから子ども自身に選ばせるのがいいのではないでしょうか。

この疑問はわたしの課題となり、低学年のひとり読みリストづくりへと発展していきました。

第6章の「学年別のとりくみ」のなかに、この疑問をさらに大きくした授業の経験と、低学年を対象とした、ひとり読み指導のためのリスト「ひとりで よめたよ」作成の視点を紹介しています。

カウンターの位置を考える

さて、フロアーでの支援について述べてきました。このように全体を見守るには、カウンターや司書机の位置を考えなければなりません。

出入りが見えて全体が見わたせる位置が理想ですが、これがなかなかむずかしいのです。館全体のかたちは変えられません。学校図書館が二か所にわかれている学校もあります。準備室の有無や位置によっても、司書の動線が変わります。

制約は多いのですが、司書机やカウンター位置は動かせます。なるべく全体を見わたせる位置におきましょう。そうすれば、たとえば静読時間に子どもたちを見守りつつ、すこしでも統計や予約などの事務作業を処理することができます。もし集中できていない子がいれば、サッと立って支援することもできます。転勤のたびに、カウンターや司書机の位置を見直しています。仕事のしやすさが変わります。

動機づけ6　図書館報を生かす――図書主任、教師との協働

最後は、館報の作成と生かしかたです。教師との協働がポイントでした。

くばって終わりは、資源の無駄

図書館報の読者対象には、児童、保護者、教職員が考えられます。実際に作成するのは、図書主任か司書だと思います。司書配置が進んできたことで、対象別の発行も視野に入るようになりました。

着任当初、わたしは、おもに児童向けの図書館報を、ほぼ月一回のペースで発行していました。内容は、新着本案内を中心に、お知らせや詩の紹介、保護者への啓発記事でした。これは、前述したようにどの子にも効果があるというわけにはいきませんでした。ある中学校の司書さんが、「苦労してつくった館報の末路は、紙ヒコーキ」と語られていましたが、ただくばっただけでは読まない児童が多いのです。帰りの会で配布してもらうこともあり、それこそ末路が気になりました。

教室配布をすると、休み時間に「『そらいろのたね』（館報名）に載っていた本、どこ？」ととびこんでくる本好きな子はいます。しかし、読書が不得手な子は文章を読むことに抵抗があり、ランドセルに直行です。また、たとえ読んでくれた場合でも、その場に実際に本がないと、低学年ではすぐに忘れられてしまいます。

紹介本コーナーを常設

そこで、大きめの文字でタイトルをつけた展示コーナーをつくりました。場所は、館内のいちばんめだつところ。そこに館報の発行と同時に本を展示しました。表紙コピーを近くに掲示して、貸し出し中でも予約できることをアピールしました。すると、すこしずつ紹介本の貸し出しが増えていきました。

コーナーづくりは一定の効果をあげました。それでも、借りていくのは本好きの子が中心でした。また、表紙絵が地味な本はなかなか手にとられません。「さて、どうしたものか」と、わたしは悩みました。

図書主任登場！　担任の先生に紹介してもらう

この悩みを一気に解決してくれたのは、熱心な図書主任の上前陽子先生でした。司書教諭でもある先生は、次の二点を職員会議で提案してくれました。第一に「必ず図書の時間に配布する」、第二に「担任が読んで紹介する」です。わたしには、自分で作成した館報を担任に紹介していただくという発想は浮かびませんでした。そこで、図書主任の出番だったのです。

司書が個別にお願いするのとはちがって、どの先生もさっそくはじめてくださいました。わたしは、月予定表に、クラスごとの館報配布日を記入しました。そして、担任による本の紹介を一〇分程度、図書の授業に組みこんだのです。館報の配布日には読み聞かせをなくし、紹介後すぐに子どもたちが読めるようにしました。

その後、図書主任から、「全校向け月一回発行を、低中高別に三種類発行できないか」と提案がありました。わたし自身も、全学年向けで一枚では対象に合った本がすくないため、せめて二種類出せたらとは思っていました。しかし、作成にかかる時間を考えると、二の足をふんでいる状態でした。不安を伝えると、作成にも図書主任の協力を得られることになりました。

わたしはせっかく先生に紹介してもらうのに、その学年に適したものが二、三冊しか入っていないのではもったいないと考え、思い切って三種類発行にふみきりました。

先生はすごい！

対象を絞ったことと、教師との連携は、効果満点でした。

教えるプロの教師がその学年に合った方法で紹介してくださると、どの子も注目します。紹介する本は一度に六、七冊です。紹介時には、本を順に先生に手わたしたり、かたわらで表紙やさし絵を見せたり、ひとこと補足させてもらったりしました。あっというまに紹介本が貸し出され、その場で予約が入ります。

一クラスで紹介本すべてが貸し出されてしまって、「次のクラスには本がない！」という事態になったことがありました。このときには、貸したばかりの本を「帰りまでには必ず返すからね」とたのんで一時あずからせてもらい、他クラスに紹介してからその子の教室へ走りました。

「（紹介本は）貸し出し中ですか？」という質問が増えました。そこで、展示コーナー横にまとめて貼っていた紹介本の表紙コピーを一冊ずつ厚紙に貼り、展示中の紹介本のうしろに重ねておくことにしました。その本が借りられると、うしろに隠れていた「おでかけ中・予約してね」と文字が入った表紙コピーが現れるしかけです。コーナー横に「予約のしかた」も掲示しました。

同じ学年ではクラスごとに紹介する週をずらすなど、すこしでも多く本が借りられるようなくふうもしました。

この方法には、ほかにもメリットがありました。忙しい先生も紹介本を覚え、児童がその本を読んでいると、「おや、読んでるね」と励ましてくれたり、担任自身がクラスに適した紹介本を読んでくださったりすることが増えてきたのです。

司書にとっても、各教師がおこなう学年に適した多様な紹介方法を間近で学ぶことができます。おまけに、思わぬ収穫がありました。紹介時に先生が読みまちがえたりつっかえたりする部分は、わたしの文章がまずいところだということに気がついたのでした！

子どもたちのおすすめ本を連続掲載

担任と協働して館報を手わたせるようになると、そこで紹介した本は大人気になりました。展示コーナーには「おでかけ中・予約してね」と書かれた表紙コピーだけがずらりと並びました。

さて、館報の活用はまだ終わりません。それも、図書主任のアイデアです。

次の提案は、年度末の「読書のまとめ」で、「各自が年間ベスト1を選んで紹介カードを作成する」というものでした。以前から、図書委員やよく読む子におすすめ本紹介を書いてもらって館内に掲示するというとりくみはやっていましたが、今度は、全校児童がA４サイズの用紙に絵と文章で年間ベスト1を紹介しようという提案でした。

さらに、小規模校であることを生かして、その紹介を次年度の館報に「先輩のおすすめ本」として順次掲載することにしたのです。具体的には、年度末に全校ぶんの紹介文を集め、司書が紹介本の季節やむずかしさなどを考慮しながら、低中高別に一一か月（八月を除く）にわけます。月ごとに、図書主任にその本と紹介文をセットでわたして、館報の二面を作成してもらいます。一面は、従来どおり司書からの本紹介やお知らせです。同時に、館内には、児童の紹介文を掲示してその紹介本を展示するコーナーを常設しました（六年生のぶんは、次年度に「卒業生のおすすめ本」として載せます）。

評判は上々。登校班が同じだったり、兄弟の仲よしだったりと、子どもたちには他学年にも知りあいがいて、「〇〇ちゃんのだ！」と関心をもってくれます。子どもたちは、館報が発行されるたびにだれの紹介が載っているか興味津々です。また、自分の紹介を心待ちにして、なかなか載らないと「何月号に載るの？」と聞きにきたりもしました。

館報は「司書発信」から「みんなで発信」へと変貌していきました。

めぐる学校図書館

司書や教師の紹介本を児童が読んで紹介する。それを下級生が借りてまた紹介するという循環が生まれました。いつのまにか本をめぐる異学年の交流が生まれ、その学校の読書文化の形成がはじまりました。

こうして循環しはじめた本は、おとなと子どもの評価がともに高いものだといえます。いまの小学生に自信をもってすすめられる本だと思います。

わたしは、それらを学校のおすすめ本リストに入れながら、さらにいい本を探していきました。このくり返しが、学校独自の読書文化をかたちづくっていったのです。

これは、司書がひとりでがんばらないで、図書主任と助け合い、先生がたと手を携えて、子どもたちをまきこんだ〝みのり〟だったと思います。「図書館とは利用者と創るもの」という理念を再確認した経験でした。

そして、それを支えてくださったのは、新たな試みを常に励ましてくださった管理職の先生がたでした。とくに、教職員向け説明会の開催を指示するなど的確な支援をしてくださった黒葛原芙美江校長先生と、二校にわたって図書館活動をしっかり学校経営に位置づけ、ご自身も子どもたちへ読書の働きかけを続けてくださった小林秀昭校長先生のお力は大きいものでした。

この八年間のひとりあたりの貸し出し冊数の変化をグラフにしたのが、資料1です。ここまで読んでくださった皆さまには、グラフではわからない一人ひとりの読書の中身がともなってこその成

資料1●ひとりあたり貸し出し冊数経年変化

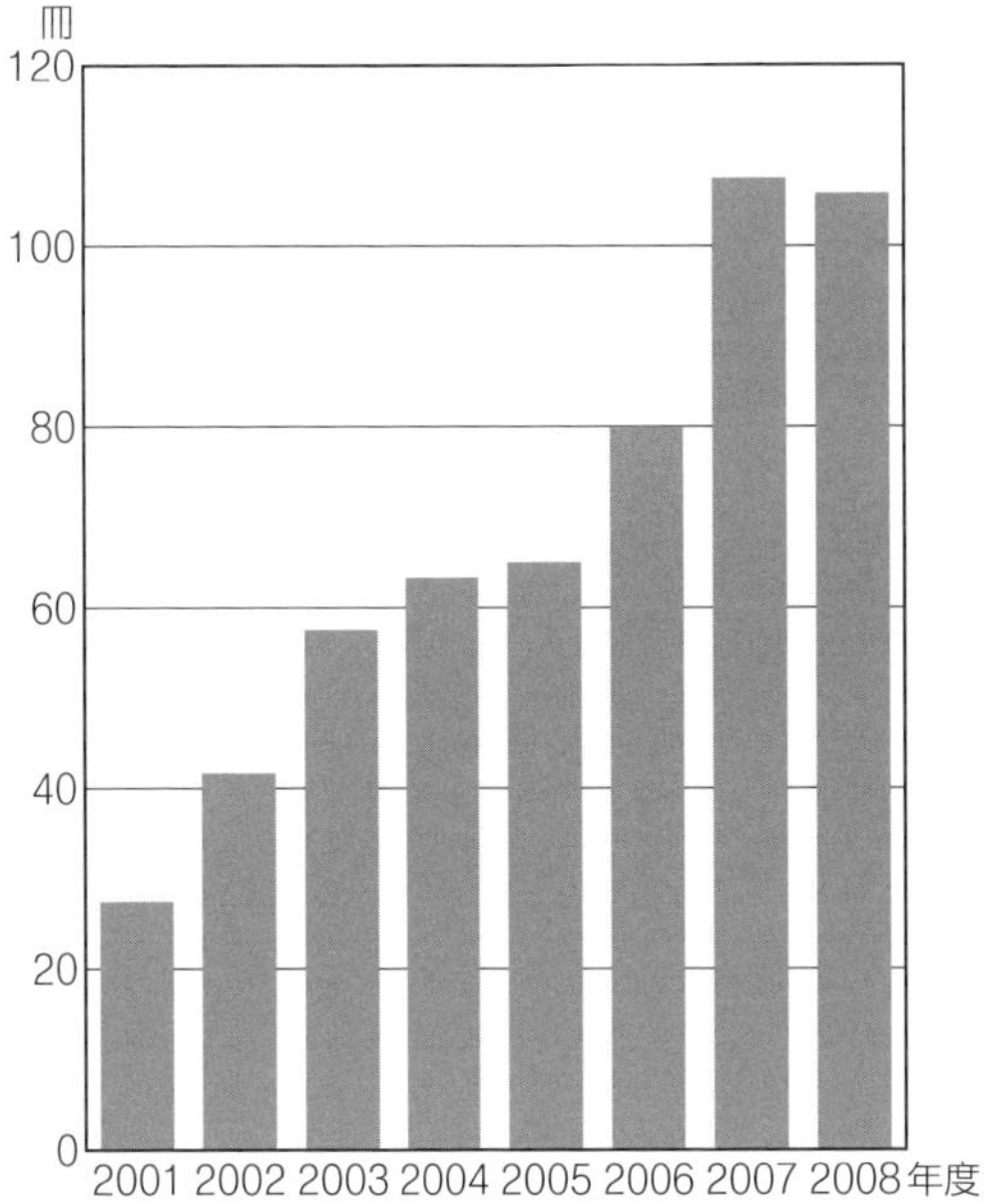

果だと、わかっていただけると思います。

子どもたちの贈りもの② 卒業生

あるとき、中学三年になった卒業生の女の子が学校の階段をのぼっていく、そのうしろ姿を見かけました。ボランティア体験で来校したようです。「Aちゃん、久しぶり」と声をかけると、「ああ、福岡先生の声だ！」とふり向いてくれました。そして、「読んでくれる声、好きだったんだぁ。いまでも読んであげてるんでしょう？」と聞くのです。自分の声に気おくれを感じているわたしは気恥ずかしくて、「まあ！　……ありがとう」と、やっと答えました。

わたしは、実力以上の計画を立てて走りすぎ、「もう、とまりたい」と思うときがあります。それでも、もう一度走りだせるのは、日々接する子どものひとことだったり、読み聞かせを聞く表情だったりします。それらは、記憶のなかで色あせずに残り、わたしを励ましてくれます。

また、まえの学校の卒業生が転勤先の図書館を訪れてくれたことがありました。いっしょに異動した旧担任の先生が、「会っておいで」といってくださったのかなと思いました。

中学一年生のふたりは、入ってくるなり「懐かしい！　福岡先生の図書館だ」と、館内を見まわしました。統合新校で蔵書の半分は前任校のものとはいえ、そのことばに、ちょっととまどっていると、Kちゃんが本棚から『お姫さまとゴブリンの物語』（既出）をさっととり出して、「これ、おもしろかったなぁ」と話しはじめました。わたしは、その何気なさに、目を丸くしました。

このとき、わたしの脳裏にあざやかによみがえったのは、その本を読んでいた五年生のときの彼女の姿です。図書館の入り口近くの席で前かがみになり、夢中でした。ようやく買いそろえた岩波少年文庫の一冊だと気づいたわたしは、カウンターから胸を熱くしてその姿を見つめていたのです。

学校図書館では、ささやかでも、かけがえのない時間を積み重ねることができます。

第5章

蔵書構成をつくる　司書力の育てかた

司書に求められる力とは「資料を知る」「子どもを知る」「資料と子どもをつなぐ方法を知る」の三つです。この章では、すべての基礎になる「資料を知る」ことについて述べます。まず、本の選びかたと購入方法です。後半では、いろいろな支援を可能にする「図書館づくり」の、配架やサインについてもふれています。

1　本を知る――本選びは図書館の生命線

「力のある本」は、子どもたちの読書力を大きく伸ばします。たいせつな子どもたちに、いかにいい本を手わたすか――その責任は、子どもの本に関わるわたしたちおとなにかかっています。

いちばんたいせつなのは、「本を知る」ことです。司書資格は出発点です。日々、本を読み続ける努力が、わたしたちを〝役立つ司書〟へと育ててくれます。

本を選ぶために

司書の第一の仕事は、蔵書を選ぶことです。毎年の購入と廃棄作業の積み重ねによって、活用できる蔵書構成にしていきます。役立つ図書館は、一年ではできません。

選ぶ力は、各種「基本図書リスト」を利用して、基本図書を読むことでつけるのが近道です。基本図書を読んでいくと、すこしずつですが確実に、いい本を見わける基準が身についていきます。その基準をもとにして所蔵本や新刊本を評価し、購入と廃棄を決定します。

個人だけでは太刀打ちできません。先達の司書や教員の力を借り、仲間と力を合わせることが必要です。

自分の学校の蔵書を知る

蔵書には、基本的な図書群（基本図書＝蔵書構成の核になる図書群）と将来基本図書群に入る可能性のある蔵書群、そして周辺的な図書群（読書のきっかけとなる、手にとりやすい蔵書群）があります（既出『児童図書館サービス論』）。学校図書館は、その学校の児童・生徒、教職員、学校の実態や特色に応じて蔵書をそろえていくのですが、基本図書はどこの学校にも必要です。

蔵書づくりは、まず自分の学校に基本図書がそろっているかどうかを調べることからはじまります。着任したら、短時間でもいいですから、毎日書架整理をしましょう。一冊ずつ手にとって、どんな本があるか、傷みぐあいはどうかなどをチェックしていきます。

購入にあたっては、単年度の計画ではなく、数年間の見通しを立てて、年ごとの重点分野を決めます。不足している分野から購入計画を立ててみましょう。

指導計画や教科書を見たうえで、教員の意向を聞きとり、優先順位を決めます。子どもたちの実態を考慮しつつ、上質な本を精選しましょう。

予算は圧倒的に不足している

公益社団法人全国学校図書館協議会（全国ＳＬＡ）の二〇一四年度調査では、小学校の二〇一三年度図書購入費決算の平均額は、一校あたり五二・七万円でした。一冊あたり一六七八円（二〇一五年度学校図書館用図書平均単価＝全国ＳＬＡ選定図書平均価格）として計算すると、三一四冊しか購入できません。また、学校には年鑑や辞書など指導上どうしても複数必要な資料がありますし、調べ学習用のセット資料の単価は、二五〇〇～三五〇〇円と高価です。調べ学習用の本の割合を増やそうとすると、購入冊数はさらに減ってくる計算です。よく使われる傷みの激しい本の買い替えも必要です。

「学校図書館図書標準」(文部科学省一九九三年通知)では、一八学級(学年三クラス×六)の整備すべき小学校蔵書冊数は一万三六〇冊です。これを年間五三万円の図書費で購入できる三一四冊で割ると、全体が入れ替わるのに約三三年かかる計算です。調べ学習用の資料を充実させた場合だと、概算ですが四〇年以上かかります。

毎年しっかり廃棄を実施しても、三〇~四〇年まえの本をやっと今年廃棄するということです。ましてや司書がいなくて廃棄がなかなか進まない学校の場合、図書館の本棚はくすみ、背文字が消えかかっているのは当然の結果といえましょう。

百科事典は学校では必需品ですが、これをそろえようとすると約一〇万円もかかります。購入を決意するのは、まさに「清水の舞台から……」の心境となります。

文部科学省が隔年で実施している「学校図書館の現状に関する調査」(二〇一四年版)で、図鑑や百科事典のうち、配備されてから一〇年以上経過した資料が約五六%あるという報告もうなずけます。

廃棄したくてもできないのです。「情報が古くても、壊れそうでも、ないよりまし」の哀しさです。ある小規模校では、年間の図書購入予算が一五万円とのことでした。出版関係の仕事をしている友人に話したら、あきれられましたが、それが現実です。

ちなみに、「学校図書館図書標準」の達成率は、小学校で六〇・二%(二〇一四年三月現在)です。都道府県別の内訳を見ると、市町村によって〇~一〇〇%と、格差があまりに大きいことに驚かされます。

また、達成率が一〇〇%といわれても、けっして安心することはできません。司書がいないため、毎年すべき廃棄がされずに「冊数だけはある」場合が、案外多いからです。ダニの湧きそうな黄色く変色した本が、廃棄されずに蔵書として数えられていることもあるのです。

司書がいないある学校では、図書台帳（原簿）が不完全なために実数がつかめず、推定数を提出したとも聞きました。司書配置や活用状況の情報と合わせて統計を見ていくと、「一〇〇％達成」の実際の中身が見えてきます。

基本図書を知る――購入に役立つ資料1

調べ学習の資料のなかには、文学とはちがって出版年の新しさが必要とされる分野があります。学校に次々にとどけられる出版社からの情報は、基本的に宣伝です。調べ学習の資料として役立つのは、全国ＳＬＡの情報です。毎年刊行される『学校図書館基本図書目録』は、全国ＳＬＡが選定する、学校に備えるべき「基本図書」を収録しています。小・中・高校の校種別に、各図書の内容解説、書誌事項、分類、件名、対象、出版年が載っています。二〇一二年版からは、収録範囲が五年ぶんから前年度の一年ぶんに変わりました。価格は三分の一と安くなりましたが、積み重ねの知識がないと利用がむずかしいという面があります。公立小学校の予算を考慮すると、さらに絞りこまれた情報が必要かもしれません。

わたしは、たとえば理科系の本を選ぶときには、『科学の本っておもしろい　２００３―２００９』（科学読物研究会編　連合出版）や『りかぼん　授業で使える理科の本』（りかぼん編集委員会編著　少年写真新聞社）、やや古くなりますが、『子どもと楽しむ科学の絵本８５０』（子どもと科学をつなぐ会　メイツ出版）を参考にしています。

絵本や文学は、『改訂新版　私たちの選んだ子どもの本』（東京子ども図書館）をまず見ましょう。『子どもの本のリスト』（同）には件名索引がつき、ノンフィクションも入っています。二〇一五年二月には、『今、この本を子どもの手に』(同)が出されました。これは、東日本大震災復興支援プロジェクトの一環として作成されたリストを再編集したものです。各ジャンルがバランスよくふくまれており、最新の出版状況を反映しています。

また、蔵書としても購入し、子どもたちといっしょに活用したいのが、『キラキラ読書クラブ改訂新版子どもの本702冊ガイド』(既出)です。どのページを開いても一級品の本が紹介されていて、嬉しくなるブックガイドです。子どもたちが自分でも読めるように総ルビがついたあらすじと、おとな向けの情報が両方載っています。低・中・高学年それぞれに向けた、『新・どの本よもうかな?』(日本子どもの本研究会 国土社)もあります。こちらは掲載図書がすくないので、司書はそのすべてを読んでおきたいものです。どちらにも索引があり、紹介にも展示にも便利です。

東京都立多摩図書館では、児童用にリストを作成しています(冊子は、申しこむと郵送代だけで学校にとどけてもらえます)。このリストを活用した中学年の実践を、第6章に載せました。新人の司書に読んでいただけばすぐに子どもたちに生かせるようくふうしたつもりです。また、調布市立図書館の「小学生にすすめる本」(二〇一四年2版・有料)も優れたリストのひとつです。がんばっている公共図書館のリストを活用し、連携を深めていきたいものです。

新しい資料を知る──購入に役立つ資料2

この一〇年、子どもの本の年間発行点数は年に約三〇〇〇～四〇〇〇点です(「子どもの読書」編集部「児童書新刊発行調査」より)。そのなかから三〇〇冊前後しか購入できないのですから、厳選が必要です。税金で教育のために選ぶのですから、成長を支える良質な資料を選びたいものです。

日常的に新しい出版情報を得るには、定期刊行されている書評誌が便利です。それぞれ特長がありますが、長年児童書を読みこんでいる児童司書や教員、子ども文庫関係者、研究者が新刊紹介をしているものなど選択眼に信頼がおけるものをあげます。紹介本の内容や対象年齢もわかるので、購入予定分野の資料を優先して目を通すことができます。

まず、先生がたにもおすすめしたいのが、子どもの本の月刊情報誌『子どもの本棚』（日本子どもの本研究会編集・発行）です。毎月の選定図書リストのほか、そのなかからさらに選ばれた十数冊の本が、表紙絵や対象グレードつきで〈新刊紹介〉されています。実践記事もあって、励まされたり仕事のヒントをもらったりしています。

たとえば「学校図書館の活用と新学習指導要領」（二〇一二年六月号）や「『学校司書法制化』を考える」（二〇一四年六月号）、「3・11　子どものこころによりそって――4年目の春に」（二〇一五年三月号）といった特集が組まれるなど、会員層は多様ですが、熱心な教員が集まって結成した会の特色がはっきりと残っています。社会的課題にふれ、仕事の原点を思い出させてもらうなど、読みものとしての楽しみもあります。一冊は四八ページで、すぐに読みきれるので、定期購読で自宅や学校にとどけてもらうと、自然に子どもの本の知識が増えていきます。

毎年五月号では、前年度に発行された本からとくに優れたものを紹介する「子どもの本をふりかえって」の特集が組まれます。公共図書館で借りることもできますので、この号だけでも目を通すと、選書の参考になります。

同様に、三・四月号で「子どもの本この一年」の特集を組むのは、隔月刊の「子どもと読書」（親子読書地域文庫全国連絡会）です。季刊の「こどもとしょかん」（東京子ども図書館）は、司書なら目を通しておきたい専門誌です。

これらは、仕事に役立つ情報とともに、「子どもと本」にたいする仲間の思いもとどけてくれます。わたしが定期購読しているのは、会報もふくめて五種類ですが、それぞれ個性があります。数誌から情報を得ることもたいせつだと思います。

教師や教科書から学ぶ

このように出版情報やリストを活用して資料を絞りこんだあとで、実際に読んで評価していきます。評価の際には、教育課程についての基礎知識も必要です。教科書にも目を通したいところです。まず、国語の教科書を購入して活用しましょう。

また、本に詳しい先生がいらっしゃいます。とくに学習関係の本選びは、教師の力を借りましょう。それぞれ得意の分野をおもちです。

学校の年間教育計画にも目を通します。ある程度、図書館活用ができそうな単元のめやすをつけてから、うち合わせをおこないます。調べ学習の予定やねらいを具体的に教えてもらい、図書購入や資料提供に生かします。毎月の「学年だより」にも目を通しておくと、資料提供時期の見当がつきます。

すぐに購入できない場合も、公共図書館に適切な資料がないかどうか調べておきます。養護や栄養士の先生からも要望を聞きます。

まとめ買いの弊害

基本図書がそろっていないのに、なぜか同じ読みものの本が何冊も並んでいるという学校がすくなくありません。わたしも、ある学校に着任したときに驚いたことがありました。

複本で購入されているのは、ほとんどが読書感想文の課題図書です。予算が足りないのに課題図書が複本である謎は、すぐに解けました。購入業者さんが新学期の春いちばんに挨拶がてら学校にとどけてくれるのが、この課題図書リストなのです。リストには何冊ずつ購入するかの一覧表がついていて、その場で注文冊数を聞かれました。わたしが「実際に読んでから注文するかどうかを決めますので……」と応えたら、怪訝な顔をされました。

年に一度、業者さんが見計らい本をもって来校し、そこで購入する本を選ぶというやりかたも、よくおこなわれているようです。司書がいない場合にしかたなくおこなわれてきた方法だと思いますが、わずか数時間で予算のほとんどを使ってしまうという例も聞きました。

これは、多様な選びかたのひとつの方法として採用するならいいかもしれませんが、問題をはらんでいます。なぜなら、運ばれてくる本は新刊のごくごく一部であり、買いたい本よりも売りたい本である可能性もあるからです。

もしもこの方法をとる場合には、当日選んだ本を正式に発注するまえに、自校にその本や類書がないかどうかを司書か司書教諭がチェックすることが必要です。目録が整備されていない学校の場合は、一冊ずつ書架にあたって確認します。

特別な先生でない限り、蔵書の把握はされていません。わたしが「その本は蔵書にありますが、もう一冊必要ですか？」とうかがうと、「あら、それならいりません」といわれます。

ある学校への着任当初、先生から「見本で見た一冊を選んだつもりだったのに、セット本の見本だったの。一セットまるごときちゃって驚いたわ！」とうかがったときは、とても残念でした。セット本は値が張ります。全体でそろえたほうがいい場合もありますが、一冊ずつ評価してみると、やはり内容にでこぼこがあります。一冊ずつ選ぶのは、時間的にはたいへんですが、継続して雇用される専任司書がいれば、それは可能です。

また、司書がいない学校で、「早く予算を使ってください」と指示されて図書担当の教員が苦慮し、適当に買ったという話も耳にしました。司書がいないために、係の先生が購入や整備などの実務に時間をとられてしまったり、購入がまとめ買いだけになったり、買った本がダンボール箱のなかで出番を待ち続けたりという状況が続いています。教師が、豊かな資料、情報から適したものを得て豊かな授業をつくるためには、一刻も早く専門専任の学校司書が必置にならなければなりません。

基本図書こそ新しく

ここまで新刊の購入について述べてきましたが、基本図書は買い替えの時期がたいせつです。点検の際には、所蔵の有無だけでなく、買い替えが必要かどうかについても判断していきましょう。

「いい本だっていうけど、いまの子は読まないのよね」という声を聞くことがあります。よく聞いてみると、所蔵していてもだいぶ古いもののようです。中身がいくらよくても、背文字が日に焼けたり紙が黄ばんだりしていては、手にとられません。

買い替えたら、積極的に紹介してください。読んでもらえば、それまで読み継がれてきた本の力が子どもの心を動かします。また、古い本でもまだ使えそうなら、廃棄せずに準備室に入れておきましょう。口コミで予約が重なるようになれば、古めの本でも子どもたちは読んでくれます。

現物にあたり、数回にわけて購入

たいせつな予算をすこしでも有効に使うために、一冊ずつ手にとって選びたいと述べました。しかし、児童書の新刊すべてに目を通すのは無理がありますから、この章のはじめのほうで紹介した各種書評誌やリストを参考に、一度ふるいにかけてから候補本を読みましょう。わたしはほとんど公立図書館で借りて読みますが、書評を鵜呑みにせず、新たな気持ちで評価するように心がけています。活字の大きさやさし絵の割合も意識し、レイアウトの見やすさや索引の有無など、子どもの身になって評価しましょう。

評価をもとに、購入リスト案を作成します。予算を数回にわけて、一二月までに注文します。まとめ買いで一度にたくさんの本がとどくよりも、すくなくても新着本がたびたび入ってくるほうが、利用者にとって新鮮で魅力的な図書館になります。

毎日のように図書館にこられ、新着本の棚を見てくださる先生がいました。「また、新しい本が入ったのね！」とよろこばれ、そのなかからご自分の読み聞かせ本を選んでいらっしゃいました。

実際の選びかた――評価カードの作成

わたしの本選びの方法をまとめてみます。

①毎月の情報誌などに目を通し、検討する本をチェックする。
②地域の公共図書館から検討本を借り、評価しながら読む。
③購入や紹介の可能性がある本については、評価カード（目録カードサイズ＝7・5×12・5センチ）を作

成する。書誌事項（書名、著者名、出版社、出版年、対象年齢、価格）とかんたんな内容、紹介時に役立つキーワード、購入希望の有無、読み聞かせや紹介のマークなどを記入する。
④優れた昔話集や短編集については、評価カードとは別にA６判（10・2×15・2センチ）のカードに、収録された一話ずつのあらすじと評価（何年生向きか、音読時間など）を書いておく。
※ただし、昔話集はくり返し使うので、わたしは自宅にも購入して、目次に評価をメモ書きしています。
※ブックトークしたい本は、読んだ時点でかんたんな紹介文を作成してしまいます。

〈サービスの基礎になる評価カード〉

読んで終わりではなく、そこから仕事がはじまる司書のかたには、この評価カードの作成は、ぜひおすすめしたい方法です。

わたしの場合、カードは「絵本」「幼年読みもの」「高学年読みもの」「知識の本」「詩・ことばあそび」「昔話」の六種類にわけて、読んだ順に並べてあります。第１章で述べたように、長男が生後一〇か月のときにはじめた評価カードの作成がいまに続いているわけですが、司書になってから、これがほんとうに役に立っています。記憶力に自信のないわたしが、カードを見るとすぐに内容を思い出すのですから、不思議です。

最近は、図書館検索で書誌事項や紹介をかんたんに検索できるようになりました。まことに便利ですが、司書の力をつけるには、自分のことばで考え、整理してみることが必要なのではないでしょうか。選書にも紹介にも役立ちます。

仲間と基本図書を読む——選ぶ力をつけるには1

冒頭の「本を選ぶために」のところで、各種「基本図書リスト」を利用して基本図書を読むことが、本を選ぶ力をつける近道だと述べました。プライベートな時間を使って読むことになりますが、じつは、ひとりで努力を続けるよりも効果的な方法があります。それは、学習会に参加して、先輩や仲間と継続してとりくむことです。

あなたが司書ならば、まず仲間と基本図書を読む会をはじめることです。立ちあげが無理なら、そういう学習会を探してみましょう。子ども文庫や、子どもの本を学んでいるサークルが近くにあるかもしれません。公共図書館に相談する方法もあります。

テキストとしておすすめしたいのは、『新・この一冊から　子どもと本をつなぐあなたへ』（東京子ども図書館）です。この冊子は、おもに新人児童図書館員へ向けてつくられました。本を選ぶ力をつけるために「まず、ここから読んでみては」とすすめたい本が選ばれています。七つのジャンル——「絵本」「フィクション」「昔話・神話」「詩・わらべうた」「伝記・エッセイ」「ノンフィクション」「児童奉仕を理解するために」——にわけられ、全体で四一冊をとりあげています。

この冊子をつくるとき、わたしは苦手な「ノンフィクション」のグループに参加しました。ベテラン司書のかたがたが選んだ一〇〇冊あまりの本を読み合い、討議を重ねて掲載の六冊に絞りこみ、紹介文を書く経験をしました。

優れた本には、新しい知識の世界がじつにわかりやすくさし出されていました。「おもしろい」と感動し、「なるほど」と納得し、さらに「もっと知りたい」という興味を引き出してくれるのです。だから、そのおもしろさを子どもたちに伝えたいと思うのです。

仲間とリストをつくる——選ぶ力をつけるには2

優れた本をまとめて読んでみると、「優れた本とはどういうものか」ということがだんだんわかってきます。それが選ぶ力になっていきます。

学校司書同士でリストをつくり合うのも、司書力を養うのに効果があります。実践をもち寄るので、子どもの実態に合わせて「なんのために選ぶのか」や「なぜいいのか」をことばにする貴重な機会になります。たとえば、わたしは同じ地区の小学校司書仲間七人で「グループとしょぶくろ」をつくり、「学校図書館司書が選んだ低・中学年に手わたしたい本」というリストづくりにとりくんだことがあります。六人の仲間は、稲益洋子・長田悦子・大木戸恵子・久保百合子・中島由理子・原島晶子さんです。毎月集まり、完成まで足かけ三年かかりましたが、きちんと考える機会がすくない学校図書館の目的や役割という基本から話し合うことができました。そのため、「仕事の軸足をどこにおくか」を考えるすばらしい機会となりました。さらに、観点を定めて読み合うことで、優れた本の力の条件を確認し、評価に生かせるようになりました。話し合いから生まれた評価の観点（低学年）と、リストの生かしかたについては、第6章「学年別のとりくみ」の「1　瞳が輝く入門期」（204ページ）で述べています。

2　子どもを知る

「子どもを知る」方法はいろいろあります。専門書などから子ども全般の発達を学ぶことも必要ですが、現場では、利用者としての子どもを観察することで、サービスの改善方法を考えることができます。

小学生は経験がすくなく、自分の学校のことしか知りません。ですから、何が求められているかを知りたければ、そのサービスを実際に体験してもらい、影響を見るしかありません。

まず、司書がいい図書館サービスを学び、自校に適したかたちにアレンジしてやってみます。それは、「配架のくふう」といったハード面から、「予約サービス」などの間接的なサービス、「ブックトーク」などの直接サービスまでと幅広い範囲です。実践してみると、それが子どもに適しているか、子どもを伸ばすものであるかどうかがわかります。潜在的な要求を掘り起こしてみて、効果的なものを継続すれば、子どもたちは積極的な利用者に育っていきます。

継続して実施するかどうかは、仕事量と成果を勘案して決めていきます。

3　図書館をつくる

最後に、多様な支援をおこなうための「環境整備」について、かんたんに記しておきます。

「環境整備」は、司書が新しく学校に配置されたときにすぐ直面する課題です。環境整備が基礎にあって、各種の動機づけ——読み聞かせやブックトーク、館報や掲示物の紹介、展示など、本と子どもとを結びつける活動——があるのです。

まず、捨てる!

第一にすべきことは、廃棄です。新しい情報がたいせつな分野にも、昭和時代の本が残っていることがあります。

ただし、廃棄作業は手間がかかるうえに、「何を捨てるか」という決断には知識が必要です。その図書館に何があるか、または場合によっては支援してくれる公共図書館の蔵書に何があるかという知識も必要となります。古くてもすでに絶版になっているなどで捨てないほうがいい本もあります。子どもの本全般の知識と、その学校の利用状況や蔵書構成を知らなければできない作業です。

判断に迷ったら、まず準備室へ移動します。準備室がない場合は、図書主任や司書教諭と相談しましょう。その際も、あまりに黄ばみ、傷んだ本は、廃棄したほうがいいでしょう。廃棄が定期的に実施されない図書館は、全体がくすんで見えて、子どもたちに本の魅力をとどけることができません。

全国学校図書館協議会の「廃棄基準」を参考にして、自校なりの「簡単な廃棄基準」を決めましょう。信頼のおける公共図書館に、廃棄基準や方法を相談する方法もあります。

とはいえ、非常勤司書は児童対応や購入で手いっぱいな面があります。現場で要望の高い児童への直接サービスを優先すると、図書館整備や事務仕事に手がまわりにくいのが現実です。しかし、直接サービスは、目に見えない図書館事務や整備のうえに成り立っています。ですから、その必要性を管理職にわかりやすく伝えることがたいせつです。実際の作業と仕事量を可視化して相談しましょう。全校作業日を設けていただいたり、ボランティアのかたをお願いしたりと、知恵を絞ります。

もし、新人司書で、どれを廃棄するか迷う場合は、一、二年、その学校の本の動きかたを見てから廃棄するのがいいでしょう。

新任校では書架レイアウトから考える

仕事に慣れてくれば、その図書館のレイアウトや配架の問題が見えてくるようになります。わたしが統合新校に携わったときは、二校の蔵書比較、廃棄本決定、各校三〇〇〇冊ずつの廃棄と、作業がめじろおしでした。

新校となる一方の学校は館内の改装があったので、書架位置の変更が可能でした。両校の分類別合計冊数を調べ、各分野で必要な棚数を割り出しました。必要書架数がレイアウトできるかどうかを考えるために、書架、机、カウンターをふくめて一〇〇分の一サイズで工作用紙を切り抜き、図面上で動かしてみました。その際、どのような図書館活動をおこないたいのかを考えました。児童の動線を予想して書架やカウンターの配置を決めたことが、開館後とても役立ちました。書架やカウンターの配置がサービス向上に大きく影響することを実感した経験でした。

学校司書が書架配置の段階から関われることは稀です。また、一度配置された書架の移動は、司書ひとりではできません。あたえられた条件のなかで知恵を絞りながら、同僚の協力をお願いすることになります。一部の書架位置や配架を変えるだけでも、その影響は大きいものです。ある司書さんは、着任後、ドリル片手にねじをはずし、棚板を切りとり……と力仕事にとりくみました。何かできないか、館内を見まわしてみること、具体的な案を立てて、校務（学校）主事さんや図書主任に相談してみることをおすすめします。

やさしい読みものの棚づくり

次に、司書がひとりでおこなえる効果的な環境整備を紹介します。それは、文学を二種類にわけて配架することです。

9類（文学）を、やさしい読みもの（一～三年前半向き）から中学生向きのむずかしい本まで区別なく並べている学校があると思います。わたしの着任校もそうでした。しかし、子どもたちを観察していると、二、三年生では自分たちに適した本を探しにくいようです。ですから、絵本から読みものへの移行がスムーズにいきません。

そこで、やさしい読みものを別置してみることにしました。一冊ずつ別置のラベルを貼り、二、三年生でも手がとどきやすい棚を割りあてて、「やさしい読みもの」の棚をつくってみたのです。すると、二、三年生がその棚の前に集まるようになりました。この棚づくりで、絵本から幼年読みものへ、やがて高学年の読みものへと誘う指導がやりやすくなりました。やさしい読みものをわけることはぜひおこなってほしいことです。

かんたんにできる表示（サイン）でわかりやすく

本の並べかたを周知し、利用者が目的の本を探しやすい図書館をつくるためには、館内サインや案内板、分類板、著者名板などさまざまな表示が必要です。専門の業者が作成したものを購入すれば見栄えもしますが、予算のすくない公立学校図書館では、表示類は手づくりである場合が多いと思います。

見やすい大きな表示をかんたんに作成する方法はいろいろあると思います。わたしは、「物語」「詩」「昔話」「絵本」「知識絵本」「やさしい読みもの」「文庫本」「あたらしい本」などの表示を、色画用紙に大きい文字で印刷して板目紙を裏張りし、強度を出してつくりました。横に二枚つなげば、かなり大きくなります。材料はすべて印刷室にある消耗品でつくれるのがポイントです。

校務主事さんのご協力で、天井に丸釣り金具をつけていただきました。表示の上部両端に穴を開け、釣りのテグスで吊りさげました。これは、書店では一般的な方法ですが、学校では展覧会などの行事でたまに使われるだけですので、インパクトがあります。館内のどこからでも一望できるので、利用案内や本の返却の際にもわかりやすく便利です。はじめて入館してこの表示を見あげた子どもたちは、「わー、本物の図書館みたい」と歓声をあげてくれました。

著者名板は、箱型と差込板の二方法があり、書架のスペースなどの都合で選びます。差込式は、つくるのがかんたんですが、落ちやすいのが欠点です。素材は板目紙や透明ファイルやパウチなどです。手間と効果を考え、各校の実情（書架や机などのレイアウト・配架方法・人手の有無）で方法を決めましょう。

公共図書館や書店の表示や展示方法も、学ぶところ大です。

利用指導を考えて表示をつくる

どんなタイプを選ぶにしても、事前の計画をしっかり立てることがたいせつです。

着任時や転任時など、一からの表示作成は、かなりの作業量があります。校内で協力を得られる場合は、その時期を考えて計画します。その際、低学年からどのようにラベルや配架の利用指導をおこないたいのかを考えます。そのうえで表示の種類や色を決めます。

たとえば、文学を「高学年」「文庫本」「やさしい読みもの」とわけるなら、「絵本」もふくめると、五十音の表示は最低四枚ずつ必要です。古い書架の多い学校図書館では、書架の奥行きと棚の高さがまちまちです。事前に大きさを測り、段数も数えて必要枚数を計算すると、無駄がありません。

五十音表示の台紙にする色画用紙は、補助ラベルのシールなどの色に合わせています。たとえば、黄色ラベルの「絵本」は紙の色を黄色に、「やさしい読みもの」のラベルがピンクなら紙もピンクでつくります。

こうしてつくると学年別の利用指導の際に児童にわかりやすいので、先生にも好評でした。いちばん使うカラーは、書架やカーテンなどの色合いを見て決めると、館内に統一感が出ます。さらに、全体の文字のフォントを統一するといいでしょう。

仮サインでスタート

勤務時間数がすくない場合や、着任早々は、不十分な表示に気づいてもなかなか手がまわらないものです。分類順に本が配架されていない学校もあります。

子どもたちは日々育ってしまいますから、とにかく子どもたちへの直接サービスをはじめましょう。それが、担任、図書主任、管理職に司書の必要性をわかってもらう近道です。

本格的に表示作成に着手するのは、児童の動きを観察して配架の変更計画ができてからでいいと思います。とはいえ、まったく表示がなくては利用案内もできません。仮表示をつくって貼っておくといいでしょう。板目紙に手書きでもいいのです。着任年は、身体を壊さず笑顔でいることが第一です。

第6章

学年別のとりくみ

この章では、それぞれの学年の特徴を述べながら、低学年から高学年までにおこなったわたしの実践のいくつかを紹介していきます。とくに入門期の読書については、教員との研究成果をふまえて、詳細に報告します。

1　瞳が輝く入門期

「図書、大好き!」一年生——図書館は楽しいところ

ある年の初夏のことです。学校からの帰り道、一年生の男の子ふたりがわたしを見つけて、「福岡先生だ!」とかけ寄ってきてくれたことがありました。ごいっしょだったお母さまがたから『図書、大好き!』って、いってますよ」とうかがい、わたしも思わず、子どもたちが張り切ってやってくれる手あそびや、身を乗り出してくる読み聞かせのようすをお話ししました。

「見る」「聞く」からはじまる入門期の指導のポイントは、「楽しく」そして「ていねいに」です。入学したばかりで緊張気味の一年生には、まず図書の時間を「楽しい」時間だと感じてほしいと思いながら計画を立てています。手ぶくろ人形やパネルシアター、わらべうたの手あそびなどをとり入れて、担任の先生と細かい指導をくり返します。絵本も、みんなが夢中になれるようなものを選びます。

教室にもどるときに「また、きてね」と送り出すと、満足してくれた子どもたちはニコニコしながら、手をふったりハイタッチをしてくれたりします。

一年生の授業開始まえの準備

準備は前年度からはじめ、新年度をむかえます。

前年度

・就学時検診の日に、待合室に絵本を並べる。お世話係の高学年児童に読んでもらうのもいい。
・新入生説明会では、入学準備品に図書バッグ（手提げ）の見本を入れてもらう。

新年度

・担任と図書館でうち合わせをして、活動内容や児童の動線についての共通理解を図る。
・担任と相談して、図書館での児童の席順表（座席表）を作成する。
・読み聞かせコーナーの準備をし、何人×何列で座れるかを想定する。その際、視力や集中力などで配慮が必要な児童についての情報を、担任と養護教諭から聞きとっておく。
・利用指導用に、望ましい行動を示す絵カードを作成する。
・司書の自己紹介や図書館紹介の準備。
・貸し出しカードは、一年生が書きやすい大きさのものをつくり、あらかじめそれぞれの児童の氏名と頭文字を記入しておく（次ページ資料1に、カードの例を紹介しています）。

一年生の利用指導

一年生には、段階を追ったきめ細かい利用指導をおこないます。最初にきちんとやっておかないと、高学

資料1●「貸し出しカード」の見本

※大きさは、八つ切り画用紙半裁
※片面印刷（両面だと、低学年は混乱する）

年になってまで「貸し出しカードには書名をきちんと書きましょう」といった基本指導をくり返すことになってしまいます。

毎回の授業案は、図書部会などで話し合って作成することが望ましいのですが、みんなが忙しいなかで、それはなかなかむずかしいものです。司書が原案をつくって、司書教諭や教員と相談しながら進めるのが現実的でしょう。

ここで述べる方法は、二〇〇四年度から先生がたと協同でとりくんだ五年間の校内研究（東京都中野区立東中野小学校）が基礎となっています。国語、生活、図画工作、総合的な学習の時間などでとりくみましたが、第2章で紹介した研究授業（67ページ）もそのひとつです。

当初、司書のわたしは「支援」というかたちで研究に加わりました。その後、三、四年めはT2として入り、最終年度は、自分自身の校内研究として、「担任と連携した入門期の読書指導支援のありかた——楽しんで読む児童を育てる学校図書館サービス」というテーマでとりくみました（この研究成果は、中野区教育委員会「特色ある学校づくり重点校」東京都中野区立東中野小学校　研究紀要『華洲園』（18〜20年度）のなかにまとめられています。なお、わたしの研究は、当時一年生の担任をしていた小畑伸一先生の研究とタイアップしています。小畑先生は、前年度までの先輩教員の研究を基礎に「読書が好きな児童の育成——学校図書館司書との連携を生かした授業及び手立ての工夫」にとりくまれました）。

最終年度、わたしは前年度までの研究をもとに、一年生の読書指導支援のための方策を立てました。それは、次の六つです。

1　担任との協働によって「図書館利用教育の充実」を推進する
2　担任が読み聞かせに使用する本の選択と提供を実施する
3　司書（わたし自身）の「読み聞かせの充実」を図る
4　わらべうたの手あそびや伝承詞、詩、ことばあそびの充実を図る
5　「毎日貸し出し」を目標に、〝読書の日常化〟を図る
6　家庭との連携を図る

教師の校内研究を一年間にわたって継続して支援したこの研究は、司書のわたしにとってとても貴重な体験となりました。そしてどの方策も、現在のサービスへと続いています。

では、この研究から発展した入門期の〈はじめの一歩〉を、詳しくご紹介しましょう。

初回の授業例（「　」内は司書の発言　※は留意点など）

①来館
※一年生の初回は、名前の五十音順に並んで来館してもらう
②着席
※事前につくっておいた座席表をもとに、担任がそれぞれの子どもたちが座る席を指示する
③挨拶
着席させ、授業はじめの挨拶をする
「いつもこの席に座りましょう。お隣はだれかな？」「自分の席を覚えたかな？」
※静かに、ゆっくりと話す
④おはなしコーナーへ移動
体育座りさせる（初回は、出席番号順で座らせるとスムーズにいく。以後は、到着した順に座らせる）
※すみやかに進める。「忍者に変身」の絵カード（忍者の上半身のかんたんなイラスト。口に指をあてて「シー」というポーズ）を見せたり、おとなの話し声をおさえて、図書館の落ちついたムードを感じてもらう

⑤自己紹介と図書館紹介

・パネルシアターで自己紹介

ⓕⓚⓞⓚⓐⓣⓚのように一文字ずつをＰペーパー（パネルシアター用の厚い不織布）に丸く切り抜き、パネル板にバラバラに貼る

「さぁ、わたしの名前は何でしょう？　どの字からはじまるかな？」

クイズのようにあてっこしながら一文字ずつ並べていき、自己紹介する

・手ぶくろ人形のミトンくま（註1）を両手にはめて、図書館紹介

「わたしのお友だちが、みんなに会いたいなって、きていますよ。だれかな？」

「ボク　くまさん」（くまを一体出す。驚く子どもたち！）

「ボクも　くまさん」（二体めを出す。大よろこびの子どもたち）

「ボク　本　大好き」

「ボクも　本　大好き」

「ボク　図書館が　好き」

「ボクも……」と、子どもたちが好むくり返しでつなぎ、

「ここは学校の図書館、学校図書館です」と終わる

・しめくくりに、二体のくまといっしょに、わらべうたの「くまさんくまさん」を踊る

⑥読み聞かせと絵本の書架紹介

・絵本の棚が見える位置へ移動させる

・読み聞かせた本を実例にして棚の表示に注目させ、それが五十音順に並んでいることに気づかせる。たとえば、「ねずみくんの絵本」（なかえよしを　ポプラ社）のシリーズを探させる
「ねずみくんの本は、ほかにもあります。どこにあるかな？」

「好きな本を一冊選んで、席について見てみましょう」
・本を一冊選んで、着席して絵を楽しむ
（毎年多くの児童が「ねずみくんの絵本」シリーズを選ぶ。子どもにとって本を選ぶのはひとつのハードルなので、このシリーズや「14ひき」シリーズ［既出］は救世主）
・次回は本が借りられることを知らせる
（「やったー」「これ借りる！」とよろこぶ声が聞こえる）

⑦返しかた
・やりかたを見せてから、書架に返させる
※迷っている子には寄り添い、返すことができたらほめるなどの支援をする

註1　「保育と人形の会」のホームページから縫製ずみキットの購入が可能。

貸し出し開始　二回めの授業

二回めの「図書の時間」からは図書バッグ（手提げ）と筆箱を持参してもらい、一冊貸し出しをはじめます。借りた本を入れる図書バッグのおき場所を指定し、机の上はいつも片づいているように指導します。

第一回のときに自己紹介した司書の名前パネルを再度見せて、復習します。子どもたちはすぐにフルネー

ムで覚えてくれます。「忍者に変身」などの「静かな行動、小さな話し声」は、定着するまで毎回、B4サイズの絵カードで示し、声がけをします。

絵本の読み聞かせの体験がすくない子にも、手ぶくろ人形の「くまさん」を使って図書館や本に親しみをもってもらいます。そのうちに、「くまさん」が登場しないと、子どもたちからお呼びがかかるようになります。

貸し出し開始のときには、「学年だより」で保護者に知らせてもらいます。その際、「借りていった本を読み聞かせてほしい」と書き添えてもらったり、「学年だより」の記事そのものを司書に書かせてもらったりします。

貸し出しカードへの記入はいつから?

最初から児童に貸し出しカードへの記入をさせるのではなく、五十音の学習が終わる六月ごろまでは、教員とふたりでおこなっています。この方法なら、すぐに貸し出しがはじめられますし、時間はそんなにかかりませんから、読み聞かせや自由に絵本を見る時間も十分にとることができます。

必要な場面できちんと文字を書くことは、一年生にとってはたいせつな学習です。七月まで待ってから、正しい書き順で、ていねいに書く指導をはじめます。毎回、しっかり書けているかどうかを先生とチェックして、まちがいがあれば書き直させ、しっかり書いてあればほめます。手間がかかるようですが、きちんとした書名記入の習慣づけとしてもたいせつなことです。こうした指導も、担任とふたりでやれば短時間で終わらせることができます。

おりをみて、「なぜ、きちんと書くことが必要なのか」を具体的に話します。それが「決まり」だからではなく、「みんなの本をみんなで利用する」ためには「正しく記入し、期限までに返す必要」があることを、低学年から理解させていきます。

六月までは、返却日のみを児童に記入させます。返却期限は、どの席からも見やすい場所（黒板や掲示板）に「かえすひ」と、その下にA４サイズの大きさいっぱいに、たとえば「５／10」などと表示します。借りる本が全員決まったら着席させて、日づけを指さして注目させ、「返す日は５月10日です」と声に出して確認してから、数字をうつさせます。

コンピューターを使って貸し出しの管理をおこなっている場合でも、小学校では学習や指導に生かすためになんらかの方法で肉筆の記録を残しておくことがたいせつだと思います。継続していくために、なるべく負担のすくない方法にします。

読んだり借りたりする範囲を決める

皆さんの学校では、国語の時間を使っての来館時に、読む本や借りることができる図書の範囲を決めていますか？

すでにある程度文字が書けたり、図鑑を見たがったりする児童もいますが、わたしの勤務校では、段階的に全員の読書レベルをあげていくための方法を模索しています。

たとえば、一年生の最初のころは、授業中に読む本も、借りる本も、おはなし絵本だけに限定しています。そこから一年間かけて、知識絵本、昔話絵本、幼年読みものと、順を追って広げていくのです。読み聞かせも、時期に合わせて範囲内の本を選び、それを使って配架（並びかた）の指導もいっしょにおこないます。

休み時間は、禁帯出本以外はどの本でも借りられるようにしています。休み時間の自由貸し出しをはじめる時期は、その年の子どものようすを見て、担任と相談して決めています。

司書になった当初、わたしは授業中にも自由に本を選ぶということに、なんの疑問ももっていませんでした。そのうち、第2章で述べたように、授業での来館時に何を読むのかは、その授業のめあてと内容によるのだということに、経験のなかで気づかされていきました。

自由に選べること、借りられることは、とてもたいせつなことです。しかし、授業では、読む力をつけるための系統的な学習を考えなければなりません。自由に選ばせていると、読書が苦手な児童ほど自分に適した本を選べません。選べないうちに「めんどうだから、どれでもいい」「決められないから、借りなくてもいい」となってしまいます。

これらの実態をふまえて校内研究のメンバーや司書教諭と話し合い、国語としての図書の時間は全学年で「読みものを読む」、また「全員貸し出し」がいいと、方針を決めました。

実際にやってみると、発達段階に応じて範囲を決めることは、読む自由をせばめるのではなく、むしろ読書の幅を広げることにつながっていきました。子どもたちに適した、彼らがおもしろいと感じる本とのであいを保証するものだったのです（ただしここでは、「どんな本をそろえているか」という図書館の蔵書構成が問われます）。

国語の単元と連携させて、適宜テーマ読書を入れます。たとえば、昔話、詩集や古典の読みもの、科学の読みもの、伝記、戦争文学、ノンフィクションです。そうやって多様なジャンルの本にふれてもらい、読書の幅を広げます。授業のめあてによっては、ワークシートを作成しています。

担任と協働しておこなう〈図書館利用教育〉の継続

一年生に話をもどしましょう。資料2は、一年生の担任、小畑伸一先生とのうち合わせ事項を表にしたものです。司書が前年度までの手法を伝え、改善法を話し合いました。一回にかけるのはごく短時間ですが、できるだけひんぱんにうち合わせるよう心がけました。

そこで生まれた新たなくふうが、9月16日や10月7日の、来館直前の教室での、担任によるひとこと指導です。図書館は、教室よりも広く、机の位置や向きが多様ですから、着席のままでは一斉指導に向きません。そこで、担任が教室で一点だけを指導し、館内で再度、同じ内容にふれます。

また、担任にも、本の扱いかたのパネルシアターや前述した「忍者に変身」などの行動を示す絵カードを作成してもらい、〝指示の視覚化〟を図りました。

細かい部分をとりあげての指導の改善が利用マナーを向上させ、無駄のない動きに直結していくようすを目のあたりにして、わたしは正直驚きました。

資料2●担任とのうち合わせ事項（カッコ内は、担当者）

4/15	・初回の流れ（司書） ・座席決め（担任）
4/22	・図書館は楽しいところ　絵本の並びかた①　おはなし絵本の場所と並びかた（司書） ・本を借りてみよう（担任・司書）
5/13	・本をたいせつに（担任） ・中野区小学校図書館部作成『たのしいとしょかん』を活用した「本の扱い」パネルシアター作成（担任）
5/20	・絵本の並びかた②　大きい絵本のラベルと場所（拡大ラベルなどの作成）（司書）
5/27	・絵本の並びかた③　昔話絵本のラベルと場所（司書）
6/16	・知識絵本のラベルと場所（司書）
9/16	・「返しかた」復習（来館まえに教室で）（担任） ・2冊貸し出しにともなう返却のくふう（担任）
9/25	・「静かな利用」復習（入館前に絵カード活用）（担任）
10/7	・「本の背中はどこ？」ブックトラックへ返却するときのおきかた（教室で絵カードを使用）（担任）

どの子にもわかりやすい指示ができれば、集団はスムーズに動くものです。それが、図書館本来の静寂を保ち、「おはなしを楽しむ」「音読する」時間を増やしてくれました。

児童の活動を細かくとり出してみると、たとえば「返却」だけでも五つの手順があります。それは、こんなぐあいです。

①本を手提げから出す
②二冊の返却本と貸し出しカードを、天地をそろえて重ねる
③読み終わった本はカードの書名の前に「◎」か「○」を、読み終わっていない本は「△」をつける（◎＝おもしろい、○＝ふつう）
④カウンターへ並び（または自分の席で）、返却印を押してもらう
⑤返却印を確認し、二冊をブックトラック（または書架）へ返す

「本を返しましょう」という大まかな指示だけでは、うまく行動できない児童が出てくるのは当然です。ざわざわとして、学習活動がとどこおります。

四五分間をどう展開するか、司書と教師が共通理解をもつことで、協働が可能となります。授業中は「司書だから」「教師だから」という枠をゆるめて、「必要だと気がついたほうが指導する」という姿勢です。先生と目線で合図しあい、動ける関係性を育てることがたいせつでした。その関係性は、いっしょに授業の流れを考え、実行し、改善をくり返す日々のなかで育っていきました。

この一年生の授業の流れ（児童の動きと指導ポイント）を全校へ広げたものが、第2章で紹介した資料5「『国語』での来館時四五分間の流れ（例）」（57ページ）です。

司書が、よい指導を広める

東京都の二三区ではじめて学校司書を配置した中野区では、学校司書の名称を決める際に、「専門分野における児童への指導」だけでなく「専門的な立場で教員を支援し、ときには指導する」のだという意味をこめて、「学校図書館指導員」にしたそうです。「教員への指導」というと気おくれを感じるかたもいらっしゃるかもしれませんが、ここでのポイントは「専門的な立場で」という部分です。司書は、教師のいろいろな指導を間近で見ることができます。それを生かして、ベテランや図書館活用の上手な先生の手法や新しい実践や研究成果を、伝え、広めましょう。

担任への読み聞かせ本提供

次に、一年生への具体的な支援のしかたについて述べていきます。

校内研究によって、一～三年生には担任の読み聞かせが効果的だということが証明され、実践が校内に広まっていきました。担任からの希望があれば、司書が六～七冊ずつ選んで、順次提供していきます。返却時には、児童の反応や担任の評価などをマークをつけるなどして知らせてもらい、次の本選びの参考にします。そして、読んでもらった本には、たとえば「㋵」といったラベル（「読んだ」ラベル）を貼り、館内にコーナーを設けて展示しました。この展示は、本選びがむずかしい児童にはとくに役立ちました。

資料3は、小畑伸一先生が一年生に読み聞かせた本のリスト（一部）です。この年度は、年間八〇冊くら

資料3●1年生の担任の読み聞かせ本リスト（4、5月ぶん）

No.	月	書名	作者・画家	出版社
1	4	『かばさん』	やべ みつのり	こぐま社
2	4	『ねぼすけスーザのおかいもの』	広野多珂子	福音館書店
3	4	『くんちゃんのはじめてのがっこう』	ドロシー・マリノ	ペンギン社
4	4	『はじめてのおつかい』	筒井頼子 林明子	福音館書店
5	4	『てつたくんのじどうしゃ』	わたなべしげお ほりうちせいいち	福音館書店
6	4	『はらぺこ あおむし』	エリック・カール	偕成社
7	4	『ちいさなヒッポ』	マーシャ・ブラウン	偕成社
8	4	『マトリョーシカちゃん』	加古里子	福音館書店
9	4	『まあちゃんのまほう』	たかどのほうこ	福音館書店
10	4	『かばくん』	岸田衿子 中谷千代子	福音館書店
11	4	『しょうぼうじどうしゃじぷた』	渡辺茂男 山本忠敬	福音館書店
12	5	『はしれ！たくはいびん』	竹下文子 鈴木まもる	偕成社
13	5	『でんしゃえほん』	井上洋介	ビリケン出版
14	5	『お月さまってどんなあじ？』	マイケル・グレイニエク	セーラー出版
15	5	『おじぞうさん』	田島征三	福音館書店
16	5	『きょうはなんのひ？』	瀬田貞二 林明子	福音館書店
17	5	『やまのぼり』	さとうわきこ	福音館書店
18	5	『ぶたたぬききつねねこ』	馬場のぼる	こぐま社
19	5	『あおくんときいろちゃん』	レオ・レオーニ	至光社
20	5	『とらたとまるた』	なかがわりえこ なかがわそうや	福音館書店

いの本を読まれました。四、五月段階ではまだ集中が続かないので、わたしは、二、三歳から楽しめる短い絵本も入れながら、担任が状況に応じて選んだり組み合わせたりしやすいようにくふうして提供しました。

担任と司書からの〝読み聞かせシャワー〟を浴びた一年生は、昔話を聞くよりもより高度な集中力や想像力が必要な、創作物語を聞くことができるようになります。そこで、夏休み明けに創作のおはなし「ぐうたらくまさんすいかを買いに」（ユネスコ・アジア文化センター編『ライオンとやぎ　アジア・太平洋の楽しいお話』所収　こぐま社）を聞いてもらいました。「結末がわかりにくいかもしれない」と心配しましたが、みんな、おかしげに笑ってくれました。〝聞く力〟の伸びを実感したひとときでした。

年間を見通した司書の読み聞かせと、わらべうた、ことばあそび

司書による読み聞かせや素話については、第４章で述べました。ここでは、一年生におすすめの絵本とわらべうた、素話について、わたしが経験したエピソードを紹介します。

低学年が三五人学級になってからは、絵本の読み聞かせがより効果的になりました。絵本は、本質的に少人数で楽しむものだからです。年間計画を立て、一年生の夏までには、次のような作品を選んでいます。どれも、「もう一回読んで！」の声がかかる人気の本たちです。

〈夏までに読む絵本たち〉

■『そらいろのたね』（文＝なかがわりえこ　絵＝おおむらゆりこ　福音館書店）

毎年「知ってる！」という声があがる本ですが、種から生えた家が大きくなるたびに、口をあんぐりと開けたり「えーっ！」と驚いてくれます。

■『わゴムはどのくらいのびるかしら？』（文＝マイク・サーラー　絵＝ジェリー・ジョイナー　ほるぷ出版）

身近な素材で、スーっと絵本のなかへ。中盤に「切れちゃうよー」と心配する子も、後半に入ると「スゲー」と、すっぽり空想に浸ります。終わりに両見返しをしっかり見せれば、本のしかけに気がついて二度楽しめます。

■『ふしぎなおるすばん』（文＝斉藤栄美　絵＝岡本順　ポプラ社）

留守番中に登場する動物たちが、しりとりになっています。登場のしかたの意外性をよろこび、次を予想しながら、ひきこまれていきます。最後に主人公「しげお」の「お」に続くことばを予想して、「お母さんだ！」と叫んだ子の幸せそうな顔！　読み終わったあとに、「おもしろかったー」と拍手が湧くこともあります。

■『こすずめのぼうけん』（文＝ルース・エインズワース　絵＝堀内誠一　福音館書店）

読み聞かせにすこし慣れたころだと、全員が楽しめます。迷子のこすずめと一体化して一喜一憂。次々に巣に入るのをことわられるたびに、ションボリしたり、腹をたてたり。疲れ切ったこすずめが夕闇のなかで途方にくれると、子どもたちの表情もくもります。母すずめが登場すると、「きっと、お母さんだよ」という子や、「ホント？」と心配する子……。

文章のよさは折り紙つき。本を通して美しい日本語を伝えられるありがたさが感じられます。絵本に親しんできた子には、素話もいいでしょう。

■『せんたくかあちゃん』（文・絵＝さとうわきこ　福音館書店）

梅雨が明けるころにふさわしい本です。ヤンチャな男子も大よろこび。つい、景気よく読んでしまいます。洗濯ものがいっぱいの見開きは、ゆっくり見せたいところ。かみなりが大勢くるところや、描き直されたかわいい顔には、歓声が湧きます。同著者の「ばばばあちゃん」シリーズ（福音館書店）は、集団への読み聞かせに向いています。

■『すなばのだいぼうけん』（文・絵＝いとうひろし　ポプラ社）

絵本のなかでごっこあそびを堪能したら、砂場あそびがしたくなります。「みんなでやってみたい？」と聞くと、目を輝かせる一年生。本と体験とがうまく交流してほしいものだと思います。

巻末に、これら絵本をふくむ、子どもの反応をふまえて選んできた本や素話のおもなものを一覧にした「小学生読み聞かせリスト」を掲載しました。その年度の児童実態に合わせて差し替えていくといいでしょう。

わらべうたの活用——無形文化財を伝える1

読み聞かせのとき、導入時や間《ま》の時間には、短いわらべうたであそびます。ときには手ぶくろ人形も活用します。「こどもとこどもが　けんかして」や「カタドン　ヒジドン」などは定番です。子どもたちは自然に、「イモ人参」「ヤスベエ　ジジイガ　ウンポンポン」などの数えうたやあそびうたを覚えます。「一番星見つけた」などを楽しんでもらうこともあります。

伝承唱えことばのリズムや語呂合わせの楽しさ、わらべうたの旋律は、それをいうわたしたちの口と、聞く耳を楽しませます。ことばのおもしろさを味わってもらい、それを読書へとつなげるのは、道理にかなっています。ここにはまた、「静かに！」という注意が減るという〝おまけ〟がついてきます。

一〇年まえは、これらのわらべうたをはじめて聞くという子が多かったものです。最近では、テレビや音楽の授業の影響でしょうか、小さいころから知っているという子がすこしずつ増えてきました。

学校図書館もまた、わらべうたという無形文化財を伝える場になればと思います。子どもたちが将来、わが子に口ずさんでくれることを願っています。

昔話――無形文化財を伝える2

読み聞かせを続けていると、六月ごろから短い素話を楽しめるようになります。

現在は、最初に「鳥のみじい」（『子どもに語る日本の昔話2』所収　こぐま社）を語っています。この話は以前から語っていたものですが、日本子どもの本研究会の学習会で講師の石井素女さんが、『雪の夜に語りつぐ　ある語りじさの昔話と人生』（中村とも子編　福音館書店）の語り手である笠原政雄さんの語りかたを教えてくださいました。さっそく子どもたちの前で、鳴き声の最後を「びらびーん」と響かせてみました。とたんに、子どもたちが「クスクス」っと笑うではありませんか！　まさに「伝承の語り手は、子どもたちをよく知っている」のです。昔話が、子どもと語り手によって何代も磨かれてきていまのかたちがあること、耳を楽しませる昔話の要素を実感しました。

幼い子に昔話は残酷だと批判も聞きます。これについては、『昔話は残酷か』（野村泫　東京子ども図書館）という冊子にわかりやすく書かれています。

ある日、「腰折れすずめ」(『赤鬼エティン』所収　東京子ども図書館)を語ったときのことです、最後に「とうとう、欲ふかばあさんを殺してしまいましたとさ」とあっさり語り終えると、前列の男の子が「(雀に)石投げたんだもんな」と、きまじめな顔でつぶやきました。そして、つぶやきが聞こえた周囲の数人が、こっくりとうなずきました。印象的な場面でした。安易に結末を書き換えるのはよくないことを、子どもたちからも教えられました。

「読書のまとめ」に表れた読み聞かせの影響

最後に、「読書のまとめ」から読み聞かせの影響を見てみましょう。国語科の単元に合わせて、一年生の秋、半年間の貸し出しカードからお気に入りの本を一冊選んで子どもたちが自ら紹介するという活動をしています。

Ｂ５サイズの画用紙に色鉛筆で好きな場面の絵を描き、次の図書の時間に、みんなの前で絵を見せながら発表します。

先生が発表する形式やことばを指導しますが、見ている子は描かれた絵にとても興味を示します。その日のうちに、館内に絵本といっしょに紹介カードを掲示すると、よく借りられます。別の子の紹介本を指さして、「次はこれ読むの!」といったりします。それぞれの子の自主的な「読書計画」のはじまりです。別の時間にきた二年生も、「○○ちゃんのだ」などといいながら借りていきます。展示棚は、ほぼからっぽの状態になります。

さて、この活動で選ばれた本に、読み聞かせとの関連性はあるのでしょうか。

調べてみると、二クラス三七人中二二人が、読み聞かせに使った本を選んでいました。あとで紹介しあうので、友だちと同じ本を選んだ子には「ほかにはないの？」とたずねるのですが、「どうしてもこれ！」といいます。

この年、「お気に入り」に選んだ本が重なったのは、『はちうえはぼくにまかせて』（ジーン・ジオン　ペンギン社）と、『すなばのだいぼうけん』（既出）の二冊で、それぞれ三人が選びました。また、『ふしぎなおるすばん』（既出）、『ルラルさんのにわ』（既出）、そして『こんとあき』（林明子　福音館書店）の三冊は、それぞれふたりずつが選びました。

「毎日貸し出し」を目標に、〝読書の日常化〟のきっかけをつくる

読書の日常化への第一歩は、子どもたちが来館する回数を増やすことだと思います。以前、熱心な担任が毎日引率して来館してくださったこともありますが、それはだれにでもできる方法ではありません。朝から放課後まで毎日図書館を開館するには、司書の正規雇用も必要です。

逆にいえば、司書が短時間雇用の場合には、朝や放課後に開館するのはむずかしいということです。苦肉の策としてわたしが試みた方法を、ふたつあげておきます。

・帰りの会の終了直後、低学年向けに短時間開館する
・担任が週一回の朝貸し出しを実施することで、全員の週二回来館を確保する（朝貸し出しは、図書の時間がある曜日とは間を空けた曜日に設定する）

どちらの方法でも、司書は、あらかじめ貸し出しカードなどを並べたり、一年生向きの絵本を展示しておいたりと、短時間で貸し出しを終わらせるための準備をしておきます。

このほか、土日の家庭読書の動機づけと関連させるかたちで、金曜日だけ司書の勤務時間をずらして放課後貸し出しを実施する方法もあります。

それぞれの事情を考慮して、とりあえずは実現可能な週二回の来館を実現するための方法から検討してみてはいかがでしょうか。

家庭との連携——読書の習慣化を呼びかける

読み聞かせは情緒の安定にも貢献し、学校生活全般にいい結果をもたらします。しかし、いまの子どもたちは多忙です。

二〇一一年にわたしの勤務校でおこなったPTAアンケート「放課後の過ごしかた」によると、塾や習いごと（スポーツクラブをふくむ）に通う子は、学年があがるにつれて増えていきます。「週四回以上」の子は、低学年の男子では一割ですが、高学年の女子になると五割近くになっています。

また、放課後の自由時間は、「一時間～一時間半」と「二時間」が約三割ずつ、計六割です。残りの四割が、「二時間半以上」でした。

自由時間のあそびは、外あそびと屋内あそびがほぼ三対七の割合です。屋内あそびはゲームがトップで、一時間くらいあそぶ子がいちばん多くなっています。ですから、ほぼ六割の子の自由時間は「一～二時間」で、そのうち一時間程度はゲームをしている子どもが多いことがうかがわれます。ゲームに使う時間を一時間におさえているのは、おそらく保護者のかたの努力だと思います。

この結果からは「塾やおけいごとでがんばり、疲れたらゲームを楽しむ」といういまの小学生像が浮かびあがります。

便利にはなりましたが、おとなも子どもも忙しいという現代の暮らしは、家庭内で力を合わせて作業するという機会も減らしてきました。親子が肉声でふれあったり、いっしょに読書を楽しんだりする時間は、意識してつくることが必要な社会になったのです。とくに小学校低学年のときには家庭と連携してこのような時間をつくっていくことがたいせつです。

幼いときからの読み聞かせが読書習慣の形成に影響することは、統計からもわかっています。ところが、保護者からは「入学したら文字を習うので、絵本の読み聞かせはもう終わり」という声を聞きます。「自分で読む練習をさせるために、読み聞かせは中止したほうがいいですか？」という質問もたびたび受けます。わたしが「読み聞かせは、子どもたちからもういいといわれるまで続けてください」と話すと、多くのかたが驚かれます。

そこでわたしは、毎年一年生の保護者へ「読み聞かせのすすめ」をお話しする機会（講座）を設けてもらいました。実施時期は夏休みまえ。年間計画に入れて、七月の保護者会の後半や学校公開日などを利用して実施しています。

講座では、たとえば「家庭の読書は楽しみ――暮らしに本と図書館を」といったテーマで話をします。いちばん強調するのは、「家庭の読書は楽しみ」ということです。家庭の文化としての読み聞かせのたいせつさを訴えたり、実際に絵本を示して本の選びかたを紹介したり、親が読書する姿を子どもに見せてほしいということも話します。親子で公共図書館を活用することもすすめます。

そして、「読むこと」「書くこと」は「聞くこと」「話すこと」の上に成り立っているのだというピラミッドを見ていただき、その底辺を広げるのは「楽しい会話」や「楽しい読み聞かせ」だということを伝えています。

「読み聞かせにすすめたい本リスト」を作成して、当日配布することもあります。欠席した保護者には、担任から配布してもらいます。

その講座資料の一部を掲載します（資料4）。

関連機関の読書推進資料を生かす

司書が直接お話しすることができない場合でも、いろいろな手段があります。

・図書館報で具体的に保護者の協力を呼びかける
・関連機関が作成したパンフレットを配布する
・担任に話をして、「学年だより」や保護者会で理解を広める
・講師を呼んで話していただく

関連機関との連携を深めるのも、司書の仕事です。

東京都の例では、児童サービスを担当する都立多摩図書館が、いろいろな役立つ情報を提供しています。レファレンスや、作成冊子の活用のほか、足を運んで展示を見たり、講座に参加したりできます。ホームペ

資料4●読み聞かせ講座資料『家庭の読書は楽しみ』（2014年版を一部編集）

「家庭の読書は楽しみ」（抜粋）

1　学校図書館での学習

毎週

・読み聞かせやおはなし（昔話＝子育て経験の蓄積＋ドラマとやすらぎ）

・利活用指導（図書館利用法・情報活用力の基礎）

第1のめあて　「楽しんで聞く」→ことばや文字、本はおもしろいもの、図書館は楽しいところ

読み聞かせの意義　文字が読める≠内容がわかる

例1　マイク・サーラー『わゴムはどのくらいのびるかしら？』（ほるぷ出版）

2　家庭での読み聞かせ

スキンシップ＋豊かなことば＋おもしろいおはなし＝ことばの力を育む

家庭は愛されるよろこびを味わいながら文化を伝承する場

・Sさんの手紙　心の底に沈みこみ、生涯を通じて生きる力になる

優れたおはなしや絵本、そして親子の時間→愛情の伝承

例2　ルース・エインズワース『こすずめのぼうけん』（福音館書店）

→困難はのりこえられるという確信

3　本を読む習慣を育てるには

①子どもの目を見て、話を聞きましょう（ことばを補って聞く）

②生活のなかに静かな時間をつくりましょう

→映像メディア・携帯・ゲームのスイッチを切り、肉声でスキンシップを

③ことばや絵本でいっしょにあそびましょう。

例：わらべうた、なぞなぞ、手あそび、ことばあそび、しりとり、かるた

④読み聞かせをしましょう。読み聞かせしてもらいましょう

＊統計から　高学年や中学生の不読者と読み聞かせ未経験者の相関性

★いつまで読むか　★たいせつな中学年

⑤お子さんと定期的に図書館を利用しましょう

ージも充実しています。

まずは、ホームページをのぞいてみてください。いちばん活用したいのは、多摩図書館が自ら作成している「東京都子供読書活動推進資料」です。


保護者全員に配布される冊子に、『子どもたちに物語の読み聞かせを』（東京都立多摩図書館編）があります。A5判一六ページの小冊子で、手にとりやすく、簡潔な文章、的確な資料例と、三拍子そろった優れものです。保護者にお話しする機会に、「六年生まで使えます！」といいながらくばります。

学校の配布物はじつに多いので、保護者の目にとまるには、教師や司書からのひとことが必要です。配布時に「学年だより」でふれていただくと、効果が望めます。個人面談で担任が、「おすすめです」のひとことを添えて、ひとりずつに手わたしてくださったこともありました。司書から担任への「役立つ冊子」という情報提供が功を奏します。

ただ、一年生の保護者には、もう一段階まえの内容の『しずかなひととき　乳幼児に絵本の読み聞かせを』（東京都立多摩図書館編）が適していると思います。そこで、こちらも紹介し、希望者に貸し出したり家庭回覧したりしています。

学校にとどく読書啓発資料をどう生かすかは、現場の努力にかかっています。

「一年生担任の図書館活用報告記」より

さて、このような実践を教員はどのようにとらえているでしょう。

第3章でもご紹介した上前陽子先生が、担任から見た「学校図書館のはじめの一歩」を、ご自身の実践をふくめて報告されています。司書教諭が年四回発行する保護者向け図書館だより「読書の広場」（二〇〇七年一一月三〇日号）からの抜粋です（文章は、意味が変わらない範囲で句読点や文字使いを修正）。

図書館となかよし一年生、本が大好き!!

図書館は楽しいよ

クマの指人形での「ぼく、本がだーい好き！」の図書館指導スタートから、はや八か月がたちました。図書館指導員によるおはなし会は、毎回わらべうたなどの手あそびからはじまり、絵本の読み聞かせ（パネルシアターやブックトークのときも）があります。おはなし会が終わると、自分で本を読む時間。さっき読み聞かせてもらった本がやはり大人気となりますが、そこは順番に。絵本がどのように並んでいるかも学習し、探しかたも知っています。探しかたもじょうずになりました。オルゴールがかかると、みんな自分の席に座り、声に出して一生懸命読みはじめます。

読みたい本が貸し出し中のときにする「予約」も、今年は早くも二学期からはじめ、進んでするようになりました。絵の助けを借りずに楽しむ素話もおはなし会に組みこまれるようになり、吸いこまれるように耳を傾けて聞いています。また、子どもたちにあたえていく本のレベルも徐々にあがってきています。

友だちから友だちへ

本が好きになりはじめたころの九月、貸し出し冊数を一日一冊にして、魅力いっぱいの図書館にみんなで毎日借りにいくようにしました。教室のロッカーの上には学級文庫があります。二十数冊の絵本を広げておき、いつでも、子どもたちが気軽にさわれるようにしました。一か月たつと、新しい本にとりかえています。読んだ本が増えてきたのか、「この本おもしろいよ」と友だちに紹介する姿が嬉しいです。

保護者のかたのご協力を得て

学期に一度の読書週間には、学年の保護者のかたに本の読み聞かせのご協力をいただいています。子どもたちへのあたたかい思いや願いが伝わってきて、心打たれます。

ひとりで読めたよ、二年生

〈二年生の読書と支援〉

二年生では、一年生で定着した図書の時間の流れを継続しながら、さし出す本のレベルをすこしずつあげていきます。担任への読み聞かせ本の提供も続けます。

読み聞かせでは、長めの絵本や短い昔話の素話を楽しんだりできるようになります。科学絵本もよろこばれます。

後期には、絵本からやさしい読みものへの移行を図っていきます。個人の読書力の差が目に見えて広がってくる時期ですから、遅れだした子は早めに見つけて対処したいものです。聞く力が伸びてきたクラスでは、三学期に幼年文学や中学年向きの連作ものをとり入れると、ひとり読みのレベルをあげる引き金になります。ブックトークやリストの活用、テーマ読書などの手法をすこしずつとり入れていきます。

ブックトークでは、数冊の紹介を聞けるようになります。本格的なブックトークの前段階として、パネルシアターや手ぶくろ人形の活用、なぞなぞなど、あそびの要素をとり入れると、どの子も飽きずに聞くことができます。

推薦リストの活用では、読書クイズをしたり、読んだ本にシールを貼ったりするなど、お楽しみの要素をとり入れるのもいい時期です。テーマ読書は、「日本の昔話絵本・神話絵本」や「ことばあそびの詩」「生きもの関連のやさしい読みもの」などでとりくめます。

では、二年生の実践例を紹介しましょう。

実践例1　ブックトーク「毛糸えかきうた」

「読書の広場」（二〇〇七年七月一八日号）に掲載した、二年生の担任、高松浩二先生による報告です。

二年生、ブックトークの巻より

二年生からは、はじめてのブックトークの時間のようすをお知らせします。

いつものように、学校図書館の読み聞かせのコーナーに子どもたちが集まると、福岡指導員が、パネルシアターで毛糸を使っていろいろなかたちをつくりはじめました。「ちょうちょ！」「魚！」「池！」……子どもたちの元気な声が、あちらこちらから聞こえます。

最初に『オタマジャクシをそだてよう』『ふしぎなおたまじゃくし』『ざりがにのおうさままっかちん』。三つのおはなしを、子どもたちは、耳で、目で、じっくりと楽しんでいました。

次は『ふかい海のさかな』の科学読みもの。大好きな生きもののおはなしを、子どもたちは食い入るように聞いています。読み終わると、「見たい」「借りたい」の声！

次はなぞなぞコーナーで、『なぞなぞ　あそびうたⅡ』。最後の『お父さんのかさはこの子です』までひきこまれるように聞いていました。

読書週間のときだったので、その後、たくさんの子どもたちが紹介された本を手にとってじっくりと読書を楽しみました。

実践例2　国語教材発展　ことばあそびうた

図書の時間には、学年に応じた「詩を楽しむ」授業をおこなっています。二、三年生では、詩の単元の導入や発展として、「詩であそぼう」のテーマで実施しています。

ある年、二年生の担任の眞島智子先生から「詩を書かせる参考に、詩を紹介してほしい」という依頼がありました。以前「食べものや動物の詩」を紹介したことのあるクラスでした。そこで今回は、「まねしてつくってみたくなる、ことばあそびや詩」をとりあげることにしました。たとえば次のような詩です。

『こんにちワニ』（中川ひろたか　ＰＨＰ研究所）
『かぞえうたのほん』（岸田衿子　福音館書店）
「先へ進まない数えうた」（川崎洋少年詩集『しかられた神さま』所収　理論社）
「きりなしうた」（谷川俊太郎『いち』所収　国土社）

子どもたちはすぐに、いっしょに唱えてくれました。そして、まねしてことばあそびをはじめました。担

資料5●『ことばあそびうた』集より

先へすすまない数えうた

いちだいでもれいぞうこ
いっこでもにんにく
いっぴきでもサンマ
いちだいでもシーソー
いっぴきでもゴリラ
いっぽんでもロウソク
いっぽんでもバナナ
スプーンいっぱいでもはちみつ
いっかいでもクリスマス
ひとりでもとおせんぼ

山本　菜摘

じゅう人分のし

いひとわらったひとり
にこにこわらったえたり
さんざんなめにあったさんにん
しくしくないたよにん
ごみをひろったごにん
ロックスターはろくにん
「なっなに」とおどろくしちにん
はははとわらったはちにん
くくくとわらったくにん
ジュースはじゅうにんぶん。

塩田　海くら

任がさっそく、ことばあそびの詩づくりの授業へと展開し、クラスの『ことばあそびうた』集にまとめました。ページを開くと、楽しさいっぱいの詩がそれぞれの個性を表現しています（前ページ資料5）。

ひとり読みへの移行

〈ひとり読みへの移行をうながす本とは？〉

低学年の最後に、ひとり読みへの移行についてお話ししたいと思います。

ある日、一年生のクラスで「絵本から気に入った文を書きうつす」授業がありました。当日、担任から連絡があり、急いで児童数ぶんの絵本を書架から抜きはじめましたが、なかには書きうつすには向かない絵本もありました。たとえば、内容はやさしくても、文章がわかち書きではなかったり、会話文が改行されていなかったりする絵本です。

児童数以上の本を選びきれないうちに子どもたちが来館してしまい、なかには自分で書架から選んでうつしはじめた子がいました。その結果、その子たちのなかに、担任が準備したワークシートでは記入できない子が出てしまいました。放課後、改善法を話し合い、次のクラスでは、教科書のようにわかち書きされている絵本だけを提供することにしました。

高学年向き絵本については、すでにコーナーをわけていました。けれど、低・中学年向きの絵本でも、漢字やカタカナがあったり、わかち書きになっていなかったり、レイアウトが凝っていたりして、一年生のひとり読みには向かないものがあるのです。

この経験から、わたしは「低学年のひとり読みは絵本から」と大雑把に考えてさし出すとつまずく子が出てしまうことを、はっきり意識するようになりました。

資料評価の際には、「ひとり読みに適しているかどうか」という視点も必要です。それ以来、本を評価するときにはこの視点を明確に意識し、カードに記入するようにしています。具体的には、文章はわかち書きになっているかどうか、漢字やカタカナの有無は、文字の大きさはどうか、音読しやすいかどうか、文章量は適切かなどを、一年生の身になった気持ちで評価します。このような評価の観点から見ていくと、たとえば福音館書店の「こどものとも傑作集」は、子どもたちに安心して手わたせるシリーズのひとつだということが、はっきりとわかります。

また、こうして入門期の「ひとり読みへの移行」の指導について考えていくなかで、「絵本だけでなく、やさしい幼年読みものをもっととり入れたほうがいいのではないか」と考えるようになりました。この考えかたをとり入れながらとりくんできたのが、第5章でも紹介したリストづくりです。

〈ひとり読みへの移行に向く本のリスト〉

入門期の「ひとり読み」に向く本のリストづくりは、前述したように小学校司書の仲間でとりくみました。

まず、「何のために」「どのようなリストをつくりたいのか」を話し合うことからはじめました。そして、「子どもとふれあう日々から得た知識を交換し合い、それをもとにした子どもたちの実態に沿ったリストづくり」をめざすことになりました。それぞれが候補となる本をあげ、みんなが再読して話し合うという方法でとりくみました。次ページ資料6にあげたのは、その話し合いの結果、評価の視点としてまとめた「わたしたちの共通理解」です。

リスト「学校図書館司書が選んだ低・中学年に手わたしたい本」は、二〇一三年夏にできました。中学年にも範囲を広げ、一年から四年まで各四〇冊ずつをとりあげています。学年のめあてから、一・二年生用は〈ひとりで よめたよ〉、三・四年生用は〈いろいろ よめたよ〉と副題をつけました。

各学年の四〇冊は、同学年のクラス数が多くても授業でとりくめるように、それぞれ二〇冊ずつ「A」と「B」のふたつにわけました。AB両方へ、詩を入れたり科学絵本を入れたりしてバランスを考えました。そして、リストAにはやさしめの本を、リストBにはやや挑戦本を、それぞれ多めに入れるようにしました。活用時期やクラスの状況に合わせて最適なものを選べるようにと考えたのです。

その後二年間、わたしたちは、各校でリスト読みの学習を実践していきました。基本的には、三〜四回の図書の時間をあてて、リストの本を読む学習をしました。わたしは、同時期に学級文庫へも入れ、担任とともに子ど

資料6●リスト作成にあたっての、わたしたちの共通理解（〈ひとりで よめたよ〉低学年より）

学校図書館司書が選んだ　ひとり読み指導のための80冊

1年生は、50音の学習が終わると、ひとりで読む学習が始まります。かたわらで聞いていると、まだまだ拾い読みです。文字が読めるようになっても、内容を理解しているとはかぎりません。

子どもたちにとって、学校にあるたくさんの本から自分に合ったものを選ぶのは、おとなが考えるよりずっと大変なことです。また、絵本ならどれでも低学年に適しているとは言えません。文字が小さかったり、レイアウトが凝っていたりする絵本は、読みにくいことがあります。

わたしたちは、「楽しくひとりで読みきる体験」を重ねることで、子どもたちに満足感と達成感を味わってほしいと考えています。そこで、「ひとり読み」に誘うおもしろい本を選びました。

低学年リスト作成に際しては、次の7点に留意しました。
①文章は分かち書きで、ひらがなのみ、あるいはルビつきで表記されている。
②低学年が読みやすい活字の大きさ、字体や行数である。
③文章は縦書きが望ましいが、絵本は読みやすいレイアウトであれば横書きでもいい。
④一つの文が短く、音読しやすい。
⑤子どもたちに分かりにくいことばが多出していない。
⑥興味や発達にあっていれば、やや長めの話でも良い。
⑦この年齢でこそ楽しめる内容である。

もたちを励まして、集中的に読んでもらいました（学校の実情に合わせて、長めの期間「おすすめ本」として別置した学校もありました）。

子どもたちには、リストに評価マーク（◎＝おもしろい、○＝ふつう、△＝おもしろくない）を記入してもらいました。それを各校ごとに集計し、さらに実施校分を集めて合計しました。

その結果に、わたしたちが実施してみて新たに気づいたことを加え、それぞれの本がその学年の子どもたちに適していたのかどうかを分析してみました。評価が低かった本や、ほかのさし出しかた（たとえば読み聞かせ）が適していると思われる本は、リストからはずしました。

現在は、改訂をめざして、差し替える本の候補を読み合っているところです。

2　わかれ目の中学年

中学年の読書

中学年になった子どもたちは活発さが増し、個性がはっきりしてきます。読書力が伸びる時期ですが、差も広がってきて、なかには読書に苦手意識をもつ子も出てきます。子どもたちの興味、関心が広がるので、読書以外の世界に夢中になる子も増えてきます。

自分の興味ある世界での活動が活発になるのは好ましいことですが、読書は、趣味のひとつではなく、学びにたいする基礎的なスキルを習得するという観点からからみて、だれにでも必要なことです。この時期は、本を活用しながら読書への関心が継続できる学習を計画的に実施することが、よりたいせつになります。

三年生の読書指導は、絵物語から文字中心の読みものへの移行をめざします。四年生は、たくさんの本を楽しく読むことで、読書力を伸ばしていきます。読み応えのある高学年向きの本へ導く、たいせつな二年間です。好奇心が旺盛ですから、やりかた次第で多様な動機づけが成功する時期です。

読み聞かせは、絵本から読みものの読み聞かせへと比重を移していきます。また、飽きずに数冊の紹介を聞ける子が増えますので、フォーマルなブックトークをはじめる時期でもあります（日常的なミニブックトークの継続も効果的です）。

読書の動機づけの中心を、読み聞かせから紹介へと移していきます。リストの活用も、「読書の質の向上」に大きな影響をあたえます。

国語、総合、図画工作などの授業実践を紹介していきましょう。

中級絵本の読み聞かせ

一年生から読み聞かせを続けてくると、内容をくみとって感動を共有することができるようになります。

三、四年生でのおすすめ本、素話を紹介しましょう。

〈三年生〉

三年生の前半で、読書が苦手な子どもたちにもよろこんでもらえる絵本に、「ペチューニア」シリーズ（ロジャー・デュボアザン　冨山房ほか）があります。「主人公の、上から目線でのおばかさんぶり」がひとつの特徴。子どもたちにもそれがわかり、楽しんでくれます。このシリーズは、いろいろな出版社から出ています。

『きつねにょうぼう』（長谷川摂子再話　福音館書店）は、狐女房が愛息子に正体がばれて去っていく哀しみが心を打ちます。最後、子どもたちはシーンと聞き入ります。語彙のすくない子から、「女房って何？」という質問が出ることがあります。ことばの意味をみんな説明する必要はありませんが、それがキーワードなら、題名をいったときの表情を見て最初にひとこと説明するなど、臨機応変に対応します。

『ゼラルダと人喰い鬼』（トミー・ウンゲラー　評論社）は、「子どもが大好物」という鬼の話。みんな、ドキドキしながら聞きはじめます。主人公が「鬼にやられるっ」と息をのんだあとには、意外や意外、画面いっぱいにごちそうが並びます。みんなの目は、ごちそうに釘づけです。最後のページは、絵に隠された作者のエスプリに気づいてほしくて、じっくり見せます。必ずだれかが気づいて、ニヤリとしたり、発見をみんなに教えたりします。

『トカゲのすむしま』（串井てつお　講談社）は、親子にも似た情愛と別れの情感を味わえます。背後の環境問題に気づかせるには、中学年で読むのがいいと思います。この本をいっしょに聞いていらした担任がホロリと涙されたことがありました。先生をふり返った子どもたちの心配そうな顔、顔、顔……。読み聞かせは、先生と子どもたちが感情をわかち合うたいせつな時間です。

また、昔話では、子どもたちになじみのない道具や暮らしが出てきます。最近は、「赤ずきん」を知っていても「一寸法師」を知らない子が増えました。そこで、『いっすんぼうし』（いしいももこ　福音館書店）を読んでいます。ほとんどの子は、この本で「打出の小槌」のことを知ります。

「かちかち山」や「舌切りすずめ」も、はじめて聞く子がたくさんいます。この二話は、こぐま社の『子どもに語る日本の昔話』（全三巻）で読んでいます。

このシリーズに入っている「五分次郎」は、とくに人気のある話です。子宝を願うおじいさん・おばあさんの願かけの満願の日、「七日七日そして七日」と読むと、「しちさん　にじゅういち」とつぶやく子がいます。五分次郎が策略でお嬢さんの口に麦こがしをつけると「ずるーい」といっていたくせに、おかしみや冒険を堪能して最後に鬼をやっつけると、「やったね！」とみんなで満足そうです。鬼の忘れた「打出の小槌」に「いっすんぼうし！」といいだします。その発見が嬉しい子どもたちです。「銅のなべ」（『子どもに語る北欧の昔話』所収　こぐま社）も、毎年読むおはなしです。

元気な主人公が活躍する昔話は、和洋を問わず中学年にぴったりで、子どもたちをとても満足させます。素話で楽しんでもらうおはなしに、デンマークの昔話「ついでにペロリ」（『おはなしのろうそく6』所収　東京子ども図書館）があります。おばあさんの家のねこが、おかゆの入った鍋を皮切りに、「おばあさん」「つむじまがり」「へそまがり」……と次々に飲みこんでいくナンセンス話ですが、聞き手の感度と語り手の調子がそろえば、なんとも心浮きたつおはなしです。聞き慣れたクラスでは、最初にねこがおかゆをペロリと食べただけで、おかしげなクスクスという笑い声が生まれます。

いい聞き手は、先を予想し、雰囲気をひっぱってくれます。ねこは、であうものを次々にペロリ、ペロリと飲みこみ、そのお腹はどんどん膨らんでいきます。子どもの目もまん丸になったとき、きこりが登場します。ねこがきこりをペロリと飲もうとすると……！　なんとも楽しく語り終えました。みんながおはなしコーナーを出ていったと思ったら、Nちゃんがまいもどってきていいました。
「先生、きこりの台詞もう一回！」。もちろん、わたしはくり返しましたとも。「おっとどっこい、おねこさん、そうはいかねえよ」ってね。

〈四年生〉

忘れずに読み聞かせたい絵本は、『おおきくなりすぎたくま』（リンド・ワード　ほるぷ出版）です。モノクロの絵がついた、八六ページもある本ですが、一ページあたりの文章は短いので、一二分くらいで読み終わります。

男の子が拾ったこぐまは、なんでも食べてどんどん大きくなったため、村全体の厄介者として殺さざるを得なくなります。子どもたちは、どこか愛嬌のあるこのくまが食べまくる場面や、遠くに逃がしにいってもくり返しまいもどってくる場面では笑って楽しんでいますが、クライマックスでは、少年とともに息をつめ、苦しみを共有します。

『キャラメルの木』（上条さなえ　講談社）は、戦争の絵本です。祖母が孫に、戦時中、病と飢えでキャラメルを夢見ながら死んだ弟に、庭の木はキャラメルの木だとうそをついたと語ります。うそを悔い、弟の仏壇にキャラメルをそなえ続けてきたのでした。その祖母が死をまえにしたとき、孫がしたことはなんだったでしょうか？　静かな哀しみと孫のやさしさ、命のつながりが心を打ちます。

このおはなしを聞いた四年生の女子が、わたしのところにきてそっと、「先生、なんであんな悲しいおはなしを読んだの？」と聞きました。

つらくても伝えなくてはならないのが、戦争の悲惨さだと思います。いろいろな意見があるかと思いますが、わたしは戦争の愚かさを、年齢に合わせてしっかりと伝えていきたいと考えています。

ただし、話を聞いたあとにこわくて眠れなくなるというのはどうでしょうか。中学年までは、悲惨すぎる絵本の読み聞かせはできるだけ避けることにしています。授業で全員を対象としているからです。この本は、刺激が強いわけではありませんが、戦争の哀しみは伝わってきます。

高学年へ戦争文学を紹介するときも、「悲惨さのなかにも希望があるもの」を選ぶよう心を砕いています。

創作読みものの読み聞かせ

二、三年生の読書動機づけには、物語を一章ぶんだけ読み聞かせたり、連作集のなかの一話ぶんだけを読んだりする手法が有効だと、第4章で述べました。

たとえば、二年生からの連続読み聞かせには、『あたまをつかった小さなおばあさん』（既出）を担任に手わたして、三学期の読み聞かせにすすめました。毎日一話ずつ読んだら、子どもたちがとてもよろこんだそうです。その先生は、「ここまで聞けるようになるんですね」と感心していました。

二、三年生になると、このように同じ主人公のエピソードが入っている物語の一章ぶんを読んであげると、自分で続きを読もうとするようになります。

「ミリー・モリー・マンデー」シリーズ（既出）もおすすめです。本の作りがかたいので手にとられにくい本ですが、最初の一話を読んであげれば、主人公の家族構成やおはなしの質が伝わります。あるクラスでは、七人も予約が入りました。

『小さな小さな七つのおはなし』（既出）では、所収の「ジェニーのボス」をところどころ読んで紹介しました。見返しに「おはなしのタイトル」が載った「あみだくじ」もあります。これは予約が殺到しました。

「はじめてよむ童話集（全五巻）」（野上暁編　大月書店）は、出版年が古くていまでは入手しにくい童話も収録されています。紹介したら、次々に読まれていきました。

「あまんきみこ童話集（全五巻）」（あまんきみこ　ポプラ社）も、紹介したら大人気。一巻めを読んだ子が他巻を予約したのがきっかけで、女子を中心に広まっていきました。

作品集は、なかなか手にとってもらえずにいましたが、一話読み聞かせをはじめたら人気になりました。おもしろさがきちんと伝われば、子どもたちはちゃんと読みはじめるのです。

作品集ではありませんが『ちびっこカムのぼうけん』（神沢利子　理論社）も、有名な本ですがあまり読まれていませんでした。そこで四年生に、朝読書と図書の時間を使って前半部分を連続読み聞かせしました。同時に各組の学級文庫にも入れたところ、予約が一気に一四件入りました。出版年が古くても、おもしろい本は子どもの心をとらえます。

手ぶくろ人形の活用

一年生の授業での、ミトンくまの人形活用を述べました（209ページ）。このほかにもわたしは、「保育と人形の会」の人形たちをいろいろな場面で使って、子どもたちと楽しんできました。中学年では、詩の授業でも活用していますす（資料7）。

ブックトーク本に群がる子どもたち

卒業までに手応えある高学年の本が読めるようになるかどうかのひとつの分岐点が、四年生段階にあると感じます。四年生以降、ブックトークは動機づけの中心的な手法になってきます。

わたしの場合、フォーマルなブックトーク以外にも、読み聞かせのあとにミニブックトークをプラスしたり、新着本を次々とブックトークで紹介したりし

資料7●『のはらうた』での手ぶくろ人形活用リスト

	題名	作者	巻	ページ
1	ひなたぼっこ	つくしてるお	3	26
2	おしらせ	うさぎふたご	2	40
3	はるがきた	うさぎふたご	1	24
4	ぽいぽい・たいそう	こいぬけんきち	2	106
5	さかさま	こざるいさむ	2	72
6	「あらよっ」のとき	こりすすみえ	2	50
7	かんがえごと	こねずみしゅん	2	48

ています。これらを継続していくと、読書力がぐんぐん伸びていきます。仲間との関係が深まってくるので、ひとりの予約が口コミによって広がっていくこと、記憶が長持ちするようになり、紹介本が長く動き続けるようになることなどがその要因だと考えられます。

四年生での紹介本を五、六年生になって手にとる姿もよく目にします。ですから、紹介後すぐの反応だけに一喜一憂せず、地道にいい本を紹介していくことがたいせつです。それが、〝花開く高学年〟へつながっていくのだと思います。

こうした考えかたで本を選んだフォーマルなブックトークと、そのときの子どもの反応を紹介します。

この学年の二クラスは、当時はまだ本が好きという児童の数が限られていました。着席静読についても指導中で、予約が多く入っているのはさし絵の多い物語といった状況でした。

そこで、高学年での読みものへの移行を視野に入れて、ある程度ページ数があっても読めば確実におもしろい、基本的な物語を選んでみることにしました（資料8）。

区立図書館から複本で借用し、二クラスの実施週をずらすことで、当日は全員が気に入った本をすぐに読みはじめられるよう準備しました。「すぐに読みはじめてもらう」というのは、とてもたいせつな要

資料8●4年生ブックトーク「ヘンシーン」実施半月後の調査（対象　2クラス52人）

No.	書名	自館	借用	準備数	読了
1	『スズメぼうし』	1	5	6	11
2	『ぺちゃんこスタンレー』	2	4	6	16
3	『小さなスプーンおばさん』	1	5	6	10
4	『スプーンおばさんのぼうけん』	2	0	2	1
5	『スプーンおばさんのゆかいな旅』	3	0	3	3
6	『オタマジャクシの尾はどこへきえた』	2	3	5	6
7	『いたずらおばあさん』	1	5	6	13
8	『ぼくのつくった魔法のくすり』（1組のみ）	1	3	4	2
	合　計	13	25	38	62

素です。

活字の大きさやさし絵の多少は、本選びに大きく影響します。文字の大きさで「無理!」という子もいます。この学年の状況に配慮して導入に絵本を使うことにしました。

資料8のNo.3は、偕成社版の絵本『スプーンおばさんちいさくなる』で人物紹介をし、厚みのある学研版へと誘いました。さらに、「短い一二のおはなしが入っているので、読みやすいよ」と励ましました。シリーズは、表紙のみを見せてのかんたん紹介です。全体で二五分間でした。

担任が最初に、「紹介本を一冊は読んでみよう」と声をかけてくれます。すると子どもたちは、「どれにしようかな?」と考えながら聞いてくれます。紹介が終わったとたん、ほぼ半数の子が、本が並ぶ大机をめざして腰を浮かしました。それを制して座らせ、紹介本を順番に示して、希望する本に手をあげてもらいます。準備数を下まわった本から手わたし、すぐに読みはじめてもらいます。足りない本については、小声ジャンケンです。負けた子には予約をすすめます。

全員が読みきることを体験できるようにくふうします。次の週の図書も、この紹介本を読む時間を設定しました。家で読みきれなかった子も、これで読みきることができました。家で読んできた子は、次の本に手を伸ばしてくれました。

本がもどってきたら、紹介本コーナーに並べておきます。

資料8の集計の「読了」は、貸し出し数ではなく、半月後に集計した読了人数です。ブックトークの成果がわかるのは、貸し出し数ではなく読了人数です。さらにいえば、読了した子にどれだけ「満足してもらえたか」が大事になります。たとえば、No.2『ぺちゃんこスタンレー』は、借りた子の全員が読み終わりました。途中で、「これ、すっごくおもしろいよ！」と声をあげた男子がいました。No.7『いたずらおばあさん』は挑戦本でしたが、貸し出し一六人のうち一三人が読了しました。

この二冊と「スプーンおばさん」シリーズは、男女を問わず複数の子が「読書のまとめ」のベスト3に選びました。まだ二年生向きくらいのやさしい読みものを読んでいた子たちまでがベスト3に選んでくれたことが何より嬉しかった実践でした。

推薦リストの活用――読むトレーニングは良書で効果的に

〈三年生〉

ある年の読書週間に、リストを活用して本の内容についてクイズをおこないました。委員会活動などでおこなわれる自由参加のクイズではなく、授業で「全員が集中して質のよい本を読む」のが目標です。

この学年は、二年生のときにリスト活用を一度経験しています。中野区小学校教育研究会学校図書館研究部の先生がたが選定した「よんでおきたい本（1・2年）」（『たのしい図書館』中野区教育委員会　低中高別三冊に各四〇冊掲載）のリストを使いました。区内の学校司書数人で、詩などを抜いた三五冊について、それぞれ三問ずつクイズをつくりました（問題がひとつだと、友だちから解答だけを聞いて答える子が出てきます。一人ひとりに臨機応変に出題できるよう、一冊について複数の問題を準備しました）。

一時間だけ図書の時間を使い、あとは学級文庫に入れて継続しました。子どもたちは夢中でとりくみ、担任の中村敦子先生は休み時間にも問題を出し続けて奮闘されました。学級文庫がとりあいになり、図書館にリスト本を探しにくる子もいました。

実施後に先生に改善点をお聞きしたところ、課題として、①冊数が多めで、読みきるのがたいへんだったこと、②リストを読む図書の時間が一回ではすくなかったこと、③ほかの学校行事と実施時期が重なり、忙しかったこと——の三点があがりました。

そこで、次の年の三年生では、大きな行事と重ならない時期を選び、冊数を減らして図書の時間を三回使いました（それでも、「もっと、やりたい」という声があがり、希望する子には継続することになりました）。

利用したリストは、都立多摩図書館の『ほん・本・ごほん』（①・②）と、わたしの「お勧めリスト」です。

クイズは、わたしが考えたものもありますが、おもに多摩図書館が作成した問題を使いました。本を最後まで読めばどの子も答えやすい三択問題です。

当日の流れは、以下のとおりです。

①クイズに使用する本を複本で大テーブルに並べる
②好きな本を選んで、最後まで読む
③担任または司書が出すクイズに答える
④正解なら書名一覧カードにミニシールを貼り、次の本を選ぶ
⑤不正解なら、もう一度読み直して再挑戦する

競争モードをおさえ、ていねいに読む雰囲気をつくるために、クイズはその子にだけ聞こえるような小さ

い声で出題しました。どの子も「正解するぞ」という真剣な表情でわたしを見つめ、耳をピンとさせて問題を聞きとろうとします。

答えが正解なら「○」、不正解なら「×」のかたちを指でつくって伝えます。先生とふたりフル回転ですが、答える列が途切れません。四五分はあっというまです。

別の年度ですが、リスト読みをしていたらSくんが、中国の民話『王さまと九人のきょうだい』(岩波書店)をかかげてわたしの前に立ちはだかり、「この本はおもしろい!」と宣言したことがありました。なかなか一冊を読みきれない児童が次々正解を答えてくれることもたくさんありました。

それぞれの答えを聞いていると読みの正確さがわかり、児童理解にも役立ちます。一人ひとりの子どもとの、とてもいい時間がつくれます。少々ハードな授業ですが、年に一回くらいなら挑戦してみるのもいいのではないでしょうか。

リストの改善のために、実施後にときどき感想調査をしています。

おもしろかったら金シール、ふつうなら赤シールを表に貼ってもらったことがあります。ある二年生クラスの読了数は、一か月たらずの期間で計五六七冊、ひとりあたり二〇・五冊でした。四分の三以上の子が金シールを貼った本が一二冊、四分の一以下の本は五冊でした。ちなみに、この二年生が冬に読んだ本のうち、九〇%以上の高い支持を得たものが四冊ありました。『はちうえはぼくにまかせて』(既出)、『ふしぎなおるすばん』(既出)、『アンディとらいおん』(ジェームズ・ドーハーティ　福音館書店)、『おしいれのぼうけん』(ふるたたるひ　童心社)でした。

この手法は、児童による推薦リストの評価ということになります。ただし、シールははがれやすく、また子どもは金シールを貼りたいという気持ちが強くなりがちなので、出てきたものがそのまま実際の評価というわけではありません。

現在は、シールを中止して評価マーク（◎○△）を記入してもらい、それを集約してリストの改善を図っています。集約しながら個人の評価傾向を見ていると、その子の好みや読書レベルを知ることができます。

〈四年生〉

四年生では、都立多摩図書館の『ほん・本・ごほん』（①〜③）の①を使いました。見開き一テーマ（各六冊）ずつ二四のテーマが、カラーの表紙写真とかんたんな紹介文つきで載っています。おもしろい本ばかりです。巻末には、各テーマ別に紹介する「そのほかの本」と索引、おとな向けの活用のヒントがあります。

担任の藤貫佳代先生に実物を見せて相談し、都立図書館に児童の人数ぶんの冊子を申しこみました。

リストの、購入可能な本にはＩＳＢＮが記載されていますので、未所蔵の本はまえもって購入しておきます。購入できない本は、区立図書館から借用して準備しておきました。

さて、読書週間です。図書の時間に担任が「これは、特別にいただいた、たいせつな冊子です」といいながら配布して、それぞれ記名させます。わたしが、国、都、区の図書館ネットワークと冊子の使いかたを、ごくかんたんに説明してから、「まず、二四のテーマから好きなものを選びましょう。読みやすさマークも参考にしましょう」とすすめました。

はじめて「都立図書館」のことを知った子どもたちです。ワクワクとした顔で、さっそくリストを開きました。

読んでみたい本を決めたら、さあ、本探しです。

担任から「二冊貸し出しのうち、一冊はこの冊子から探そう」との指示が出ました。わたしは、いっしょに探したり、予約を受けつけたりと大忙しです。

本を手にすると、子どもたちはさっそく読みはじめます。そのようすを見ていた担任から、「しばらくのあいだ、図書の時間に活用したい」との希望が出ました。そこで、子どもたちに冊子を毎回持参してもらい、これを活用することになりました。

実践後の「読書のまとめ」では、三七人中二〇人――つまり五四%――が『ほん・本・ごほん①』で紹介されている本を「おもしろかった本ベスト3」に選びました。これは、準備がたいへんなフォーマルなブックトーク一回の影響よりも高い数字です。

単なるリスト活用ではなく、以下の条件を満たしたからこその結果だと考えています。

・優れたリストであること（これが第一条件）
・授業に位置づけて実施し、読む時間を確保すること
・手わたしかたをくふうするなど、児童の関心、意欲を高めること

司書がいいリストを選び、教師が授業計画に位置づけて協働すれば、そこには大きな成果が生まれます。これについては、中野区立白桜小学校の実践として都立多摩図書館のホームページ（http://www.library.metro.tokyo.jp/）に載せていただきました。

教室を学校図書館分館へ

〈学級文庫の位置づけと活用〉

学級文庫は、子どもたちにとって校内でいちばん身近な読書環境です。これを生かさない手はありません。わたしは、「学級文庫は、学校図書館の分館」と位置づけて、次のような方針を決めました。

1　新鮮さをたいせつにする→年に三〜五回程度、本を交換する

2　調べ学習や国語の単元に合わせた関連本を入れる（単元終了後返却）

古い本を一年間おきっぱなしにしていると、本は「おきもの」と化してしまいます。低学年では二か月に一回、高学年は三か月に一回をめどに、読みものを中心とした基本の本を交換していきます。一回に交換するのは、クラスの児童数プラスαの冊数にしました。

それと並行して、必要に応じて授業単元に関連した本を入れていきます。読み聞かせやブックトークで予約がたくさんついた本があれば、それを入れることもあります。

教室に本を運んでいくと、子どもたちは「新しい本だ！」『どんな本？」と、群がってきます。担任からも「とりかえてもらったら、よく読んでいますよ」といわれます。

〈学級文庫の整備〉

整備の第一歩は、年度末の全返却を徹底することです。司書がいないと、教室移動のあとに異なる学年用の本がそのまま残されているという状況になりがちです。

学級文庫用のセットづくりは、徐々にとりくみます。公共図書館のリサイクル本を活用することもできますが、たいせつなのは、その学年の読書力に適した良質な本を選ぶことです。公立図書館から借用する場合も、司書がリストを作成したり、その学年の読書実態や希望ジャンルを伝えて、適切な品ぞろえにしたいものです。

〈担任との連携〉

あるとき、一年生の担任が、ロッカーの上に本を平おきで並べて子どもたちにすすめてくれたことがありました。一種の「面出し」です。ほこりやチョークの粉がかかるのが難点ですが、効果満点でした。子どもたちは、空いている時間に次々と、本に手を伸ばしていきます。

わたしは、担任と相談して一か月ごとに本を交換することにしました。担任が手をかけ、声をかけてくださると、本は活用されます。担任に声がけをお願いしてみましょう。

また、活用されればされるほどその場が乱雑になりがちですから、ひんぱんに見まわって整頓したり、担任といっしょに児童への指導をしたり、係をつくってもらったりします。

〈貸し出しのくふう——リスト作成〉

学級文庫の本の交換は、作業量の多い仕事です。全校一斉交換はきびしいので、新学期以外は学年ごとに時期をずらすよう計画しています。

また、コンピューター化されていない学校では、貸し出しリストを作成するのにも時間がかかります。

わたしは、背表紙をコピーしてリストがわりにしています。この方法は、「次の時間に使用したい」といいった急な依頼のときにも便利です。それぞれの本の高さや背文字が一目瞭然で、返却時や次の利用時にもわかりやすいです。

コピー機が図書館と同じ階にない場合には、本をもって階段をのぼりおりしなければならないため、けっこうたいへんです。それでも、手書きやパソコンでのリストづくりにくらべるとずっと短時間ですみ、より多くの資料要求に対応することができます。事務主事さんのアイデアで図書館に旧式の白黒コピー機をレンタルしてもらったときは、ほんとうに助かりました。

〈国語の授業関連本を学級文庫へ〉

三年生の国語（東京書籍）教材「木かげにごろり」で、「世界の昔話を読んでみよう」という学習がありました。年間計画を相談するときに担任から「発展読書として読ませたい」という希望があったので、授業展開に合わせて学級文庫に入れることにしました。

一斉読書なので、三年生に向いた世界の昔話絵本を児童数＋α冊準備しました。担任にリストをわたすと、「読めたかな？」カードをつくってくれました。表はリスト、裏は山登り風に一マスずつ色が塗れるイラストつきです。

とりくみは一か月としました。中学年までのリスト活用は、長く続けると散漫になりがちだからです（ただ、ゆっくり読みたい児童のために、さらに半月程度は学級文庫へ入れておきます）。

このようなとりくみでは、貸し出す直前の図書の時間や、教室に出向く出張サービスのときに、何冊かでもいいので司書がひとくち紹介をすると効果的です。また、その時間だけでも公共図書館から借用して複本にしておくと、どの子も読みたい本を手にできて、いいスタートを切ることができます。ふだん学級文庫にあまり興味をもたない子にも効果があります。

冊数を決めてのシールプレゼントや、完読表彰状などは、担任と相談します（毎回する必要はありません）。それよりも、おもしろい本とのであいが、子どもたちにたいする何よりの贈りものなのですから。

科学の本を授業に生かす

〈三年生〉

「生きものの擬態」がテーマの国語説明文「自然のかくし絵」で、担任の上前陽子先生、図画工作専科の五ノ井由紀先生、副校長の鈴山尚子先生が、教科横断的な授業にとりくまれました。

わたしは、鈴山先生がT1をされた総合的な学習の時間で支援をさせてもらいました。この授業は、ネイチャーゲームの「動物当てクイズ」と「カモフラージュ」がとり入れられていました。

「動物当てクイズ」は、ある動物のヒントを出して動物を推測し、その生態を知るゲームです。「カモフラージュ」は、校舎横の木々に張りめぐらしたロープに沿って、子どもたちが草木の茂みに隠した小さな人工物を探していくゲームです。それぞれが見つけた人工物を集めて、赤、青、黄、緑の四色の布の上に並べ、みんなで見つけにくい色の組み合わせやかたちについて話し合います。国語の学習が生きて、子どもたちは保護色や擬態のおもしろさに気づき、活発に発言します。

そこで、司書の出番です。心地よい風が吹きわたる校庭の木陰にゴザを敷いて、関連する科学絵本を読み聞かせたり、ひとくち紹介をしたりしました。終わると、そのまま座卓を臨時カウンターにして、貸し出しです。それこそ、とぶように借りられました。

チャイムがなって上前先生、鈴山先生と校舎にもどるとき、上前先生が、「おもしろい授業だったわぁ」

と幸せそうにつぶやきました。わたしも、生き生きと活動していた子どもたちを思い浮かべながら、同じように思っていました。そして、教師が創意くふうしてチームでとりくむ授業の力を再確認し、そこに参加させてもらったよろこびをかみしめました。この「自然のかくし絵」を起点とした学習は、図画工作の「色と形のかくれんぼ」へと続いていきました。

翌年からは二年間、五ノ井先生の研究授業でT2として四五分間フルに支援させてもらいました。「蝶の生態や一生」「保護色や擬態」についての本などを使って、校庭、図工室、体育館入り口や階段などいろいろな場所で読み聞かせしたり、ブックトーク、資料提供をしました。

最後の三年めは、「昆虫の知恵がわかる本を読み、気づきや発見をシートに記入する」学習でした。計画段階から、何度もうち合わせをしました。わたしは、授業のねらいを聞きとり、適した本を準備する一方、当日の教師と司書、児童の動きを細かく相談しました。

当日は、六つの班の机にそれぞれ一セットずつの本をくばり、かんたんに本の紹介をしました（足りない本は、区立図書館から借用して用意しておきました）。

授業の参観者の感想や意見から、抜粋して紹介します（二〇〇八年度　東京都中野区立東中野小学校　研究紀要『華洲園』より。文字使いなどについては一部編集）。

・それぞれの専門分野で児童に適切な指示や興味をもたせる準備がされていた
・司書と図工専科がこんなふうにコラボできるのかと思った
・これだけの本をそろえ、効率よく進めるには連携が不可欠だが、とてもよかった

・関連図書を紹介してもらったり、読み聞かせしてもらったりなどの連携は、たいへんいいことと思う。同様に、理科や社会などさまざまな教科でも連携できたら、一層教育効果があがると思う

〈四年生〉

四年生では、共生がテーマの国語説明文教材「ヤドカリとイソギンチャク」(原典は、武田正倫『さんご礁のなぞをさぐって』(文研出版)収録の「イソギンチャクで身を守る」)の発展読書への例です。藤貫佳代先生との実践で、司書の仕事を順に追っていきます。

年間計画で決めた実施時期が近づいてくると、教員から授業のねらいと進行の計画を聞きとります(具体的な支援希望があいまいなら、司書は具体的に支援を提案します)。

このときは、教材学習のあとで「教材の主題理解を深める」とともに、「科学読みものの読書指導としてとりくみたい」とのことでした。相談の結果、生きものの共生や生きる知恵が描かれた科学絵本や読みものを幅広く提供することになりました。今回は、読んだあとで数時間かけて感想文を書き、絵入りの紹介カードを作成し、さらにそれを紹介し合うという展開です。担任の希望数は、児童数と同じくらいの数(四〇冊)です。

わたしはまず、テーマに沿った本を自校図書館の書架から抜きました。

次に、授業の合間を縫って、それらを一冊ずつ再評価していきました。このときの視点は、「新鮮な驚きや発見があるか」「クラスの児童が紹介文を書きやすいレベルの本か」です。あとの学習でつまずかないように、一人ひとりが「読解できる本を選ぶこと」がたいせつなので、意識して読みやすい本も入れました。結

果、五二冊が残りました
多様な興味に対応し、気に入った本を手にできるように、区立図書館からは、未所蔵資料やとくに適書と判断した資料を、複本で一七冊借用しました。これで、合計六九冊になりました。

この段階で、学級や学年に貸し出すことも可能です。しかし、本が苦手な子ほど自分に適した本を選ぶのがむずかしいので、手わたしかたをくふうすることにしました。

まとめて貸し出しするのをやめて、図書の時間のときに本を選んでもらうことを提案しました。テーブルが大きい図書館なら、表紙が一望できますし、司書がその場で担任といっしょに個別アドバイスすることもできます。

事前に六九冊を読みやすさで四つにわけておき、当日は四つの大テーブルにレベルごとに本を並べました。子どもたちの目は、着席と同時にずらりと並んだ表紙に釘づけになり、身を乗り出して選びはじめます。「ちょっと、待って！」と担任が制し、「テーブルごとに、読みやすさでわかれていること」「読書力に合わせて選ぶといいこと」を説明します。「中身を見ながら選びましょう」と指導し、時間を多めにとってくれました。

子どもたちは、とりあうかのように本を開いては、「これがいい！」「この写真、見て！」「ぼくも見たい！もう一冊ないの？」と声をあげます。

担任とふたりでせっせと個別支援をおこなった結果、全員が読みたい本を見つけることができました。「はじめて知ったこと」のところに貼る付箋をくばると、子どもたちはさっそく読みはじめました。その姿は、「子どもたちは好奇心の塊なのだ」ということを教えてくれます。読んで知った驚きを、さっそく友だちに話しだす子もいました。

後日できあがった紹介文からは、子どもたちの素直な驚きが伝わってきました。

たとえば『ゆりかごは口の中　子育てをする魚たち』（桜井淳史　ポプラ社）は、「この本は口にたまごを入れて子どもを育てる（口内ほ育という）ことがかいてある本です。ぼくがすごいなぁーと思ったところは、口の中に子どもを入れても、えさをのみこむときに子どもをのみこまないことです」と紹介しています。『ことばをおぼえたチンパンジー』（松沢哲郎　福音館書店）は「一番すきなのは、ぼくでもわからない手話をおぼえて言葉をしゃべらなくても表してつたえることができるところ」と書いています。添えられた絵も、なかなか見事です。担任の指導のていねいさがわかります。そこで、図書館に本といっしょに紹介文を展示して、他学年の子どもたちにも科学の本をすすめる機会にすることにしました。

司書が、教師の〝意図〟をしっかり聞きとり、児童一人ひとりの〝興味〟と〝読書力〟を知ることが、子どもたちに知るよろこびを味わってもらう経験につながったのなら、ありがたいことです。

このように手間をかけた支援を経験すると、司書のなかにこの分野の学年に適した資料のストックができてきます。知らず知らずのうちに、「司書力」がついてくるのです（区立図書館がこうした学習を支えてくれています）。

そこでこの後は、単元に合わせて「科学読みものを読もう」という授業を提案して実施しています。

3　系統的指導が花開く高学年

高学年の読書

高学年の支援でいちばんたいせつなのは、「来館を途切れさせない」ことです。

授業内容がいちばん多い五年生と、行事も役割も多い六年生は、とても多忙です。来館自体がなくなる危機にあります。一般的な公立小学校で、国語としての図書の指導を毎週確保するのは、時数的に無理といってもいいでしょう。

「小学校学習指導要領解説　総則編」では、「教育課程実施上の配慮事項　10学校図書館の利活用」の解説に「各教科等において学校図書館を計画的に活用した教育活動の展開に一層努めること」とあります。多様な教科や活動での活用を促進するように心がけます。

まず、担任に毎週の借り換えをお願いします。図書の時間がない週は、担任と相談して、図書館割りあて時間の最初や最後にすこしだけ時間をとってもらったり、クラス全員がきやすい日の休み時間や放課後などに借り換え時間を設定したりして、定期的な来館を確保します。

また、実行性のある年間計画をつくることもたいせつです。毎月必ず、教員から利用希望を具体的に聞きとったり、こちらから可能な支援を提案したりします。

たとえ短時間でも、支援はできます。たとえば、借り換え時に高学年向きの新着本やそのときの学習テーマ関連書を並べておいたり、紹介リストをくばったり……。

高学年では、教科への資料提供や、情報活用のスキルを生かすための学習にたいする支援が増えます。研究途上のため、この本には情報活用指導の実践はほとんど載せていませんが、先進事例を参考に、教員といっしょにワークシートづくりをしたり、調べ学習用の基本小カード（資料9）を図書館で作成して、使いかたを相談したりしています。

高学年に効果的なブックトークは、国語だけでなく総合的な学習の時間や理科、社会などいろいろな教科のなかでも計画することができます。

たとえば六年生の歴史学習ですが、担任の先生から「教科書だけではなかなか関心が深まらない。かといって、時代ごとに調べ学習の時間をとることはできない。何かいい方法はないだろうか？」と聞かれたことがありました。そこで、歴史に関連した物語のなかから六年生に適した良質なものを選んで、ブックトークをしてみることにしました。

担任と年間計画に入れる相談をして、時代順に三回にわけて実施してみました。

一回めは六月ごろで、日本神話をふくめて平安時代までです。紹介するのは、中学年から読める『はじめての古事記』（竹中淑子　徳間書店）からはじまり、『月神の統べる森で』（たつみや章　講談社）、『氷石』（久保田香里　くもん出版）、『今昔ものがたり』（杉浦明平　岩波書店）。『宇治拾遺ものがたり』（川端善明　岩波書店）などの古典も入れています。

二回めは秋です。鎌倉時代は『源平の風』（斎藤洋　偕成社）からはじまり、江戸時代の職人や子どもの姿を伝える『建具職人の千太郎』（岩崎京子　くもん出版）や営々と国土をつくってきた人びとの姿を伝える『千本松原』（岸武雄　あかね書房）などを紹介します。

三回めの明治以降は、戦争文学を中心に紹介しています。

資料9●調べ学習用の基本小カード

年　組　　　　　　**名前（　　　　　　）**

調《しら》べること	
わかったこと	調《しら》べた日　　月　日
調《しら》べた本	

上高田小学校　**調べカード**　　月　日　　年　組　名前

学習課題（大テーマ）　→　**調べたいこと・ぎもん（小テーマ）**

わかったこと		
調べた本	書名	
	著者名　　出版社　　出版年	（　　）ページ

上が中学年用、下は高学年用。実際のサイズはA5判

これらの本から、子どもたちが「読書のまとめ」でどんな本を選んだかを、このあと「六年生が選ぶ本の多様性」で述べました。

実施してみると、時代背景についての基礎知識を学んだあとの紹介は、より興味を引くことがわかりました。六年生の年間計画に位置づけて時代別に数回にわけて実施すると、教員から「学んだ知識が定着したり、イメージを膨らませたりできた」といわれてホッとしました。

多様なジャンルとであわせ、継続して育てれば、半数以上の子どもたちが岩波少年文庫を楽しめるレベルにまで育ちます。そのようすを、以下ですこし報告していきます。

読み聞かせやおはなしの継続を

高学年になって自分で本を読めるようになった子も、仲間といっしょにおはなしを聞くことには、自分で読むときとはちがったよろこびがあります。この年齢でこそ楽しめる本やおはなしをさし出しましょう。たとえば昔話は、相変わらず彼らの心を楽しませます。これまで紹介してきた作品以外にも、生きかたを考えさせる絵本――「ヤクーバとライオン」シリーズ（ティエリー・デデュー　講談社）――や、短編集『声が聞こえたで始まる七つのミステリー』（小森香折　アリス館）、「はだか法師」（那須田稔編『宇治拾遺物語』所収　小峰書店）を読み聞かせたりなど、幅広く選べます。

授業の流れに位置づけるブックトーク

〈五年生国語「大造じいさんとガン」の発展読書〉

五年生の国語教材「大造じいさんとガン」（椋鳩十）を中心において動物文学を紹介するブックトークを、毎年おこなっています。

ある年、子どもの感想をはさみこみながらブックトークをしたことがありました。その手応えは、ふつうのブックトークとは異なる印象深いものでした。

わたしは、年間予定表に沿って童心社の「シートン動物記」シリーズと椋氏の作品を集めて資料提供をする準備をはじめていました。

教育実習生がこの単元を担当したのですが、研究授業が急遽この単元に変更になったと知らされたので、授業を参観させてもらうことにしました。実習生の研究授業を受けて、「シートン動物記」と「椋鳩十作品」をブックトークすることになったからです。

研究授業では、同著者の『マヤの一生』（『椋鳩十全集』ポプラ社）と『シートンどうぶつ記：幼年版1　オオカミ王ロボ』（こばやしせいのすけ　あすなろ書房）を使って、二冊のさし絵や理解に役立つ資料を拡大画面で見せながらあらすじを紹介し、クライマックス部分は読み聞かせました。『オオカミ王ロボ』が幼年向けのダイジェスト版だったのが気になりましたが、パソコンとスクリーンを使った、効果的な紹介でした。それを受けて、子どもたちは「大造じいさん」をふくめた三作品のひとこと感想を書きました。

研究授業のときに書かれた感想を読ませてもらったわたしは、子どもたちの感性にちょっと震えました。彼らとはまだつきあいが浅く、読み聞かせは大好きでも読書傾向は幼さを残していたのです。

当日は、「今日の感想」を書く時間がごく短かったのですが、どの子も自分のことばで感動を綴っています。スペースをはみ出して書いている子もいました。ごく一部を抜粋してご紹介します（原文のまま）。

・三つの物語で作者が伝えたかったのは『きずな』だと思った。なぜなら「きずな」で人の気持ちが変わっていった。
・あんなにかわいいマヤが太い棒でなぐられ、息もとまりそうなのに、飼い主さんを待つ様子が頭に浮かんだとき、家族のことを思い出した。自分の大切な人が亡くなったり殺されたりしたら、どんなにつらいか……。
・ロボが仲間の助けを呼んでいる場面とマヤが最後の力で次男のゲタにのって死んでいったとこが印象に残った。
・マヤは、最後には安心できる場所で死んだ。
・ロボは自分のほこりをわすれないで死んでいった。
・ロボも生きるために牛を殺していて人間も同じなのになんで殺してしまったのか。

二冊の〝本の力〟と、五年生としての心の成長に驚きました。わたしは、これらの感想をブックトークに生かしたいと考えて、さっそく各自の感想を一覧にまとめました。

ブックトークのとき、わたしは全員の感想を読ませてもらったことを子どもたちに伝え、「きみたちの感じる心はすばらしい！」と、思ったままをいいました。まだおたがいのあいだに絆ができていなかったこのときにそのことばがどう響いたのかはわかりませんが、たしかにその場の空気感が変わりました。なんだか扉がパーッと開かれたような、そんな感じにつつまれたのです。

わたしはもう夢中で、子どもたち全員の感想をはさみこみながら椋作品とシートン動物記のすばらしさを紹介しました。「シートンを読むなら、完訳を」と力説し、細かい文字の『孤島の野犬』『大空に生きる』(ともに『椋鳩十全集』 ポプラ社)を「卒業までに読めたらすごい」と励ましました。椋鳩十が七十代になっても山を歩いて狩人の話を聞き続けたことや、その土地に長く住んで「その地方の血が体に入ってこないと書けない」と語ったことなども話しました。椋作品は「読みやすいのに本物」なのだと、すすめました。

この一連の学習で、子どもたちの読書へ意欲は大きくジャンプしたように感じます。強い感動があるとき、子どもの秘めたエネルギーは燃えだし、より高いところをめざすのかもしれません。以来毎年、動物文学のブックトークを提案しています。

〈六年生「自然とともに生きる人間——これからの生きかた」〉

科学の分野では、ブックトークに新しい本を加えることが多くなります。そのなかから、毎回新しい本が入る六年生への「環境関連ブックトーク」を紹介します(このブックトークは、社会または総合的な学習の時間に限らず、国語や理科で実施することもあります)。環境に関する各分野の本をリスト化しておき、学習のめあてによって本を差し替えて継続しています。

環境関連の資料紹介は、長く社会の時間を使っておこなっていましたが、ある年度の二月ごろに、国語「海のいのち」(立松和平　東京書籍)の発展読書として資料紹介を依頼されました。その次の年度には、環境に関する科学読みものなどのノンフィクションを読む学習のなかで、理科の単元「生き物とかんきょう」と関連づけておこないました。

また、杉山眞理子先生から、卒業に向けて「これからの生きかた」を子どもたちに考えさせ、読後に二〇〇字程度の感想文を書かせたいとの希望が出されました。事前うち合わせで、一部分の調べ読みをするのではなくて、「全員が一冊の本を読みきる」ことになりました。

それまでは毎年、調べ学習や環境に関するノンフィクションを読む学習のリストをつくっていました。ですから、毎年すこしずつ増えていき、一七種類もあったのです。

今回は環境関連の本で、なおかつ「人の生きかた」を伝える本です。さらに全員が一冊を読みきる学習ですから、そのクラスの読書力の幅を考えなくてはなりません。そこでわたしは、フォーマルなブックトークをすることに決め、前年度の資料から絞りこみをはじめました。

「生きかた」というと、多くの人はまず伝記を思い浮かべることでしょう。しかし、第2章でも紹介した読書活動研究家の蔵元和子先生から、「全人格を伝える本はおとな向きで、子どもはエピソードにひかれるため、活躍中の人の本もいい」という助言を受けました。実際に観察してみるとそのとおりでしたから、現在も現役で活躍中の人物の本も紹介本のなかに入れるようにしています。

絞りこみのポイントは、①子どもの興味に合っていて、②人物の心意気が伝わる内容であること、さらに③読みやすく、感想文を書きやすい文章であること——です。再読して、児童一人ひとりの読書力を思い浮かべながら選び直しました。

ブックトークで紹介した資料は、資料10のとおりです。対象児童数は、二クラス合計五一人。学校で所蔵しているのは各一～二冊のため、今回も区立図書館から資料借用の支援を受けて、各クラスに一〇冊ずつ紹介しました。

資料10●「これからの生きかた」ブックトークで紹介した本（対象：2クラス）

No.	書名	著者名	出版社	貸出数（組別）
1	『よみがえれ、えりもの森』（導入に絵本）	本木洋子	新日本出版社	0
2	『川は生きている』	富山和子	講談社	3（1・2）
3	『森は生きている』（教科書に一部掲載）	富山和子	講談社	5（1・4）
4	『お米は生きている』	富山和子	講談社	1（1・0）
5	『海は生きている』	富山和子	講談社	7（3・4）
6	『漁師さんの森づくり　森は海の恋人』	畠山重篤	講談社	7（4・3）
7	『オランウータンに森を返す日』	川端裕人	旺文社	7（4・3）
8	『アイガモ家族』	佐藤一美	ポプラ社	2（1・1）
9	『エンザロ村のかまど』	さくまゆみこ	福音館書店	7（4・3）
10	『あきらめないこと、それが冒険だ』（1組のみ紹介）	野口健	学研	3（3・—）
11	『どろんこサブウ』（2組のみ紹介）	松下竜一	講談社	3（—・3）
12	『ブナの森は緑のダム』（1組のみ展示）	太田威	あかね書房	2（2・—）
13	『山に木を植えました』（1組のみ展示）	スギヤマカナヨ	講談社	1（1・—）

資料11●ブックトークを終えての子どもたちの感想

No.4	お米がいろいろな役に立っている……弟にあれこれ話してしまった。その日のごはんは特別おいしかった。
No.5	牛や馬、ニワトリまでも海と関係がある。人が海を傷つけてしまっているけど、海は傷をしゅうふくしているのが心に残った。
No.6	森と海がつながっていることに驚いた。私も木を植えてみたい。
No.7	人が森を伐採したり焼き払ったり……オランウータンがかわいそうだ。動物を飼うときは、「かわいい」ではなく「ちゃんと飼いきれるか」で判断してほしい。
No.8	吉野家の人びとはすごい……。（何があっても）負けじと対策を考えて、みごとに無農薬の米を作り、その技術をみんなに知ってもらおうと頑張ったのもすごい。
No.9	岸田さんの行動に感動した。

実施後、子どもたちからは、「読んではじめて題名の意味がわかった！」という驚きや、新しい知識を得たよろこびが伝わってきました。前ページの資料11は、このときに書いてもらった二〇〇字感想（欠席者があったため、当日の出席人数合計は四八人）から、ごく一部を抜粋したものです。

「先輩のおすすめ本」を読もう

さて、年に三回「読書のまとめ」で各児童が選ぶ「おもしろかった本」を絵や紹介文といっしょに展示する動機づけも、効果的です。ここで紹介された本を借りるのは同じ学年の児童がいちばん多いのですが、憧れがあるのでしょうか、上級生が紹介する本に興味を示す子もけっこういます。

そこで、児童の紹介文やポスターを、下級生の読書動機づけに図書館で生かすことにしました。年度末、五年生に、「まとめ」で選んだ年間ベスト1を「新五年生にすすめる本」として紹介してもらいました。担任に来年度これを掲示したいと相談したら、色とりどりの色画用紙に紹介文を貼ったものをわたしてくれました。児童自身に、自分が紹介する本のイメージに合った色を選ばせたそうです。

次の年度、保管しておいた画用紙を掲示して、その前に紹介されている本を並べました。「チャレンジ読書」として期間を決めて、図書の時間からとりくんだのですが、成長著しい五年生が学年の最後に選んだ本ですから、翌年の五年生が一学期に読む本としてはややむずかしいものが多かったようです。そこで、司書が読みやすい本を数冊加えてハードルを下げました。

配布した紹介本リストを館内に掲示して、「読んでおもしろかったらシールを貼ってね」とたのむと、シール数を見て選んでいる子もいました。こうした積み重ねを重視しつつも子どもたちの実情に合わせた臨機応変な実践が、その学校独自の読書文化づくりへとつながっていくのだと思います。

六年生が選ぶ本の多様性

子どもたちはこわい本や冒険ものが大好きですが、支援を継続してきた六年生では、多様なジャンルに人気が分散していきます。

歴史に関連した物語の紹介をはじめてからは、神話や説話文学、歴史ものも「読書のまとめ」のベスト3に選ばれるようになりました。たとえば、『古事記物語』（古典文学全集1　ポプラ社）、『雨月物語』（少年少女古典文学館　佐藤さとる　講談社）、『宇治拾遺ものがたり』（既出）、『馬ぬすびと』（平塚武二　福音館書店）、『肥後の石工』（今西祐行　岩波少年文庫）や、『氷石』（既出）、『有松の庄九郎』（中川なをみ　新日本出版社）などです。

平和をテーマにしたブックトークも毎年おこなっています。そこからは、『さとうきび畑の唄』（遊川和彦　汐文社）、『ぼくは満員電車で原爆を浴びた』（米澤鐵志　小学館）、『戦争』（既出）、『わすれないで　第五福竜丸ものがたり』（赤坂三好　金の星社）、『絵で読む広島の原爆』（那須正幹　福音館書店）、『白旗の少女』（比嘉富子　講談社）が選ばれています。

夏のオリジナル推薦リストからは、『ぼくのお姉さん』（丘修三　偕成社）、『新ちゃんがないた！』（佐藤州男　文研出版）、翻訳では、『秘密の花園』（フランシス・ホジソン・バーネット　福音館書店）があがってきました。新着本紹介では、『駅の小さな野良ネコ』（ジーン・クレイグヘッド・ジョージ　徳間書店）、同著者の『ぼくだけの山の家』（偕成社）などが選ばれています。

同年代の日常を描いた物語に強くひかれていることもわかります。四年生から読まれる『公平、いっぱつ逆転！』（福田隆浩　偕成社）や、『ムカシのちょっといい未来』に代表される「ユウレイ通り商店街」シリーズ（田部智子　福音館書店）です。高学年向きの『糸子の体重計』（いとうみく　童心社）、「チームふたり」シリーズや『劇団6年2組』（いずれも吉野万理子　学研）も人気です。

「古事記」から現代まで、その子たちに適した力のある本を紹介できれば、六年生は多様な世界を縦横無尽に楽しんでくれます。

どんなであいにも可能性がある

ここまでずっと、継続したていねいな関わりがもたらした〝みのり〟について述べてきました。

しかし、公立校では転出入がつきものです。その子との関わりが一年限りであったり、もっと短い時間しか関われなかったりすることもあります。

最後に「それでも、希望はある」と感じたエピソードをお話しして、この本のしめくくりにしたいと思います。


それは、六年生のある男の子との、つかのまのであいでした。

その子は、卒業まで一か月半を切った時期に転入してきました。「せっかくであえたのに、なんの支援もできないな」と、わたしは残念に思いました。やっと名前を覚えたと思ったら、もう最後の「読書のまとめ」の授業です。

「好きな本があれば書いてね」と、その子にも記入用紙を手わたしましたが、彼はほかの子が記入している時間、立ちあがって本棚のほうに歩いていきます。なんとなく本を探しているようすでした。

読書力も好みもわかりませんし、もうこの学年への貸し出しも終わっています。

正直、迷いましたが、「ちょっと悲しい本だけど、もし、よかったら……」と、『さよならエルマおばあさん』（大塚敦子　小学館）をそっとわたしてみました。癌で余命がわずかになったおばあさんの死までを、静かに追った写真絵本です。著者は、おばあさんの信頼を得て、いっしょにすごしながら、その日々をカメラにおさめたそうです。

授業の終わりに集めた「読書のまとめ」に、彼は一冊だけ記入していました。『さよならエルマおばあさん』。そして、コメントにはひとこと。「とにかく、とてもいい本」と……。

「どんなであいでも可能性はあるのだ」と、感謝とともに彼の姿を思い出します。

そして、学校司書として読書力を育てたいとずっとがんばっているのだけれど、もしかしたらそれより育てたいたいせつなものがあるのではないかということに気づきます。

感じる心、想像力、共感するやさしさ、ねばり強さ、そして向上心。そういった豊かな心を育む学校図書館をつくりたいと願います。そして、「真の読書力」というのは、そういった深い人間性に関わるものなのではないかと、そう思うのです。

※この章でご紹介した実践には、児童図書館研究会の機関誌「こどもの図書館」（月刊）の〈学校図書館日誌〉に掲載（二〇一〇年六月～二〇一三年一月）した原稿を加筆・修正・再構成したものをふくんでいます。

斎藤惇夫 文　藪内正幸 絵	岩波書店	1982
ジーン・クレイグヘッド・ジョージ 文　茅野美ど里 訳	偕成社	2009
米澤鐵志 語り　由井りょう子 文	小学館	2013
ロアルド・ダール 文　クェンティン・ブレイク 絵　宮下嶺夫 訳	評論社	2005
アストリッド・リンドグレーン 文　エーヴァ・ラウレル 絵 尾崎義 訳	岩波書店	1965
風野潮 文　真咲ナオ 絵	岩崎書店	2004
上橋菜穂子 文　二木真希子 絵	偕成社	1999
伊藤遊 文　上出慎也 絵	福音館書店	2003
アンドリュー・クレメンツ 文　田中奈津子 訳	講談社	2005
パウル・マール 文・絵　上田真而子 訳	偕成社	1988
赤坂三好 文・絵	金の星社	1989

45	冒険者たち	ガンバと十五ひきの仲間	
46	ぼくだけの山の家		
47	ぼくは満員電車で原爆を浴びた	11歳の少年が生きぬいたヒロシマ	
48	マチルダは小さな大天才	ロアルド・ダール コレクション16	
49	名探偵カッレくん		
50	もう一度キックオフ		
51	闇の守り人		
52	ユウキ		
53	ユーウツなつうしんぼ		
54	夢のつづきのそのまたつづき	リッペルのぼうけん	
55	わすれないで	第五福竜丸ものがたり	E

パトリシア・ポラッコ 文・絵　千葉茂樹 訳	あすなろ書房	2001
マージェリー・シャープ 文　ガース・ウィリアムズ 絵 渡辺茂男 訳	岩波書店	1987
斎藤惇夫 文　藪内正幸 絵	岩波書店	1982
E. L. カニグズバーグ 文・絵　松永ふみ子 訳	岩波書店	2000
吉野万里子 文　宮尾和孝 絵	学研	2012
斉藤洋 文　高畠純 絵	偕成社	1996
小森香折 文	アリス館	2002
久保田香里 文　飯野和好 絵	くもん出版	2008
椋鳩十 文　清水勝 絵	ポプラ社	1969
大塚敦子 文・写真	小学館	2000
斉藤洋 文　小澤摩純 絵	偕成社	1992
E. B. ホワイト 文　ガース・ウイリアムズ 絵　さくまゆみこ 訳	あすなろ書房	2001
チボール・セケリ 文　高杉一郎 訳　松岡達英 絵	福音館書店	1983
比嘉富子 文　依光隆 絵	講談社	1989
赤木かん子 編	ポプラ社	2001
森絵都 文	講談社	2000
シンシア・ライラント 文　中村妙子 訳　ささめやゆき 絵	偕成社	2001
香坂直 文	講談社	2006
松下竜一 文　鈴木まもる 絵	講談社	1990
布施哲治 文	くもん出版	2007
小森香折 文　こみねゆら 絵	ＢＬ出版	2003
セルマ・ラーゲルレーヴ 文　ベッティール・リーベック 絵 菱木晃子 訳	福音館書店	2007
アスビョルンセン 編　モー 編 エーリク・ヴェーレンシオルほか 絵　大塚勇三 訳	福音館書店	2003
ヨハンナ・シュピリ 文　マルタ・プファネンシュミート 絵 上田真而子 訳	岩波書店	2003
草野たき 文　ともこエヴァーソン 絵	福音館書店	2005
今西祐行 文　太田大八 絵	岩波書店	2001
フランシス・ホジソン・バーネット 文　猪熊葉子 訳 堀内誠一 絵	福音館書店	1979
ロニー・ショッター 文　千葉茂樹 訳　中村悦子 絵	あすなろ書房	2004
牛の会 編　皿海達哉ほか 文　本吉誠一郎ほか 絵	牛の会	2007

16	彼の手は語りつぐ		
17	くらやみ城の冒険	ミス・ビアンカシリーズ1	
18	グリックの冒険		
19	クローディアの秘密		
20	劇団6年2組		
21	源平の風	白狐魔記	
22	声が聞こえたで始まる七つのミステリー		
23	氷石		
24	孤島の野犬		
25	さよならエルマおばあさん		E
26	ジーク	月のしずく日のしずく	
27	シャーロットのおくりもの		
28	ジャングルの少年		
29	白旗の少女		
30	戦争		
31	DIVE !!	前宙返り3回半抱え型	
32	天国に近い村		
33	トモ、ぼくは元気です		
34	どろんこサブウ	谷津干潟を守る闘い	
35	なぜ、めい王星は惑星じゃないの?	科学の進歩は宇宙の当たり前をかえていく	
36	ニコルの塔		
37	ニルスのふしぎな旅　上・下		
38	ノルウェーの昔話		
39	ハイジ　上・下		
40	ハッピーノート		
43	肥後の石工		
41	秘密の花園		
42	秘密の道をぬけて		
44	プールのジョン		

丘修三 文　かみやしん 絵	偕成社	1986
富安陽子 文　小松良佳 絵	偕成社	2002
沖守弘 文・写真	くもん出版	2002
マーガレット・マーヒー 文　シャーリー・ヒューズ 絵 石井桃子 訳	福音館書店	1984
椋鳩十 文　吉井忠 絵	大日本図書	1987
安房直子 文　北見葉胡 絵	偕成社	2004
田部智子 文　岡田千晶 絵	福音館書店	2010
富山和子 文	講談社	1994
畠山重篤 文　スギヤマカナヨ 絵	講談社	2000
斉藤洋 文　杉浦範茂 絵	講談社	1987
フランツ=ヨーゼフ・ファイニク 文 フェレーナ・バルハウス 絵　ささきたづこ 訳	あかね書房	2004

著者・画家・訳者	出版社	出版年
アンドリュー・クレメンツ 文　田中奈津子 訳　笹森識 絵	講談社	1999
中川なをみ 文　こしだミカ 絵	新日本出版	2012
いとうみく 文　佐藤真紀子 絵	童心社	2012
川端善明 文　川端健生 絵	岩波書店	2004
渡辺わらん 文　広瀬弦 絵	講談社	2004
平塚武二 文　太田大八 絵	福音館書店	1968
ジーン・クレイグヘッド・ジョージ 文　斎藤倫子 訳 鈴木まもる 絵	徳間書店	2013
那須正幹 文　西村繁男 絵	福音館書店	1995
エーリヒ・ケストナー 文　ヴァルター・トリアー 絵 池田香代子 訳	岩波書店	2000
アーネスト・T・シートン 文・絵　今泉吉晴 訳	童心社	2010
椋鳩十 文　石田武雄 絵	ポプラ社	1969
中村雅雄 文	講談社	2013
阿部夏丸 文　大島加奈子 絵	旺文社	1999
エリナー・ファージョン 文　E. H. シェパード 絵　石井桃子 訳	岩波書店	1986
森絵都 文	講談社	2011

39	ぼくのお姉さん		
40	ほこらの神さま		
41	マザー・テレサ	かぎりない愛の奉仕	
42	魔法使いのチョコレートケーキ	マーガレット・マーヒーお話集	
43	マヤの一生		
44	まよいこんだ異界の話		
45	ムカシのちょっといい未来		
46	森は生きている	自然と人間	
47	漁師さんの森づくり	森は海の恋人	
48	ルドルフとイッパイアッテナ		
49	わたしの足は車いす		E

6年生

NO	タイトル	副題	E
1	合言葉はフリンドル		
2	有松の庄九郎		
3	糸子の体重計		
4	宇治拾遺ものがたり		
5	うちの屋根裏部屋《グルニエ》は飛行場《エアポート》		
6	馬ぬすびと		
7	駅の小さな野良ネコ		
8	絵で読む広島の原爆		E
9	エーミールと探偵たち		
10	オオカミ王ロボ	シートン動物記	
11	大空に生きる		
12	おどろきのスズメバチ		
13	カメをつって考えた		
14	ガラスのくつ		
15	カラフル		

富山和子 文	講談社	1995
東京子ども図書館 編　大社玲子 絵	東京子ども図書館	1973～
マクドナルド 文　アーサー・ヒューズ 絵　脇明子 訳	岩波書店	2003
川端裕人 文・写真	旺文社	2000
高森千穂 文　なみへい 絵	国土社	2008
竹田津実 文　岩本久則 絵	偕成社	1997
富山和子 文	講談社	1994
八百板洋子 編・訳　高森登志夫 絵	福音館書店	1996
柏葉幸子 文　杉田比呂美 絵	講談社	2006
ウルフ・スタルク 文　遠藤美紀 訳　江川智穂 絵	偕成社	2000
ロバート・ウェストール 文　ジョン・ロレンス 絵　坂崎麻子 訳	徳間書店	1994
茨木啓子 再話　三浦佑之 訳	こぐま社	2013
遊川和彦 文	汐文社	2013
鈴木喜代春 文　山口晴温 絵	偕成社	1990
佐藤州男 文　長谷川集平 絵	文研出版	1986
ローラ・インガルス・ワイルダー 文　ガース・ウィリアムズ 絵 恩地三保子 訳	福音館書店	1972
八木田宜子 文　吉川聡子 絵	講談社	2004
ルーネル・ヨンソン 文　エーヴェット・カールソン 絵 石渡利康 訳	評論社	2011
富安陽子 文　大庭賢哉 絵	偕成社	2003
吉野万理子 文　宮尾和孝 絵	学研	2007
ロアルド・ダール 文　クェンティン・ブレイク 絵　柳瀬尚紀 訳	評論社	2005
ヒュー・ロフティング 文・絵　井伏鱒二 訳	岩波書店	1961
アンドリュー・クレメンツ 文　田中奈津子 訳　伊東美貴 絵	講談社	2003
ミシェル・ピクマル 文　南本史 訳　むかいながまさ 絵	あかね書房	1992
おざわとしお 再話　赤羽末吉 絵	福音館書店	1995
ベティ・マクドナルド 文　モーリス・センダック 絵 小宮由 訳	岩波書店	2011
エレナー・エスティス 文　ルイス・スロボドキン 絵 石井桃子 訳	岩波書店	2006
マーガレット・J. アンダーソン 文 マリー・ル・グラテン・キース 絵　千葉茂樹 訳	くもん出版	1998
斉藤洋 文　佐々木マキ 絵	理論社	1990
ジェームズ・マーシャル 文・絵　小沢正 訳	童話館出版	1995

9	お米は生きている	自然と人間	
10	おはなしのろうそく		
11	お姫さまとゴブリンの物語		
12	オランウータンに森を返す日		
13	風をおいかけて、海へ！		
14	家族になったスズメのチュン	森の獣医さんの動物日記1	
15	川は生きている	自然と人間	
16	吸血鬼の花よめ	ブルガリアの昔話	
17	霧のむこうのふしぎな町		
18	キングの最高の日		
19	クリスマスの猫		
20	子どもに語る日本の神話		
21	さとうきび畑の唄		
22	十三湖のばば		
23	新ちゃんがないた！		
24	大草原の小さな家		
25	小さなコックさん		
26	小さなバイキングビッケ		
27	チビ竜と魔法の実	シノダ！1	
28	チームふたり		
29	チョコレート工場の秘密	ロアルド・ダール コレクション2	
30	ドリトル先生航海記		
31	ナタリーはひみつの作家		
32	にじ色のガラスびん		
33	日本の昔話　全5巻		
34	ピッグルウィッグルおばさんの農場		
35	百まいのドレス		
36	ファーブルの夏ものがたり	『昆虫記』の誕生	
37	風力鉄道に乗って		
38	フクロウ探偵30番めの事件		

南部和也 文　さとうあや 絵	福音館書店	2008
ルーマー・ゴッデン 文　おびかゆうこ 訳　たかおゆうこ 絵	徳間書店	2001
工藤直子 詩	童話屋	1984
ディック・キング=スミス 文　デヴィッド・パーキンス 絵 三村美智子 訳	岩波書店	1995
サバスティア・スリバス 文　宇野和美 訳　スギヤマカナヨ 絵	あすなろ書房	2006
志津谷元子 文　福田岩緒 絵	学研	2006
エドアルド・ウスペンスキー 文　松谷さやか 訳 スズキコージ 絵	福音館書店	1988
レスリー・コナー 文　メアリー・アゼアリアン 絵　千葉茂樹 訳	BL 出版	2005
岡田淳 文・絵	理論社	1990
エリノア・ファージョン 文　エドワード・アーディゾーニ 絵 松岡享子 訳	童話館出版	2001
イワナ・ブルリッチ=マジュラニッチ 文　山本郁子 訳 二俣英五郎 絵	小峰書店	2006
たつみや章 文　広瀬弦 絵	あかね書房	2003
E・ネズビット 文　灰島かり 訳　髙桑幸次 絵	小峰書店	2014
アストリッド・リンドグレーン 文　イロン・ヴィークランド 絵 大塚勇三 訳	岩波書店	2005
ジャクリーン・ウィルソン 文　ニック・シャラット絵 吉上恭太 訳	小峰書店	2003
ディック・キング=スミス 文　三原泉 訳　いとうひろし 絵	あすなろ書房	2007

著者・画家・訳者	出版社	出版年
佐藤一美 文	ポプラ社	1997
岸川悦子 文　岡本順 絵	佼成出版社	2006
高楼方子 文　千葉史子 絵	フレーベル館	1995
ジョーン・エイキン 文　パット・マリオット 絵 こだまともこ 訳	冨山房	2008
富山和子 文	講談社	2009
アストリッド・リンドグレーン 文　ビヨルン・ベリイ 絵 石井登志子 訳	岩波書店	2012
阿部夏丸 文　かみやしん 絵	佼成出版社	2000
ジェーン・カトラー 文　グレッグ・コーチ 絵 タケカワユキヒデ 訳	あかね書房	2001

40	ネコのドクター小麦島の冒険		
41	ねずみの家		
42	のはらうた1		
43	パディーの黄金のつぼ		
44	ピトゥスの動物園		
45	吹きぬけの青い空		
46	フォードルおじさんといぬとねこ		
47	ブライディさんのシャベル		E
48	星モグラサンジの伝説		
49	町かどのジム		
50	見習い職人フラピッチの旅		
51	冥界伝説・たかむらの井戸		
52	メリサンド姫	むてきの算数!	
53	やかまし村の子どもたち		
54	わたしのねこメイベル		
55	ワビシーネ農場のふしぎなガチョウ		

5年生

NO	タイトル	副題	E
1	アイガモ家族	カモが育てるゆかいな米づくり	
2	あなたの声がききたい	聴覚障害の両親に育てられて	
3	いたずらおばあさん		
4	ウィロビー・チェースのオオカミ		
5	海は生きている	自然と人間	
6	エーミルの大すきな友だち		
7	オオサンショウウオの夏		
8	Oじいさんのチェロ		E

山本かずとし 文　畑中富美子 絵	大日本図書	1997
富安陽子 文　小松良佳 絵	ポプラ社	2006
ラッセル・E. エリクソン 文　ローレンス・ディ・フィオリ 絵　佐藤凉子 訳	評論社	2008
ベバリイ・クリアリー 文　ルイス・ダーリング 絵　松岡享子 訳	学研	2007
ピーパルク・フロイゲン 文　野村泫 訳	岩波書店	2008
上條さなえ 文　小泉るみ子 絵	講談社	2004
マイケル・ボンド 文　ペギー・フォートナム 絵　松岡享子 訳	福音館書店	1967
中島みち 文　中島太郎 絵	偕成社	2002
福田隆浩 文　小松良佳 絵	偕成社	2012
佐々梨代子訳　野村泫 訳	こぐま社	1990～1993
稲田和子 文　筒井悦子 文	こぐま社	1995～1996
福井信子 編訳　湯沢朱実 編訳	こぐま社	2001
竹下文子 文　鈴木まもる 絵	偕成社	1996
エスター・アベリル 文・絵　松岡享子 訳　張替惠子 訳	福音館書店	2011
川崎洋 詩　杉浦範茂 絵	理論社	1981
たつみや章 文　広瀬弦 絵	あかね書房	1994
賈芝 編　孫剣冰 編　君島久子 訳　赤羽末吉 絵	岩波書店	2003
たつみや章 文　広瀬弦 絵	あかね書房	1997
オトフリート・プロイスラー 文　大塚勇三 訳　堀内誠一 絵	瑞雲舎	2003
アルフ・プリョイセン 文　ビョールン・ベルイ 絵　大塚勇三 訳	学研	1966
堀内誠一 文・絵	福音館書店	1978
神沢利子 文　山田三郎 絵	理論社	1999
ヴォルフ・ドゥリアン 文　シャーロッテ・パノフスキー 絵　石川素子 訳	徳間書店	1998
大石真 文　北田卓史 絵	理論社	1999
工藤直子 文　長新太 絵	理論社	2004
岩田久二雄 文　岩本唯宏 絵	文研出版	1973
ミラ・ローベ 文　ズージ・ヴァイゲル 絵　佐々木田鶴子 訳	徳間書店	2001
鈴木まもる 文・絵	岩崎書店	2014
岡田淳 文・絵	理論社	2006
たかどのほうこ 文　瓜南直子 絵	福音館書店	1998

10	オタマジャクシの尾はどこへきえた		
11	オバケだって、カゼをひく！	内科・オバケ科ホオズキ医院	
12	火曜日のごちそうはヒキガエル	ヒキガエルとんだ大冒険	
13	がんばれヘンリーくん		
14	北のはてのイービク		
15	キャラメルの木		E
16	くまのパディントン		
17	クワガタクワジ物語		
18	公平、いっぱつ逆転！		
19	子どもに語るグリムの昔話　全6巻		
20	子どもに語る日本の昔話　全3巻		
21	子どもに語る北欧の昔話		
22	最後の手紙	黒ねこサンゴロウ旅のつづき5	
23	ジェニーとキャットクラブ	黒ネコジェニーのおはなし1	
24	しかられた神さま	川崎洋少年詩集	
25	じっぱ	まいごのかっぱはくいしんぼう	
26	白いりゅう黒いりゅう	中国のたのしいお話	
27	スズメぼうし		
28	大力ワーニャの冒険		
29	小さなスプーンおばさん		
30	ちのはなし		E
31	ちびっこカムのぼうけん		
32	チョコレート王と黒い手のカイ		
33	チョコレート戦争		
34	ともだちは海のにおい		
35	ドロバチのアオムシがり		
36	なまけものの王さまとかしこい王女のお話		
37	ニワシドリのひみつ	庭師鳥は芸術家	
38	ぬまばあさんのうた		
39	ねこが見た話		

征矢かおる 文　林明子 絵	福音館書店	2002
ニコラ・ド・イルシング 文　末松氷海子 訳　三原紫野 絵	日本標準	2008
南部和也 文　さとうあや 絵	福音館書店	2001
山口タオ 文　田丸芳枝 絵	岩崎書店	1995
神戸光男 構成・文　西村繁男 絵	童心社	1997
リチャード・ウィルバー 文　松岡享子 訳　大社玲子 絵	福音館書店	1992
エミリー・ロッダ 文　さくまゆみこ 訳　たしろちさと 絵	あすなろ書房	2010
ジェフ・ブラウン 文　トミー・ウンゲラー 絵　さくまゆみこ 訳	あすなろ書房	1998
ロジャー・デュボワザン 文・絵　まつおかきょうこ 訳	冨山房	2000
ベティ・テイサム 文　ヘレン・K. デイヴィー 絵 はんざわのりこ 訳	福音館書店	2008
松岡享子 文　大社玲子 絵	こぐま社	1998
ジョイス・L・ブリスリー 文　上條由美子 訳　菊池恭子 絵	福音館書店	1991
丘修三 文　西村繁男 絵	教育画劇	1990
征矢清 文　土橋とし子 絵	福音館書店	1997
アストリッド・リンドグレーン 文　イロン・ヴィークランド 絵 石井登志子 訳	徳間書店	2003
ルース・エインズワース 文　河本祥子 訳・絵	岩波書店	1993
たかどのほうこ 文　長野ヒデ子 絵	旺文社	1998
ユネスコ・アジア文化センター 編　駒田和 訳	こぐま社	2007

著者・画家・訳者	出版社	出版年
アレグザンダー・マコール・スミス 文　もりうちすみこ 訳 広野多珂子 絵	文研出版	2007
アティヌーケ 文　ローレン・トビア 絵　永瀬比奈 訳	徳間書店	2012
石井桃子 編・訳　J. D. バトン 絵	福音館書店	1981
エリカ・シルヴァマン 文　S. D. シンドラー 絵　せなあいこ 訳	アスラン書房	1996
佐藤さとる 文　岡本順 絵	ゴブリン書房	2011
フェリクス・ホフマン 絵　寺岡寿子 訳	福音館書店	1983
さくまゆみこ 文　沢田としき 絵	福音館書店	2009
リンド・ワード 文・絵　渡辺茂男 訳	ほるぷ出版	1985
オトフリート・プロイスラー 文　F. G. トリップ 絵 中村浩三 訳	偕成社	1966

34	なないろ山のひみつ		
35	なんでもただ会社		
36	ねこのタクシー		
37	のらねこソクラテス		
38	はらっぱ	戦争・大空襲・戦後…いま	E
39	番ねずみのヤカちゃん		
40	フィーフィーのすてきな夏休み	チュウチュウ通り3番地	
41	ぺちゃんこスタンレー		
42	ペチューニアごようじん		E
43	ペンギンのヒナ		E
44	みしのたくかにと		
45	ミリー・モリー・マンデーのおはなし		
46	もう、なかない		
47	ゆうきのおにたいじ		
48	雪の森のリサベット		
49	ようせいのゆりかご		
50	夜にくちぶえふいたなら		
51	ライオンとやぎ	アジア・太平洋の楽しいお話	

4年生

NO	タイトル	副題	E
1	アキンボとライオン		
2	アンナのうちはいつもにぎやか	アンナ・ハイビスカスのお話	
3	イギリスとアイルランドの昔話		
4	うごいちゃだめ！		E
5	宇宙からきたかんづめ		
6	うできき四人きょうだい	グリム童話	E
7	エンザロ村のかまど		
8	おおきくなりすぎたくま		E
9	大どろぼうホッツェンプロッツ		

あまんきみこ 文　渡辺洋二（ほか）絵	ポプラ社	2008
いしいももこ 文　あきのふく 絵	福音館書店	1965
島村木綿子 文　いたやさとし 絵	国土社	2011
かつやかおり 文・絵	福音館書店	2011
川北亮司 文　藤本四郎 絵	岩崎書店	2007
山岡ひかる 文・絵	偕成社	2004
君島久子 訳　赤羽末吉 絵	岩波書店	1969
ルーマー・ゴッデン 文　なかがわちひろ 絵・訳	徳間書店	2001
ジェームズ・サーバー 文　上條由美子 訳　飯野和好 絵	福音館書店	1996
岸田衿子 文　スズキコージ 絵	福音館書店	1990
フリードリヒ・フェルト 文　鈴木武樹 訳　赤坂三好 絵	偕成社	1968
長谷川摂子 再話　片山健 絵	福音館書店	1997
シビル・ウェッタシンハ 文・絵　まつおかきょうこ 訳	福音館書店	1994
竹下文子 文　いちかわなつこ 絵	あかね書房	2004
安房直子 文　いせひでこ 絵	小峰書店	2009
谷川俊太郎 詩　瀬川康男 絵	福音館書店	1973
B.K. ウィルソン 文　小林いづみ 訳　大社玲子 絵	こぐま社	2004
フェリシア・ボンド 文・絵　池本佐恵子 訳	岩崎書店	2000
安房 直子 文　田中槇子 絵	ブッキング	2007
石井睦美 文　黒井健 絵	偕成社	2005
トミー・ウンゲラー 文・絵 たむらりゅういち 訳　あそうくみ 訳	評論社	1977
リリアン・ムーア 文　福本友美子 訳　高桑幸次 絵	日本標準	2011
富安陽子 文　飯野和好 絵	偕成社	1996
薫くみこ 文　井上洋介 絵	日本標準	2007
イリーナ・コルシュノフ 文　酒寄進一 訳　伊東寛 絵	国土社	1989
アン・ピートリ 文　古川博巳 訳　黒沢優子 訳　大社玲子 絵	福音館書店	2003
佐藤さとる 文　村上 勉 絵	小峰書店	2009
串井てつお 文・絵	講談社	1998
エドワード・アーディゾーニ 文・絵　あべきみこ 訳	こぐま社	1998
大島英太郎 文・絵	福音館書店	2010
那須正幹 文　南伸坊 絵	佼成出版社	2003
那須正幹 文　長谷川義史 絵	ポプラ社	2014

2	あまんきみこ童話集　全5巻		
3	いっすんぼうし		E
4	うさぎのラジオ		
5	うずらのうーちゃんの話		
6	うちゅうでいちばん		
7	えんぴつはかせ		
8	王さまと九人のきょうだい	中国の民話	E
9	おすのつぼにすんでいたおばあさん		
10	おもちゃ屋のクィロー		
11	かぞえうたのほん		E
12	きかんしゃ1414		
13	きつねにょうぼう		E
14	きつねのホイティ		E
15	クッキーのおうさま		
16	グラタンおばあさんとまほうのアヒル		
17	ことばあそびうた		E
18	こねこのチョコレート		
19	こぶたのポインセチア		
20	コンタロウのひみつのでんわ		
21	すみれちゃん		
22	ゼラルダと人喰い鬼		E
23	小さな小さな七つのおはなし		
24	小さな山神スズナ姫		
25	ちかちゃんのはじめてだらけ		
26	ちびドラゴンのおくりもの		
27	ちびねこグルのぼうけん		
28	つくえのうえのうんどうかい		
29	トカゲのすむしま		E
30	時計つくりのジョニー		E
31	とりになったきょうりゅうのはなし		E
32	どろぼうトラ吉とどろぼう犬クロ		
33	那須正幹童話集　2巻		

マジョリー・W・シャーマット 文　リリアン・ホーバン 絵 小杉佐恵子 訳	岩崎書店	1984
中川ひろたか 文　村上康成 絵	PHP研究所	1999
おおともやすお 文・絵	福音館書店	1991
山田三郎 絵　瀬田貞二 訳	福音館書店	1967
アーサー・ミラー 文　アル・パーカー 絵　厨川圭子 訳	偕成社	1971
あまんきみこ 文　黒井健 絵	ひさかたチャイルド	2010
安房直子 文　菊池恭子 絵	講談社	1993
星川ひろ子・星川治雄 文・写真	ポプラ社	2008
アーノルド・ローベル 文・絵　三木卓 訳	文化出版局	1973
東君平 文・絵	あかね書房	1981
アーノルド・ローベル 文・絵　岸田衿子 訳	文化出版局	1971
角野栄子 文　スズキコージ 絵	のら書店	1992
M. S. クラッチ 文　クルト・ビーゼ 絵　光吉夏弥 訳	大日本図書	2010
薫くみこ 文　つちだのぶこ 絵	佼成出版社	2006
野上暁 編	大月書店	2010
椋鳩十 文　小林絵里子 絵	PHP研究所	2009
内田莉莎子 再話　堀内誠一 絵	福音館書店	1992
ファーブル 文　こばやしせいのすけ 文　たかはしきよし 絵	あすなろ書房	1993
武田正倫 文　渡辺可久 絵	新日本出版社	1982
スティーブン・ケロッグ 文・絵　すずきまさこ 訳	錨といるか社	2001
西内ミナミ 文　西川おさむ 絵	フレーベル館	2010
寺村輝夫 文　和田誠 絵	理論社	2000
谷川俊太郎 文　タイガー立石 絵	福音館書店	1992
たかどのほうこ 文　太田大八 絵	福音館書店	1988
宮武頼夫 文　得田之久 絵	福音館書店	2000
土田ヒロミ 文・写真	福音館書店	1986
ふるたたるひ 文　ほりうちせいいち 絵	福音館書店	1970

著者・画家・訳者	出版社	出版年
ホープ・ニューウェル 文　松岡享子 訳　山脇百合子 絵	福音館書店	1970

25	こんにちは、バネッサ		
26	こんにちワニ		E
27	ざりがにのおうさままっかちん		
28	三びきのこぶた	イギリス昔話	E
29	ジェインのもうふ		
30	すずおばあさんのハーモニカ		E
31	すずめのおくりもの		
32	竹とぼくとおじいちゃん		E
33	とうさん おはなしして		
34	どれみふぁけろけろ		
35	どろんここぶた		
36	なぞなぞ　あそびうたⅡ		E
37	なんでもふたつさん		
38	ハキちゃんの「はっぴょうします」		
39	はじめてよむ童話集1	わらっちゃう話	
40	はらっぱのおはなし		
41	パンのかけらとちいさなあくま	リトアニア民話	E
42	ファーブルこんちゅう記　幼年版1		
43	ふかい海のさかな		E
44	ふしぎなおたまじゃくし		E
45	プレゼントはお・ば・け		
46	ぼくは王さま		
47	ままですすきですすてきです		E
48	みどりいろのたね		
49	むしたちのさくせん		E
50	もうどうけんドリーナ		E
51	ロボット・カミイ		

3年生

NO	タイトル	副題	E
1	あたまをつかった小さなおばあさん		

マリー・ホール・エッツ 文・絵　与田準一 訳	福音館書店	1968

著者・画家・訳者	出版社	出版年
朽木祥 文　ささめやゆき 絵	佼成出版社	2014
コーラ・アネット 文　スティーブン・ケロッグ 絵　掛川恭子 訳	童話館出版	1998
ジェームズ・ドーハーティ 文・絵　むらおかはなこ 訳	福音館書店	1961
谷川俊太郎 詩　佐野洋子 絵	国土社	1987
瀬名恵子 文・絵	グランまま社	2001
おざわとしお 再話　赤羽末吉 絵	福音館書店	1988
ルース・スタイルス・ガネット 文 ルース・クリスマン・ガネット 絵　わたなべしげお 訳	福音館書店	1963
ドクター・スース 文・絵　渡辺茂男 訳	偕成社	2009
ふるたたるひ 文　たばたせいいち 絵	童心社	1974
ビビアン・フレンチ 文　アリソン・バートレット 絵 山口文生 訳	評論社	2000
せたていじ 訳　わきたかず 絵	福音館書店	1966
まはら三桃 文　長谷川義史 絵	講談社	2011
カーラ・スティーブンズ 文　イブ・ライス 絵　掛川恭子 訳	のら書店	1990
ロバート・ブライト 文・絵　なかがわちひろ 訳	徳間書店	2004
松野正子 文　長新太 絵	理論社	2005
マージョリー・ワインマン・シャーマット 文 マーク・シーモント 絵　光吉夏弥 訳	大日本図書	2014
くさのだいすけ 文　やぶうちまさゆき 絵	岩波書店	1983
中川李枝子 文　山脇百合子 絵	のら書店	1986
赤羽じゅんこ 文　岡本順 絵	あかね書房	2005
E. H. ミナリック 文　モーリス・センダック 絵 まつおか きょうこ 訳	福音館書店	1972
山中恒 文　栗田 八重子 絵	あかね書房	1969
グリム 文　カトリーン・ブラント 絵　藤本朝巳 訳	平凡社	2002
松居直 再話　赤羽末吉 絵	福音館書店	1980
カーラ・スティーブンズ 文　レイニイ・ベネット 絵 代田昇 訳	童話館出版	2001

56	わたしとあそんで		E

2年生

NO	タイトル	副題	E
1	あひるの手紙		
2	アルフはひとりぼっち		
3	アンディとらいおん		E
4	いち		E
5	うさんごろとおばけ		
6	うまかたやまんば		E
7	エルマーのぼうけん		
8	王さまの竹うま		E
9	おしいれのぼうけん		E
10	オタマジャクシをそだてよう		E
11	おだんごぱん	ロシア民話	E
12	おとうさんの手		
13	おばあちゃんのすてきなおくりもの		
14	おばけのジョージーおおてがら		
15	かみなりのちびた		
16	きえた犬のえ	ぼくはめいたんてい	
17	きょうりゅうのかいかた		E
18	けんた・うさぎ		
19	ごきげんぶくろ		
20	こぐまのくまくん		
21	このつぎなあに		
22	こびととくつや	グリム兄弟の童話から	E
23	こぶじいさま	日本の昔話	E
24	こぶたのプーと青いはた		

ばーじにあ・りー・ばーとん 文・絵　いしいももこ 訳	岩波書店	1965
マーシャ・ブラウン 文・絵　うちだりさこ 訳	偕成社	1984
松橋利光 文・写真	そうえん社	2008
エウゲーニー・M・ラチョフ 絵　うちだりさこ 訳	福音館書店	1965
わたなべしげお 文　おおともやすお 絵	福音館書店	1980
香山美子 文　柿本幸造 絵	ひさかたチャイルド	1981
なかえよしを 文　上野紀子 絵	ポプラ社	1974
へレン・ピアス 文・絵　まつおかきょうこ 訳	童話屋	1984
マリー・ホール・エッツ 文・絵　たなべいすず 訳	冨山房	1983
広野多珂子 文・絵	福音館書店	1997
筒井頼子 文　林明子 絵	福音館書店	1977
林明子 文・絵	福音館書店	1984
竹下文子 文　鈴木まもる 絵	偕成社	2005
ジーン・ジオン 文　マーガレット・ブロイ・グレアム 絵 もりひさし 訳	ぺンギン社	1981
エリック・カール 文・絵　もりひさし 訳	偕成社	1976
フィービとセルビ・ウォージントン 文・絵　まさきるりこ 訳	福音館書店	1987
エズラ・ジャック・キーツ 文・絵　きじまはじめ 訳	偕成社	1969
松谷みよ子 文　和歌山静子 絵	童心社	1991
斉藤栄美 文　岡本順 絵	ポプラ社	1991
たかどのほうこ 文・絵	福音館書店	2003
中川雄三 文・写真	ポプラ社	2007
ヴェ・ヴィクトロフ 原作　イ・ベロポーリスカヤ 原作 加古里子 文・絵	福音館書店	1992
いとうひろし　文・絵	徳間書店	2002
今森光彦 文・写真	福音館書店	2008
松橋利光 文・写真	小学館	2005
さとうわきこ 文・絵	福音館書店	1994
エズラ・ジャック・キーツ 文・絵　きじまはじめ訳	偕成社	1969
マギー・ダフ 再話　ホセ・アルエゴ 絵　アリアンヌ・ドウィ 絵 山口文生 訳	評論社	1989
いとうひろし 文・絵	ポプラ社	2001
マイク・サーラー 文　ジェリー・ジョイナー絵 きしだえりこ 訳	ほるぷ出版	2000

26	ちいさいおうち		E
27	ちいさなヒッポ		E
28	てのひらかいじゅう		E
29	てぶくろ	ウクライナ民話	E
30	どうすればいいのかな？		E
31	どうぞのいす		E
32	ねずみくんのチョッキ		E
33	ねずみのいえさがし		E
34	ねずみのウーくん	いぬとねことねずみと くつやさんのおはなし	E
35	ねぼすけスーザのおかいもの		E
36	はじめてのおつかい		E
37	はじめてのキャンプ		
38	はしれ！　たくはいびん		E
39	はちうえはぼくにまかせて		E
40	はらぺこ　あおむし		E
41	パンやのくまさん		E
42	ピーターのいす		E
43	ふくろうのそめものや		E
44	ふしぎなおるすばん		E
45	まあちゃんのまほう		E
46	まちのコウモリ		E
47	マトリョーシカちゃん		E
48	マンホールからこんにちは		
49	みずたまレンズ		E
50	もってみよう		E
51	やまのぼり	ばばばあちゃんのおはなし	E
52	ゆきのひ		E
53	ランパンパン	インドみんわ	E
54	ルラルさんのにわ		E
55	わゴムはどのくらいのびるかしら？		E

著者・画家・訳者	出版社	出版年
あべこうじ 文　ささきみお 絵	少年写真新聞社	2005
レオ・レオーニ 文・絵　藤田圭雄 訳	至光社	1967
大友康夫 文・絵	福音館書店	1977
小沢正 文　西川おさむ 絵	小峰書店	1992
市村久子 原案　赤羽末吉 文・絵	福音館書店	1972
ミヒャエル・グレイニェク 文・絵　いずみちほこ 訳	らんか社	1995
岸田衿子 文　中谷千代子 絵	福音館書店	1966
小林実 文　林明子 絵	福音館書店	1976
かこさとし 文・絵	偕成社	1973
瀬田貞二　文　林明子 絵	福音館書店	1979
なかがわりえこ 文　おおむらゆりこ 絵	福音館書店	1967
ドロシー・マリノ 文・絵　まさきるりこ 訳	ペンギン社	1982
ルース・エインズワース 文　石井桃子 訳　堀内誠一 絵	福音館書店	1977
林明子 文・絵	福音館書店	1989
川田健 文　藪内正幸 絵　今泉吉典 監修	福音館書店	1972
馬場のぼる 文・絵	こぐま社	1967
いわむらかずお 文・絵	童心社	1983
渡辺茂男 文　山本忠敬 絵	福音館書店	1966
いとうひろし 文・絵	ポプラ社	1993
さとうわきこ 文・絵	福音館書店	1982
シド・ホフ 文・絵　三原泉 訳	偕成社	2007
なかがわりえこ 文　おおむらゆりこ 絵	福音館書店	1967
やまわきゆりこ 文・絵	福音館書店	1985
加古里子 文・絵	福音館書店	1967
平山和子 文・絵	福音館書店	1976

本文で紹介したお薦め本リスト

この本では、書誌事項の表記は統一した体裁をとりました。
Eは絵本。
各学年に、本文にはない若干の推薦本を加えています。

1年生

NO	タイトル	副題	E
1	あいうえおばけ	ことばの先生のことばあそび絵本	E
2	あおくんときいろちゃん		E
3	あらいぐまとねずみたち		E
4	うさぎのぱんとぶたのぱん		
5	おおきなおおきなおいも	鶴巻幼稚園・市村久子の教育実践による	
6	お月さまってどんなあじ？		E
7	かばくん		E
8	かみひこうき		E
9	からすのパンやさん		E
10	きょうはなんのひ？		E
11	ぐりとぐら		E
12	くんちゃんのはじめてのがっこう		E
13	こすずめのぼうけん		E
14	こんとあき		E
15	しっぽのはたらき		E
16	11ぴきのねこ		E
17	14ひきのひっこし		E
18	しょうぼうじどうしゃじぷた		E
19	すなばのだいぼうけん		E
20	せんたくかあちゃん		E
21	ぞうのオリバー		
22	そらいろのたね		E
23	そらをとんだけいこのあやとり		
24	だるまちゃんとてんぐちゃん		E
25	たんぽぽ		E

あまんきみこ 文　後路好章 編　宮川健郎 編	三省堂	2009
東京子ども図書館 編　大社玲子 絵	東京子ども図書館	2000
アジア地域共同出版計画会議 企画　松岡享子 訳	こぐま社	1997
チェン・ジャンホン 文・絵　平岡敦 訳	徳間書店	2008
デニス・ジョンソン - デイヴィーズ 再話 ハグ - ハムディ・モハンメッド・ファトゥーフ絵 ハーニ・エル - サイード・アハマド 絵　千葉茂樹 訳	徳間書店	2010
剣持弘子 訳・再話	こぐま社	2003
野村たかあき 文・絵　柳家小三治 監修	教育画劇	2004
グリム兄弟 編　小澤俊夫 訳	ぎょうせい	1985
東京子ども図書館 編　大社玲子 絵	東京子ども図書館	1997
小松義夫 文・写真　西山晶 絵	福音館書店	2004
稲田和子 文　筒井悦子 文	こぐま社	1995
森枝卓士 文・写真	福音館書店	2005
おざわとしお 再話　赤羽末吉 絵	福音館書店	1995
金素雲 編	岩波書店	2001
川端誠 文・絵	クレヨンハウス	1996
稲田和子 文　筒井悦子 文	こぐま社	1995
アンドレア・ユーレン 文・絵　千葉茂樹 訳	光村教育図書	2004
内田莉莎子（ほか）文	実業之日本社	1995
ティエリー・デデュー 文・絵　柳田邦男 訳	講談社	2008
ティエリー・デデュー 文・絵　柳田邦男 訳	講談社	2008
東京子ども図書館 編　大社玲子 絵	東京子ども図書館	2007
フランツ＝ヨーゼフ・ファイニク 文 フェレーナ・バルハウス 絵　ささきたづこ 訳	あかね書房	2004

高	くましんし			あまんきみこセレクション4
高	熊の皮を着た男			ながすねふとはらがんりき
高	小石投げの名人タオ・カム	ラオスの昔話		子どもに語るアジアの昔話2
高	この世でいちばんすばらしい馬		E	
高	ゴハおじさんのゆかいなお話	エジプトの民話		
高	三本のカーネーション			子どもに語るイタリアの昔話
高	しにがみさん	柳家小三治・落語「死神」より	E	
高	ジメリ山			完訳グリム童話　子どもと家庭のメルヒェン集2
高	十二のつきのおくりもの	スロバキアの昔話		エパミナンダス
高	世界あちこちゆかいな家めぐり			
高	旅人馬			子どもに語る日本の昔話2
高	手で食べる?			
高	どうもとこうも			日本の昔話2 (したきりすずめ)
高	ネギをうえた人	朝鮮民話選		ネギをうえた人
高	はつてんじん	落語絵本	E	
高	みそ買い橋			子どもに語る日本の昔話1
高	メアリー・スミス		E	
高	やぎとライオン			こども世界の民話　上
高	ヤクーバとライオン　Ⅰ勇気		E	
高	ヤクーバとライオン　Ⅱ信頼		E	
高	四人のなまけ者			赤鬼エティン
高	わたしの足は車いす		E	

著者・画家・訳者	出版社	出版年
レスリー・コナー 文　メアリー・アゼアリアン 絵 千葉茂樹 訳	BL出版	2005
グリム 文　佐々梨代子 訳　野村泫 訳	こぐま社	1990
マーゴット・ツェマック 文・絵　わたなべしげお 訳	童話館出版	1994
ウイリアム・パパズ 絵　木村則子 訳	ほるぷ出版	1979
東京子ども図書館 編　大社玲子 絵	東京子ども図書館	1997
後藤竜二 文　高田三郎 絵	新日本出版社	2005
剣持弘子 訳・再話　平田美恵子 再話協力	こぐま社	2003
稲田和子 文　筒井悦子 文	こぐま社	1995
おざわとしお 再話　赤羽末吉 絵	福音館書店	1995
那須田稔 編　福田庄助 絵	小峰書店	1998
モーゼス・ガスター 文　光吉夏弥 訳　太田大八 絵	岩波書店	1963
東京子ども図書館 編　大社玲子 絵	東京子ども図書館	2000
松岡享子 訳　降矢なな 絵	のら書店	2013
矢崎源九郎 編	実業之日本社	1994
内田莉莎子（ほか）文	実業之日本社	1995
稲田和子 文　筒井悦子 文	こぐま社	1995
稲田和子 文　筒井悦子 文	こぐま社	1996
金素雲 編	岩波書店	2001
稲田和子 文　筒井悦子 文	こぐま社	1995
アジア地域共同出版計画会議 企画　松岡享子 訳	こぐま社	1997
グリム 文　佐々梨代子 訳　野村泫 訳	こぐま社	1990
八百板洋子 編・訳　高森登志夫 絵	福音館書店	2005
上條さなえ 文　小泉るみ子 絵	講談社	2004
キャリ・ベスト 文　ホリー・ミード 絵　まえざわあきえ 訳	福音館書店	2003

高学年クラス向き 読み聞かせリスト

この本では、書誌事項の表記は統一した体裁をとりました。
学年別タイトル50音順。Eは絵本。
学年は、より適したもの。「高」はどちらでも適。

学年	タイトル	副題	E	所収
5	ブライディさんのシャベル		E	
5	ホレおばさん			子どもに語るグリムの昔話1
6	ありがたいこってす！		E	
6	ウリボとっつぁん			ネコのしっぽ
6	金の腕			おはなしのろうそく22
6	紅玉		E	
6	死人の恩返し			子どもに語るイタリアの昔話
6	旅学問			子どもに語る日本の昔話2
6	つぶ婿			日本の昔話3 （ももたろう）
6	はだか法師	空をとんだ茶わんほか		宇治拾遺物語
6	りこうなおきさき	ルーマニアのたのしいお話		りこうなおきさき
高	あくびが出るほどおもしろい話			ついでにペロリ
高	五つのパン	中・東欧のむかしばなし		三本の金の髪の毛
高	岩じいさん			子どもに聞かせる世界の民話
高	王子さまの耳はろばの耳			こども世界の民話　下
高	おおかみの眉毛			子どもに語る日本の昔話1
高	おおみそかの火			子どもに語る日本の昔話3
高	おむこさんの買いもの	朝鮮民話選		ネギをうえた人
高	おんば皮			子どもに語る日本の昔話2
高	かしこすぎた大臣			子どもに語るアジアの昔話1
高	がちょう番の娘			子どもに語るグリムの昔話1
高	カメのおよめさん	ブルガリアの昔話		吸血鬼の花よめ
高	キャラメルの木		E	
高	グースにあった日		E	

福井信子 編訳　湯沢朱実 編訳	こぐま社	2001
フィツォフスキ 再話　スズキコージ 絵　内田莉莎子 訳	福音館書店	1989
チェン・ジャンホン 文・絵　平岡敦 訳	徳間書店	2011
武田英子 文　清水耕蔵 絵	講談社	2003
デミ 文・絵　さくまゆみこ 訳	光村教育図書	2009
グリム 文　佐々梨代子 訳　野村泫 訳	こぐま社	1991
福井信子 編訳　湯沢朱実 編訳	こぐま社	2001
グリム 文　佐々梨代子 訳　野村泫 訳	こぐま社	1991
ウィリアム・スタイグ 文・絵　せたていじ 訳	評論社	2006
谷川俊太郎 文　長新太 絵	福音館書店	1981
イ　ヨンギョン 文・絵　かみやにじ 訳	福音館書店	1999
あまんきみこ 文　後路好章 編　宮川健郎 編	三省堂	2009
エリカ・シルヴァマン 文　S. D. シンドラー 絵 せなあいこ 訳	アスラン書房	1996
中川李枝子 文　山脇百合子 絵	のら書店	2008
稲田和子 文　筒井悦子 文	こぐま社	1996
シビル・ウェッタシンハ 文・絵　まつおかきょうこ 訳	福音館書店	1994
ビアンキ 文　薮内正幸 絵　田中友子 訳	福音館書店	2006
稲田和子 文　筒井悦子 文	こぐま社	1996
東京子ども図書館 編　大社玲子 絵	東京子ども図書館	2000
福井信子 編訳　湯沢朱実 編訳	こぐま社	2001
大島英太郎 文・絵	福音館書店	2010
イングリ・ドーレア 文・絵 エドガー・パーリン・ドーレア 文・絵　せたていじ 訳	福音館書店	1978
内田莉莎子（ほか）文	実業之日本社	1995
東京子ども図書館 編　大社玲子 絵	東京子ども図書館	2000

4	トリレヴィップ			子どもに語る北欧の昔話
4	なんでも見える鏡	ジプシーの昔話	E	
4	ハスの花の精リアン		E	
4	八方にらみねこ		E	
4	1つぶのおこめ	さんすうのむかしばなし	E	
4	みつけどり			子どもに語るグリムの昔話2
4	屋敷こびと			子どもに語る北欧の昔話
4	六人男、世界をのし歩く			子どもに語るグリムの昔話2
4	ロバのシルベスターとまほうの小石		E	
4	わたし		E	
中	あかてぬぐいのおくさんと7にんのなかま	韓国の絵本	E	
中	一回ばなし 一回だけ			あまんきみこセレクション4
中	うごいちゃだめ！		E	
中	鬼と三人の子ども			いたずらぎつね
中	かちかち山			子どもに語る日本の昔話3
中	きつねのホイティ		E	
中	くちばし どれが一番りっぱ？		E	
中	五分次郎			子どもに語る日本の昔話3
中	ついでにペロリ			ついでにペロリ
中	銅のなべ			子どもに語る北欧の昔話
中	とりになったきょうりゅうのはなし		E	
中	ひよこのかずはかぞえるな		E	
中	マメ子と魔もの			こども世界の民話　上
中	マメジカカンチルが穴に落ちる話			ながすねふとはらがんりき

トミー・ウンゲラー 文・絵　たむらりゅういち 訳 あそうくみ 訳	評論社	1977
ジェラルド・マクダーモット 文・絵　じんぐうてるお 訳	ほるぷ出版	1975
野上暁 編　大石真 文　森雅之 絵	大月書店	2011
東京子ども図書館 編　大社玲子 絵	東京子ども図書館	2001
中川李枝子 文　山脇百合子 絵	のら書店	2007
ロジャー・デュボワザン 文・絵　まつおかきょうこ 訳	冨山房	2000
ジョイス・L・ブリスリー 文　上條由美子 訳　菊池恭子 絵	福音館書店	1991
大島英太郎 文・絵	福音館書店	2009
福井信子 編訳　湯沢朱実 編訳	こぐま社	2001
栗原毅 文　長新太 絵	福音館書店	1994
野上暁 編　三田村信行 文　石井勉 絵	大月書店	2011
エリナー・ファージョン 文 エドワード・アーディゾーニ 絵　石井桃子 訳	岩波書店	1970
稲田和子 文　筒井悦子 文	こぐま社	1995
チェン・ジャンホン 文・絵　平岡敦 訳	徳間書店	2007
リンド・ワード 文・絵　渡辺茂男 訳	ほるぷ出版	1985
岩城範枝 文　井上洋介 絵	福音館書店	2006
野上暁 編　池澤夏樹 文　ささめやゆき 絵	偕成社	2008
長谷川摂子 再話　片山健 絵	福音館書店	1997
C・V・オールズバーグ 文・絵　村上春樹 訳	あすなろ書房	2003
児島満子 編・訳　山本真基子 編集協力	こぐま社	2000
舟崎克彦 文　赤羽末吉 絵	あかね書房	1995
児島満子 編・訳　山本真基子 編集協力	こぐま社	2000
内田至 文　金尾恵子 絵	福音館書店	2011
今西祐行 文　松永禎郎 絵	偕成社	1991
東京子ども図書館 編　大社玲子 絵	東京子ども図書館	2005
フランクリン・M・ブランリー 文 ブラディミール・ボブリ 絵　山田大介 訳	福音館書店	1968
稲田和子 文　筒井悦子 文	こぐま社	1996
内田莉莎子（ほか）文	実業之日本社	1995

3	ゼラルダと人喰い鬼		E	
3	太陽へとぶ矢	インディアンにつたわるおはなし	E	
3	タカシとミドリ	すこしかなしい話		はじめてよむ童話集5
3	だめといわれてひっこむな			だめといわれてひっこむな
3	とりつくひっつく			ねこのおんがえし
3	ペチューニアごようじん		E	
3	ミリー・モリー・マンデーおつかいにいく			ミリー・モリー・マンデーのおはなし
3	むかしむかしとらとねこは……	中国のむかし話より	E	
3	屋根がチーズでできた家			子どもに語る北欧の昔話
3	やぶかのはなし		E	
3	ゆうれいのおきゃくさま	ちょっとこわい話		はじめてよむ童話集4
4	青いハスの花			年とったばあやのお話かご
4	犬とねことうろこ玉			子どもに語る日本の昔話1
4	ウェン王子とトラ		E	
4	おおきくなりすぎたくま		E	
4	鬼の首引き		E	
4	おるすばん			秋ものがたり
4	きつねにょうぼう		E	
4	急行「北極号」		E	
4	金の糸のまり			子どもに語るトルコの昔話
4	くにのはじまり	日本の神話 第1巻	E	
4	豪傑ナザル			子どもに語るトルコの昔話
4	こうら		E	
4	すみれ島		E	
4	チモとかしこいおひめさま			雨のち晴
4	つきのせかい		E	
4	手なし娘			子どもに語る日本の昔話3
4	とまらないくしゃみ			子ども世界の民話　上

伊藤政顕 文　滝波明生 絵	新日本出版社	1979
内田莉莎子 編訳　タチヤーナ・マブリナ 絵	福音館書店	2002
内田莉莎子 再話　堀内誠一 絵	福音館書店	1992
浜田桂子 文・絵	ポプラ社	2005
稲田和子 文　筒井悦子 文	こぐま社	1996
平野直 再話　太田大八 絵	福音館書店	1977
ユーラリー・S・ロス 文　山本まつよ 訳	子ども文庫の会	1966
ジョイ・カウリー 文　ニック・ビショップ 写真 富田京一 監修　大澤晶 訳	ほるぷ出版	2005
ドン・フリーマン 文・絵　まつおかきょうこ 訳	偕成社	1976
すとうあさえ 文　織茂恭子 絵	岩崎書店	2000
稲田和子 文　筒井悦子 文	こぐま社	1995
ジーン・ジオン 文　マーガレット・ブロイ・グレアム 絵 もりひさし 訳	ペンギン社	1981
内田莉莎子（ほか）文	実業之日本社	1995
エルサ・ベスコフ 文・絵　おのでらゆりこ 訳	福音館書店	1976

著者・画家・訳者	出版社	出版年
いしいももこ 文　あきのふく 絵	福音館書店	1965
君島久子 訳　赤羽末吉 絵	岩波書店	1969
金森襄作 再話　鄭琡香 絵	福音館書店	1997
広野多珂子 文・絵	福音館書店	2007
パット・ハッチンス 文・絵　乾侑美子 訳	偕成社	1987
神沢利子 文　赤羽末吉 絵	銀河社	1974
稲田和子 文　筒井悦子 文	こぐま社	1995
おざわとしお 再話　赤羽末吉 絵	福音館書店	1995

2	のうさぎにげろ		E	
2	ババヤガーの白い鳥			ロシアの昔話
2	パンのかけらとちいさなあくま	リトアニア民話	E	
2	ぼくのかわいくないいもうと		E	
2	桃太郎			子どもに語る日本の昔話3
2	やまなしもぎ		E	
2	ゆきんこ			ストーリーテリングについて
低	アカメアマガエル		E	
低	くまのビーディーくん		E	
低	ざぼんじいさんのかきのき		E	
低	鳥のみじい			子どもに語る日本の昔話2
低	はちうえはぼくにまかせて		E	
低	ひな鳥とねこ			こども世界の民話　下
低	ペレのあたらしいふく		E	

中学年クラス向き 読み聞かせリスト

この本では、書誌事項の表記は統一した体裁をとりました。
学年別タイトル50音順。Eは絵本。
学年は、より適したもの。「中」はどちらでも適。

学年	タイトル	副題	E	所収
3	いっすんぼうし		E	
3	王さまと九人のきょうだい	中国の民話	E	
3	おどりトラ	韓国・朝鮮の昔話	E	
3	おひさまいろのきもの		E	
3	おまたせクッキー		E	
3	さるとかに		E	
3	舌切りすずめ			子どもに語る日本の昔話1
3	しょうとんどの鬼退治			日本の昔話2（したきりすずめ）

きうちかつ 文・絵	福音館書店	1997
マレーク・ベロニカ 文・絵　とくながやすもと 訳	福音館書店	1965
いとうひろし 文・絵	ポプラ社	2001
灰谷健次郎 文　長新太 絵	文研出版	1975
マイク・サーラー 文　ジェリー・ジョイナー 絵 きしだえりこ 訳	ほるぷ出版	2000
グリム 文　佐々梨代子 訳　野村泫 訳	こぐま社	1992
内田莉莎子（ほか）文	実業之日本社	1995
中川季枝子 文　山脇百合子 絵	のら書店	1986
いしいももこ 文　なかがわそうや 絵	福音館書店	1968
稲田和子 文　筒井悦子 文	こぐま社	1995
マリ＝アニエス・ゴドラ 文　デヴィッド・パーキンス 絵 石津ちひろ 訳	平凡社	2004
野上暁 編　山中恒 文　かるべめぐみ 絵	大月書店	2011
東京子ども図書館 編　大社玲子 絵	東京子ども図書館	2009
かこさとし 文・絵	偕成社	1973
稲田和子 文　筒井悦子 文	こぐま社	1995
いしいももこ 文　なかたにちよこ 絵	福音館書店	1965
ユネスコ・アジア文化センター 編　駒田和 訳	こぐま社	2007
稲田和子 再話　赤羽末吉 絵	福音館書店	1980
佐々木たづ 文　三好碩也 絵	ポプラ社	1970
松居直 再話　赤羽末吉 絵	福音館書店	1980
森はな 文　梶山俊夫 絵	PHP研究所	1982
瀬田貞二 訳　山田三郎 絵	福音館書店	1967
斎藤隆介 文　滝平二郎 絵	岩崎書店	1987
松居直 再話　赤羽末吉 絵	福音館書店	1967
大川悦生 文　長谷川知子 絵	ポプラ社	1975
いまえよしとも 文　たしませいぞう 絵	ポプラ社	1967
那須正幹 文　垂石眞子 絵	ポプラ社	2014
内田麟太郎 文　降矢なな 絵	偕成社	1998
かこさとし 文・絵	偕成社	1973
稲田和子 文　筒井悦子 文	こぐま社	1996

1	やさいのおなか		E	
1	ラチとらいおん		E	
1	ルラルさんのにわ		E	
1	ろくべえまってろよ		E	
1	わゴムはどのくらいのびるかしら？		E	
2	赤ずきん			子どもに語るグリムの昔話5
2	アナンシと五			こども世界の民話　下
2	あべこべ・うさぎ			けんた・うさぎ
2	ありこのおつかい		E	
2	うりひめ			子どもに語る日本の昔話1
2	オニのぼうやがっこうへいく		E	
2	かいじゅうランドセル	どきどきする話		はじめてよむ童話集2
2	かにかにこそこそ			ホットケーキ
2	からすのパンやさん		E	
2	聞き耳ずきん			子どもに語る日本の昔話2
2	くいしんぼうのはなこさん		E	
2	ぐうたらくまさんすいかを買いに	アジア・太平洋の楽しいお話		ライオンとやぎ
2	くわずにょうぼう		E	
2	子うさぎましろのお話		E	
2	こぶじいさま	日本の昔話	E	
2	こんこんさまにさしあげそうろう		E	
2	三びきのこぶた	イギリス昔話	E	
2	ソメコとオニ		E	
2	だいくとおにろく	日本の昔話	E	
2	だんごどっこいしょ		E	
2	ちからたろう		E	
2	ともだちみっけ			那須正幹童話集1
2	ともだちや		E	
2	どろぼうがっこう		E	
2	なら梨とり			子どもに語る日本の昔話3

著者・画家・訳者	出版社	出版年
荒井真紀 文・絵	金の星社	2011
マージョリー・フラック 文・絵　瀬田貞二 訳	福音館書店	1974
おざわとしお 再話　赤羽末吉 絵	福音館書店	1995
グリム 文　フェリクス・ホフマン 絵　せたていじ 訳	福音館書店	1967
長谷川摂子 文　降矢奈々 絵	福音館書店	1997
平田昌広 文　鈴木まもる 絵	佼成出版社	2009
松岡享子 文　林明子 絵	福音館書店	1982
なかのひろたか 文・絵	福音館書店	1981
長谷川摂子 文　降矢なな 絵	福音館書店	1994
なかがわりえこ 文　やまわきゆりこ 絵	福音館書店	1983
ルース・エインズワース 文　堀内誠一 絵　石井桃子 訳	福音館書店	1977
林明子 文・絵	福音館書店	1989
方軼羣 文　村山知義 絵　君島久子 訳	福音館書店	1987
トミー・アンゲラー 文・絵　いまえよしとも 訳	偕成社	1969
いとうひろし 文・絵	ポプラ社	1993
さとうわきこ 文・絵	福音館書店	1982
なかがわりえこ 文　おおむらゆりこ 絵	福音館書店	1967
ドン・フリーマン 文・絵　さいおんじさちこ 訳	ほるぷ出版	1975
降矢なな 文・絵	福音館書店	1993
エフゲーニー・M・ラチョフ 絵　うちだりさこ 訳	福音館書店	1965
ジーン・ジオン 文　マーガレット・ブロイ・グレアム 絵 わたなべしげお 訳	福音館書店	1964
乾栄里子 文　西村敏雄 絵	福音館書店	2008
松谷みよ子 文　和歌山静子 絵	童心社	1991
斉藤栄美 文　岡本順 絵	ポプラ社	1991
長谷川摂子 文　ふりやなな 絵	福音館書店	1990
谷川俊太郎 文　長新太 絵	福音館書店	1984

低学年クラス向き 読み聞かせリスト

この本では、書誌事項の表記は統一した体裁をとりました。
学年別タイトル50音順。Eは絵本。
学年は、より適したもの。「低」はどちらでも適。

学年	タイトル	副題	E	所収
1	あさがお		E	
1	アンガスとねこ		E	
1	干支のおこり			日本の昔話1（はなさかじい）
1	おおかみと七ひきのこやぎ	グリム童話	E	
1	おっきょちゃんとかっぱ		E	
1	おとうさんはしょうぼうし		E	
1	おふろだいすき		E	
1	およぐ		E	
1	きょだいなきょだいな		E	
1	ぐりとぐらのえんそく		E	
1	こすずめのぼうけん		E	
1	こんとあき		E	
1	しんせつなともだち		E	
1	すてきな三にんぐみ		E	
1	すなばのだいぼうけん		E	
1	せんたくかあちゃん		E	
1	そらいろのたね		E	
1	ターちゃんとペリカン		E	
1	ちょろりんのすてきなセーター		E	
1	てぶくろ	ウクライナ民話	E	
1	どろんこハリー		E	
1	バルバルさん		E	
1	ふくろうのそめものや		E	
1	ふしぎなおるすばん		E	
1	めっきらもっきらどおんどん		E	
1	めのまどあけろ		E	

あとがき

この本を手にとってくださった皆さま、ほんとうにありがとうございました。子どもたちが教えてくれたことをお伝えしたいと願ってから、たくさんのかたに助けられて、ようやくここまでたどりつくことができました。

日々の支援に精いっぱいで、実践記録は積みあがるばかり。それを整理するところからとりくみましたが、新たな疑問が生まれたり発見があったりして、書き直しが何年も続きました。その間、各校で異なる蔵書や活用状況と向き合う司書のかたたちと出会い、学び合うことのたいせつさを痛感しました。三校を経験するうちに、どの学校でもはじめられそうな手法がすこしずつわかってきました。力不足でも経験を伝え、他のかたからも学ばなくてはと考えるようになりました。

いまにいたる道のりをふり返ると、「本」そして「人」からなんと多くの恵みを得てきたのかと、感謝の気持ちがあふれます。先人や先輩から伝えられた「ことば」「思い」がわたしのなかで種となり、先生がたに支えられ、子どもたちの力で芽吹いていたのです。

この本は、わたしが書いた本ではなく、みんなに書かせてもらった本だったのです。

なお、児童名はわからないようにくふうして文章化しました。とくに現任校は、資料などの年度や先生がたのお名前を出すことも控えました。代表として、原稿に目をとおしてくださった棚田政治校長先生のお名前を記し、感謝にかえさせていただきます。

多くの資料の掲載をご許可くださった歴代の校長先生、先生がた、卒業生に感謝いたします。実践記録発表をすすめてくださる東京都中野区教育委員会にもお礼申し上げます。

友人の杉山きく子さんは、無謀にも漕ぎだしたわたしの航海にカンテラをともし、八年にわたって励まし続けてくれました。杉山さんの具体的かつ適切な助言なしに前へ進むことはできませんでした。「本作り空」の檀上啓治さん、檀上聖子さんは、「文字化することのたいせつさ」を教えてくれ、丹念に「読者が理解しやすい内容と文章」へと導いてくれました。巻末リストは、青木淳子さんのご協力で載せることができました。書誌事項の確認でもたいへんお世話になりました。むらかみひとみさんの表紙からは、子どもたちの声が聞こえてきます。本づくりもまた、志を同じくする仲間に支えられての完成です。出版にご尽力くださった玉川大学出版部の皆さんにもお礼を申しあげます。

最後に、母の励ましと兄と夫の応援に感謝いたします。

お気づきの点やご意見などがございましたら、ご連絡いただければありがたいです。

二〇一五年一〇月　爽秋の朝に

福岡　淳子

●著者紹介
福岡淳子（ふくおか・あつこ）

東京学芸大学卒業。小学校教員退職後、「保育と人形の会」講師として、図書館・公民館・幼児教育専門学校等で教えながら司書資格取得。司書教諭講習修了。2001年より東京都中野区立小学校の非常勤学校図書館司書。地域では、旧保谷市（現東京都西東京市）社会教育委員、図書館協議会委員をつとめた。児童館で乳幼児のお話会「コロリンたまご」を継続中。日本子どもの本研究会会員。児童図書館研究会会員。

装画：むらかみひとみ
装丁：中浜小織（annes studio）

編集・制作：株式会社 本作り空 Sola

司書《ししょ》と先生《せんせい》がつくる学校図書館《がっこうとしょかん》

2015年12月 1日　初版第1刷発行
2022年11月30日　初版第4刷発行

著　者———福岡淳子
発行者———小原芳明
発行所———玉川大学出版部
〒194-8610　東京都町田市玉川学園6-1-1
TEL 042-739-8935　FAX 042-739-8940
http://www.tamagawa-up.jp/
振替：00180-7-26665

印刷・製本——株式会社 加藤文明社

乱丁・落丁本はお取り替えいたします。

ISBN978-4-472-40527-3 C3037 / NDC017